1re ST2S

Sciences et techniques sanitaires et sociales

2e édition actualisée et enrichie

Sous la direction d'Élisabeth Baumeier
Kathy Ajakane, Fadila Bechlem, Kenza Motaïb

Nathan
TECHNIQUE

COMMENT ACCÉDER À VOTRE i-MANUEL 2.0 ÉLÈVE

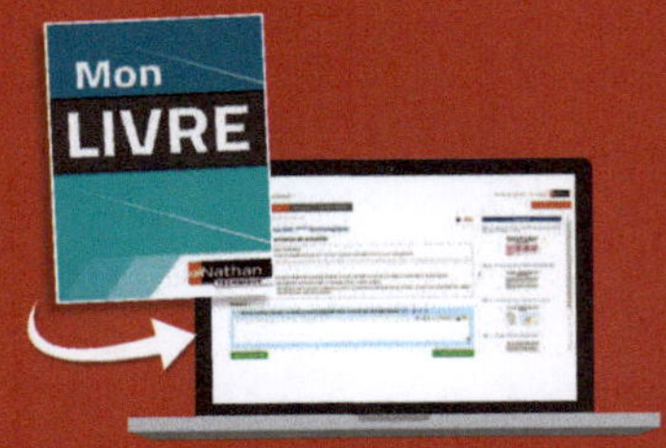

LIVRE + LICENCE NUMÉRIQUE

Votre enseignant souhaite travailler avec le i-Manuel 2.0 ; une fois votre compte créé par votre enseignant, rendez-vous, selon ses indications, sur :

- **imanuel.nathan.fr** et connectez-vous à votre espace élève i-MANUEL 2.0 avec votre identifiant et votre mot de passe.

OU

- l'ENT ou la plateforme de votre établissement, et accédez directement à votre i-MANUEL 2.0.

DÉCOUVREZ LE i-MANUEL 2.0 EN VIDÉO

À NE PAS OUBLIER

Conservez votre identifiant et votre mot de passe pour toutes vos connexions ultérieures

À SAVOIR

Cette licence élève i-Manuel 2.0 est unique et personnelle. Elle offre un accès à un élève pour une, deux ou trois années scolaires (selon la durée de l'ouvrage) et ne peut être réutilisée par d'autres élèves les années suivantes.

Pour équiper les élèves de nouvelles licences numériques i-Manuel 2.0, connectez-vous sur cns-edu.com.

Pour l'enseignant : rendez-vous sur **nathan.fr/i-manuel2**, pour disposer de toutes les informations pratiques pour créer vos classes, activer les licences de vos élèves et contacter votre délégué pédagogique Nathan.

Nathan TECHNIQUE

ISBN : 978-2-09-167281-6

Avec ce livre, une licence i-Manuel 2.0

Le i-Manuel 2.0, un outil simple d'utilisation qui reprend l'ensemble des contenus de ce livre sous forme numérique et interactive.

Il permet d'accéder au contenu de ce manuel à tout moment et en tout lieu sur un ordinateur ou une tablette. L'utilisateur peut donc passer du papier au numérique et choisir le support qui lui convient le mieux selon le travail à faire et le lieu où il se trouve.

Une véritable interactivité entre l'enseignant et sa classe

- **Vidéoprojeter** en classe les activités, les documents et les corrections pour animer les cours et travailler collectivement.
- **Piloter la classe** en assurant le suivi du travail des élèves à distance et en cours (recevoir et envoyer du travail, faire des commentaires, intervenir en temps réel).
- **Intégrer et envoyer à la classe**, à un ou plusieurs élèves, **des documents personnels**.
- **Afficher les corrigés** ou la correction individuelle du travail de l'élève.
- **Télécharger le livre** pour une utilisation sans connexion.
- **Imprimer** les documents nécessaires pour mettre les élèves en **situation d'examen**.

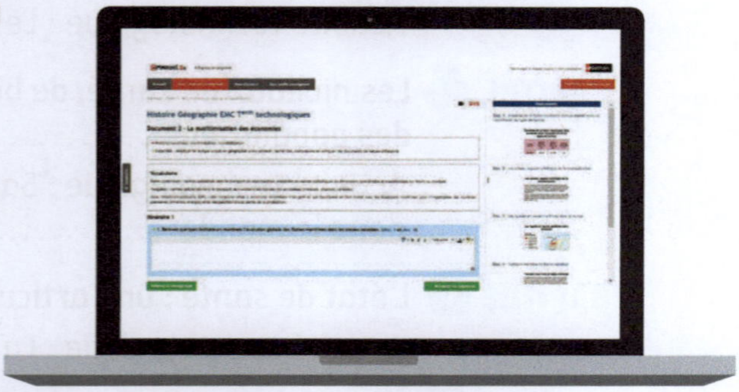

Des fonctionnalités innovantes pour favoriser l'intérêt, la motivation et l'implication des élèves

- **Saisir les réponses** en travaillant sur ordinateur ou tablette.
- **Faire les activités et les exercices**, préparer ou réviser le cours **en classe ou à la maison**.
- **Accéder** aux **ressources numériques**, vidéos, fichiers élèves (Word, Excel, GeoGebra...).
- **Sauvegarder** au **format Word** le travail effectué dans un dossier (classeur).
- **Envoyer le travail** au professeur.
- **S'enregistrer** pour les activités orales.
- **S'auto-évaluer.**

Toutes les infos et les tutos sur www.nathan.fr/i-manuel2

Avec ce livre, des ressources numériques en accès direct

Flashez les QR Codes avec votre smartphone ou saisissez les mini-liens associés pour accéder à des vidéos, animations, QCM...

SOMMAIRE

Pôle thématique

SANTÉ, BIEN-ÊTRE, COHÉSION SOCIALE

CHAPITRE 1 De la santé des individus à la santé de la population 7
Activité technologique : L'activité sportive et la santé 15

CHAPITRE 2 Le bien-être : une construction dynamique 17
Activité technologique : Le téléphone portable et le bien-être des adolescents 29

CHAPITRE 3 La mesure de l'état de santé, du bien-être et de la cohésion sociale 31
Activité technologique : Les conditions de vie des étudiants 43

CHAPITRE 4 Les niveaux de santé, de bien-être et de cohésion sociale des populations 45
Activité technologique : Santé et bien-être des enfants dans le monde 55

CHAPITRE 5 L'état de santé : une articulation de déterminants 57
Activité technologique : La santé mentale des adolescents 67

CHAPITRE 6 Des préoccupations de santé publique à la reconnaissance de problèmes sanitaires par la collectivité 69
Activité technologique : La pandémie de la Covid-19 79

CHAPITRE 7 Problématiques sociales et reconnaissance des problèmes sociaux 83
Activité technologique : La précarité énergétique 93

PROTECTION SOCIALE

CHAPITRE 8 Des risques sociaux à la protection sociale, un projet de société ... 95
Activité technologique : La protection sociale et l'accès aux droits sociaux 105

CHAPITRE 9 L'organisation générale du système de protection sociale 107
Activité technologique : L'impact du vieillissement de la population sur la protection sociale 117

MODES D'INTERVENTION SOCIALE ET EN SANTÉ

CHAPITRE 10 Les différents mode d'intervention en santé 119
Activité technologique : La lutte contre le saturnisme en Seine-Saint-Denis 131

CHAPITRE 11 Les acteurs du domaine de la santé 135
Activité technologique : Les réseaux de santé 143

CHAPITRE 12 **Les différents modes d'intervention sociale** 145
Activité technologique : Jeunes NEET : quelle intervention sociale ? 155

CHAPITRE 13 **Les acteurs du domaine social** 157
Activité technologique : Politique de la ville, vers une participation citoyenne ? 167

Pôle méthodologique

MÉTHODOLOGIES APPLIQUÉES AU SECTEUR SANITAIRE ET SOCIAL

CHAPITRE 1 **La recherche documentaire** 170
Activité technologique : Se questionner à propos de la législation des drogues 175

CHAPITRE 2 **La recherche et l'évaluation de l'information** 176
Activité technologique : Réaliser un corpus sur les inégalités hommes-femmes en France 181

CHAPITRE 3 **L'étude au service de l'action : la démarche d'étude** 182
Activité technologique : Jeunes de Nouvelle-Aquitaine : comment allez-vous ? 189

CHAPITRE 4 **La construction de l'objet d'étude** 190
Activité technologique : Le dépistage du cancer du sein en Vendée 195

CHAPITRE 5 **Le recueil des données : méthodes et outils** 196
Activité technologique : La consommation de cannabinoïdes de synthèse à Mayotte 199

CHAPITRE 6 **Le recueil des données : construction de l'échantillon et du protocole** 200
Activité technologique : Activité physique : filles versus garçons 205

CHAPITRE 7 **Le traitement des données et les stratégies d'analyse** 206
Activité technologique : En… quête de bien-être au lycée ?! ... 209

CHAPITRE 8 **Le recueil et le traitement des données : aspects éthiques et règlementaires** 210
Activité technologique : Quel recueil de données personnelles pour connaître la mortalité en France ? 215

CHAPITRE 9 **La présentation et la diffusion de l'étude** 216
Activité technologique : La diffusion des résultats de l'étude « Hygiène et précarité » : quelles suites ? 219

FICHES OUTILS 221

CAHIER D'ETLV 233

ENTRAÎNEMENTS À L'ÉPREUVE 237

Crédits photographiques

Couverture : biker3/Adobestock ; **p. 10** : James Kratz/Adobestock ; **p. 11 (h)** : mirsad/Adobestock ; **p. 11 (b)** : M.studio/Adobestock ; **p. 13** : Olivier Le Moal/Adobestock ; **p. 15** : Yay Images/Adobestock ; **p. 16 (h)** : Volodymyr/Adobestock ; **p. 16 (b)** : AH Images/Adobestock ; **p. 17** : WavebreakmediaMicro/Adobestock ; **p. 19** : Monkey Business/Adobestock ; **p. 20** : Robert Kneschke/Adobestock ; **p. 21** : Fotostudio Pfluegl/Adobestock ; **p. 23** : eyetronic/Adobestock ; **p. 25 (h)** : Ocskay Mark/Adobestock ; **p. 25 (b)** : lorabarra/Adobestock ; **p. 26** : Alison Bowden/Adobestock ; **p. 27** : Kiattisak/Adobestock ; **p. 30** : MAErtek/Adobestock ; **p. 32** : olly/Adobestock ; **p. 34** : Franz Pfluegl/Adobestock ; **p. 35** : Iakov Filimonov/Adobestock ; **p. 36 (h)** : puckillustrations/Adobestock ; **p. 36 (b)** : mas0380 et Jezper/Adobestock ; **p. 37 (h)** : Volha Hlinskaya /Adobestock ; **p. 37 (b)** : seventyfour/Adobestock ; **p. 39** : Korhan/Adobestock ; **p. 41** : Elena/Adobestock ; **p. 43** : shock/Adobestock ; **p. 45 (h)** : francovolpato/Adobestock ; **p. 45 (b)** : kriss75/Adobestock ; **p. 46** : insta_photos/Adobestock ; **p. 49** : Aldeca Productions/Adobestock ; **p. 51** : luciancoman/Adobestock ; **p. 52** : lenets_tan/Adobestock ; **p. 53** : nullplus/Adobestock ; **p. 57 (h)** : Daniel Vincek/Adobestock ; **p. 57 (b)** : jzehnder/Adobestock ; **p. 58** : Dolores Giraldez Alonso/Adobestock ; **p. 59** : scusi/Adobestock ; **p. 60 (h)** : satura_/Adobestock ; **p. 60 (b)** : Kittiphan/Adobestock ; **p. 62** : freshidea/Adobestock ; **p. 63** : helmutvogler, Monkey Business, siro46, mitarart, Phase4Photography/Adobestock ; **p. 64** : Alex Gorka/Adobestock ; **p. 65** : Anton Gvozdikov/Adobestock ; **p. 67** : pict rider/Adobestock ; **p. 68** : Africa Studio/Adobestock ; **p. 69 (h)** : Drazen Zigic/Shutterstock ; **p. 69 (b)** : Timo/Adobestock ; **p. 71** : James Kratz/Adobestock ; **p. 72** : Ross Petukhov/Adobestock ; **p. 73** : DimaSobko/Adobestock ; **p. 77** : Costa007, Dreamstime.com/Adobestock ; **p. 81** : nito/Adobestock ; **p. 82** : evelinphoto/Adobestock ; **p. 84** : Framestock/Adobestock ; **p. 85** : joef/Adobestock ; **p. 86** : pamela_d_mcadams/Adobestock ; **p. 87 (h)** : FollowTheFlow/Adobestock ; **p. 87 (b)** : pict rider/Adobestock ; **p. 88** : Aamon/Adobestock ; **p. 89** : AFP/Miguel Medina ; **p. 90** : Wordley Calvo Stock/Adobestock ; **p. 93** : Robert Kneschke/Adobestock ; **p. 94** : guruXOX/Adobestock ; **p. 97** : WavebreakmediaMicro, H_Ko, travelview, Drobot Dean/Adobestock ; **p. 99** : Brad Pict/Adobestock ; **p. 100** : Eugen Wais/Adobestock ; **p. 101 (h)** : Erica Guilane-Nachez/Adobestock ; **p. 101 (b)** : Library of Congress Prints and Photographs Division Washington ; **p. 102** : treenabeena/Adobestock ; **p. 105** : WavebreakmediaMicro/Adobestock ; **p. 106** : pressmaster/Adobestock ; **p. 109** : Production Perig, katrinaelena, iordani/Adobestock ; **p. 110** : Pierre Brillot/Adobestock ; **p. 111** : Kadmy/Adobestock ; **p. 112 (h)** : RioPatuca Images/Adobestock ; **p. 112 (b)** : morganka/Adobestock ; **p. 113 (h)** : drubig-photo/Adobestock ; **p. 113 (b)** : kobozaa/Adobestock ; **p. 115** : Lulu Berlu/Adobestock ; **p. 118** : marilyn barbone/Adobestock ; **p. 119 (h)** : Rawpixel.com/Adobestock ; **p. 119 (b)** : M. Doerr & M. Frommherz GbR/Adobestock ; **p. 120** : Photoboyko/Adobestock ; **p. 121** : Halfpoint/Adobestock ; **p. 122** : freshidea/Adobestock ; **p. 123** : freshidea, Ольга Погорелова, Николай Григорьев/Adobestock ; **p. 124** : ROSSandHELEN photoqraphers /Adobestock ; **p. 127** : Gstudio, Manolo Gargano, Max Broszat/Adobestock ; **p. 128** : Marc Chesneau/Adobestock ; **p. 129** : Stefano Ember/Adobestock ; **p. 131** : leungchopan/Adobestock ; **p. 132** : Onidji/Adobestock ; **p. 138** : Monkey Business/Adobestock ; **p. 139** : serbogachuk/Adobestock ; **p. 141** : AMELIE-BENOIST / BSIP/Adobestock ; **p. 143** : Sébastien Closs/Adobestock ; **p. 144** : Burlingham/Adobestock ; **p. 146** : Pierre Faure ; **p. 147** : Sharkshock/Adobestock ; **p. 148** : Kim Schneider/Adobestock ; **p. 150** : banglds/Adobestock ; **p. 155** : VTauscher purdesign9/Adobestock ; **p. 156** : Rawpixel Ltd./Adobestock ; **p. 157 (h)** : kuarmungadd/Adobestock ; **p. 157 (b)** : kadebruehl/Adobestock ; **p. 158** : Graphithèque/Adobestock ; **p. 159** : Robert Kneschke/Adobestock ; **p. 160 (h)** : photka/Adobestock ; **p. 160 (b)** : Julija Sapic/Adobestock ; **p. 162 (h)** : Monkey Business/Adobestock ; **p. 162 (b)** : Frédéric Massard/Adobestock ; **p. 163** : JackF/Adobestock ; **p. 164** : Croix-Rouge française ; **p. 165** : jollier_/Adobestock ; **p. 167 (h)** : 2dvill/Adobestock ; **p. 167 (b)** : Guy/Adobestock ; **p. 168** : illustrez-vous/Adobestock ; **p. 169** : Rawpixel.com/Adobestock ; **p. 172** : alotofpeople/Adobestock ; **p. 175** : Jane/Adobestock ; **p. 176** : Myimagine/Adobestock ; **p. 179** : Voyagerix/Adobestock ; **p. 187** : zoomonpictures.it/Adobestock ; **p. 190** : lev dolgachov/Adobestock ; **p. 192** : lev dolgachov/Adobestock ; **p. 195** : nito/Adobestock ; **p. 196** : Tyler Olson/Adobestock ; **p. 200 (h)** : Dirima/Adobestock ; **p. 200 (b)** : koszivu/Adobestock ; **p. 201** : skd/Adobestock ; **p. 203** : pixelheadphoto/Adobestock ; **p. 205** : kriss75/Adobestock ; **p. 211** : creativestall/Adobestock ; **p. 212** : olha Hlinskaya, vector_master/Adobestock ; **p. 213** : anuskiserrano/Adobestock ; **p. 216 (g)** : Hurca!/Adobestock ; **p. 216 (d)** : flaticons/Adobestock ; **p. 221** : Rawpixel.com/Adobestock ; **p. 233** : Right Click Studios/Adobestock ; **p. 234 (h)** : Fakoly/Adobestock ; **p. 234 (m)** : Everett Collection/Shutterstock ; **p. 235** : lvnl/Adobestock ; **p. 236 (h)** : Zerbor/Adobestock ; **p. 236 (m)** : tribalium81/Adobestock ; **p. 236 (b)** : Imperial War Museums ; **p. 237** : jeanfranois/Adobestock ; **p. 239** : Atlantis/Adobestock

AVANT LA CLASSE — Cette rubrique permet d'introduire le cours par une question, une image, un extrait audio ou vidéo. La séquence peut être réalisée en classe entière en début de cours ou par chaque élève avant de venir en classe.

Ce pictogramme permet de repérer les questions qui font appel à l'utilisation d'outils numériques.

Ce pictogramme permet de repérer les questions qui peuvent être réalisées en groupe.

Ce pictogramme permet de repérer les questions qui s'appuient sur un travail oral.

Vers PIX D1.3 — Ce pictogramme permet de repérer les pages qui présentent un lien avec les compétences numériques du référentiel pix.

Édition : Julie Besné
Mise en pages : Cyrille de Swetschin
Conception maquette : Géraldine Chazel
Conception couverture : Vincent Rioult, Lucas Cholewa
Fabrication : Laura Milhomme

Achevé d'imprimer par ISIPRINT en octobre 2024
N° de projet : 10305120
N° d'impression : 202410.0061
Dépôt légal : mai 2021
Imprimé en France

Principales notions

- Santé, santé globale
- Santé individuelle, santé collective
- Santé publique

Capacités exigibles

- Montrer la relativité des notions de santé
- Identifier les préoccupations en santé publique
- Analyser une question sanitaire en mobilisant la notion de santé

Vers compétences PIX

D1.1 - Mener une recherche et une veille d'information

CHAPITRE 1

De la santé des individus à la santé de la population

AVANT LA CLASSE

Diaporama
liennathan.fr/a384bn

Regardez le diaporama et répondez à la question suivante :
Que vous évoquent ces photographies ?

Affiche pour la Journée européenne d'information sur les antibiotiques, Ministère de la Santé Luxembourg, 2013

→ *Cette campagne d'information cherche-t-elle à protéger l'individu ou la population ?*

1 La santé, une notion relative à l'époque et à l'individu

DOC 1 Le Fil Santé Jeunes : pour que les jeunes en parlent !

Source : www.filsantejeunes.com

1 Décrivez le Fil Santé Jeunes (objet, public visé, objectif, acteurs, actions).

....

DOC 2 La diversité des approches de la santé

La santé est difficile à définir. Les principales approches possibles sont :

▶ **L'approche positive** : « La santé est un état de complet bien-être physique, mental et social et ne consiste pas seulement en une absence de maladie ou d'infirmité » (OMS, Organisation mondiale de la santé).

▶ **L'approche dynamique** : la santé est la situation dans laquelle « un groupe ou un individu peut d'une part, réaliser ses ambitions et satisfaire ses besoins et, d'autre part, évoluer avec le milieu ou s'adapter à celui-ci » (Charte d'Ottawa, 1986).

▶ **L'approche globale** : la santé est dite globale parce qu'elle est le résultat de l'interaction entre un individu et l'environnement dans lequel il vit (milieux écologique, social et culturel), mais également parce que les problèmes de santé n'ont pas de frontières et nécessitent des réponses collectives transnationales.

2 Pourquoi peut-on dire que l'OMS a une approche « large » de la santé ?

....

3 Le Fil Santé Jeunes couvre-t-il les trois dimensions de la santé selon l'OMS ? Justifiez votre réponse.

....

4 Comment l'épidémie de Covid illustre-t-elle l'approche globale de la santé ?

....

DOC 3 Une dent saine dans une bouche saine

Il faut attendre le dernier tiers du XIXe siècle pour que les inventions sur le plan industriel et les innovations scientifiques révolutionnent le rapport à la santé bucco-dentaire. À la fin du siècle, le dentifrice se vend sous forme de poudre, de pâte ou d'eau [...]. Le souci esthétique et la volonté de plaire se combinent à des avancées majeures dans le traitement des problèmes dentaires sans douleur. [...] La Grande Guerre n'a pas interrompu le progrès en matière d'hygiène dentaire, au contraire. Le discours normatif sanitaire a alors pris valeur de loi, surtout en direction des jeunes générations qui étaient l'espoir de sociétés durement touchées par le conflit.

Alexandre Sumpf, « L'offensive de l'hygiène dentaire », www.histoire-image.org, avril 2020.

Affiche de Jules Chéret, *Eau de Botot, seul dentifrice approuvé par l'Académie de Médecine de Paris*, 1896.

5 Quels ont été les différents objectifs de la santé bucco-dentaire à partir du XIXe siècle ?

....

6 Quels sont les éléments qui ont influencé la notion de santé bucco-dentaire ?

....

7 Pourquoi peut-on dire que la santé bucco-dentaire est relative à l'époque à laquelle vit l'individu ?

....

DOC 4 La représentation de la santé chez les personnes sans domicile fixe (SDF)

Généralement, les SDF occultent la dimension du mental et du social dans la définition de la santé : « c'est ne pas avoir de souci, ne pas être malade » (Régis). À ce propos, la maladie est souvent associée à la mort ou à l'incapacité de bouger son corps : « être malade, c'est quand je suis malade et que je vois que je vais mourir... » (Jamel), « être malade, c'est ne plus pouvoir bouger... » (Sandy). Pour faire suite à ces discours, nous pouvons affirmer que la santé n'est pas une priorité pour les SDF. La vie à la rue transforme leurs repères, les besoins changent, évoluent. [...] Ces personnes évitent une consultation tant qu'elles estiment que leur état de santé ne nécessite pas d'intervention chirurgicale.

Anne-Françoise Dequiré, « Le Corps des sans domicile fixe », *Recherches & Éducations*, n° 3 Santé et Éducation, www.journals.openedition.org, septembre 2010.

8 Les SDF définissent-ils la santé comme l'OMS ? Justifiez.

....

....

9 La santé est-elle une préoccupation pour les SDF ? Illustrez votre réponse.

....

....

10 Pourquoi peut-on affirmer que la notion de santé est relative à l'individu (subjective) ?

....

....

2 La santé, un enjeu individuel et collectif

DOC 5 Les gestes barrières pour lutter contre la propagation de la Covid-19

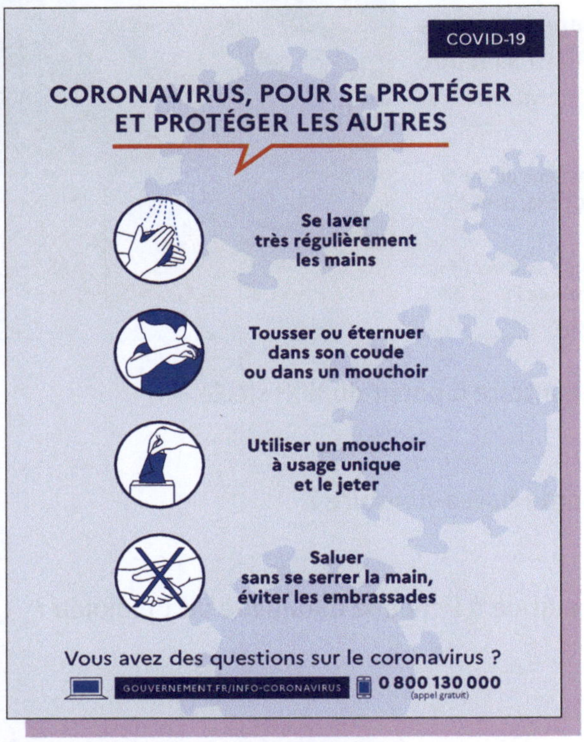

Gouvernement.fr ; Santé Publique France

11 Pourquoi parle-t-on de gestes barrières ?

12 Quels acteurs publics sont impliqués dans la réalisation de cette affiche ?

13 Pourquoi cette affiche participe-t-elle à la protection :

– de la santé individuelle ?

– de la santé collective ?

14 Quel est le lien entre la santé individuelle et la santé collective ?

DOC 6 La prise en charge de la santé de la population chez les Romains

Toutes les civilisations ont pris en compte les « menaces » réelles ou potentielles en matière de santé. [...] C'est dès l'Antiquité que l'on trouve trace d'activités structurées [...] [pour] la prise en charge de la santé dans ses dimensions collectives. Le haut niveau de structuration politique et administrative de l'Empire romain se traduira dans le champ sanitaire par le développement de l'assainissement des cités (approvisionnement en eau potable, évacuation des ordures, thermes, latrines) et d'une forme de médecine sociale destinée aux plus vulnérables (infirmeries pour les esclaves, hospices pour les indigents). Dès cette époque, une administration spécifique gère les problématiques de santé dans les villes. [...] L'Empire à son apogée « se donne pour fonction [...] d'œuvrer pour le bien-être de l'ensemble de la population, que ce soit en assainissant les villes ou en soignant les pauvres. »

D. Jourdan, *La santé publique au service du bien commun ?*, Éditions de Santé, Paris, 2011.

15 Quelles sont les mesures collectives mises en place chez les Romains ? Soulignez-les dans le DOC 6.

16 Pourquoi une prise en charge collective de la santé est-elle nécessaire ?

DOC 7 Alerte sur la santé visuelle des 16-24 ans*

Un jeune sur deux se plaint de fatigue visuelle. [...] 34 % d'entre eux ne font rien pour soulager leurs yeux, [...] 15 % de ces jeunes n'ont jamais consulté un ophtalmologue. [...] Plus d'un jeune sur deux ne porte pas ses verres devant un écran. Par oubli ou par souci d'esthétisme, [...] 41 % des 16-24 ans (qui portent une correction) conduisent leur voiture sans lunettes... [...] Voilà pourquoi l'association liste trois grandes pistes pour améliorer la prévention à tout âge. Au premier rang desquelles la mise en place d'un dépistage national des jeunes en milieu scolaire. « On a besoin des pouvoirs publics pour qu'ils ouvrent les portes des écoles, lycées, facultés » [...]. Deuxième suggestion : doter les Français d'un carnet de santé de la vue. [...] Troisième piste, rendre obligatoire le contrôle de la vue pour le permis de conduire. [...] Autant de propositions qui pourraient faire de l'œil au gouvernement, à la fois pour lutter contre l'insécurité routière, contre les difficultés scolaires liées à un problème de vue [...].

* Étude de l'Association de la vue (Asnav) et de l'institut de sondage OpinionWay du 2 au 11 avril 2019.

Oihana Gabriel, « Écrans, dépistage insuffisant, mauvaises pratiques... Alerte sur la santé visuelle des Français, et en particulier des 16-24 ans », www.20minutes.fr, 20 juin 2019.

17 Quelle est la question de santé abordée dans le DOC 7 ? ....

18 Pourquoi cette question de santé préoccupe-t-elle l'Asnav ?

....

....

19 Soulignez dans le DOC 7 les solutions proposées par l'Asnav.

DOC 8 La santé publique

La **santé publique** est l'ensemble des mesures collectives qui ont pour but de préserver la santé de la population. Ses domaines d'intervention sont variés : prévention des maladies, organisation du système de soins, hygiène personnelle, conditions de vie, hygiène du milieu de vie.

Quelques exemples de mesures de santé publique

1. Chaque année, la vaccination contre la grippe saisonnière est recommandée aux personnes âgées de plus de 65 ans ; les frais sont pris en charge à 100 % par l'Assurance maladie.

2. Les Français sont incités par une grande campagne médiatique, réalisée par Santé publique France, à respecter les gestes barrières depuis l'épidémie de la Covid.

3. L'Agence régionale de santé (ARS) a autorisé l'ouverture d'un service de long séjour pour les personnes atteintes de la maladie d'Alzheimer.

4. Sur les plages touchées par des dépôts de résidus d'hydrocarbures, le préfet de la Gironde organise la dépollution afin de permettre aux habitants et aux touristes d'y accéder à nouveau.

20 Pourquoi peut-on dire que la santé visuelle nécessite l'intervention de la santé publique ?

....

....

21 Dans les exemples (DOC 8), soulignez en rouge l'action, en vert le public visé et en bleu l'acteur.

22 Indiquez pour chaque exemple le domaine d'intervention en santé publique.

....

....

....

1 Montrer la relativité des notions de santé

« One Health » : repenser la santé

La santé, vécue par chacun et partagée par tous, est une priorité pour les populations du monde. Ce secteur tend à rester [...] réduit aux maux et maladies des hommes. Or, notre vision de la santé a aujourd'hui tout intérêt à se renouveler au regard des dynamiques démographiques, écologiques et sociales qui animent le monde. Force est de rappeler l'aspect multidimensionnel et positif de la santé : l'Organisation mondiale de la santé (OMS) la définissait dès 1946 comme « un état de complet bien-être physique, mental et social, et pas seulement comme une absence de maladie ou d'infirmité ». Au tournant du XXIe siècle, est venue s'ajouter à cette idée l'interdépendance entre ce bien-être humain et la santé animale ainsi que celle des écosystèmes. Plusieurs approches conceptuelles de la santé se développent, en particulier l'approche « One Health/Une seule santé ». [...] Cette approche « One Health » rappelle que la santé humaine ne peut être envisagée seule et qu'elle est intimement liée aux santés animale et écosystémique.

Nadège Legroux, « "One Health" : repenser la santé à l'interface entre les hommes, les animaux et les écosystèmes », www.ideas4development.org, 13 novembre 2018.

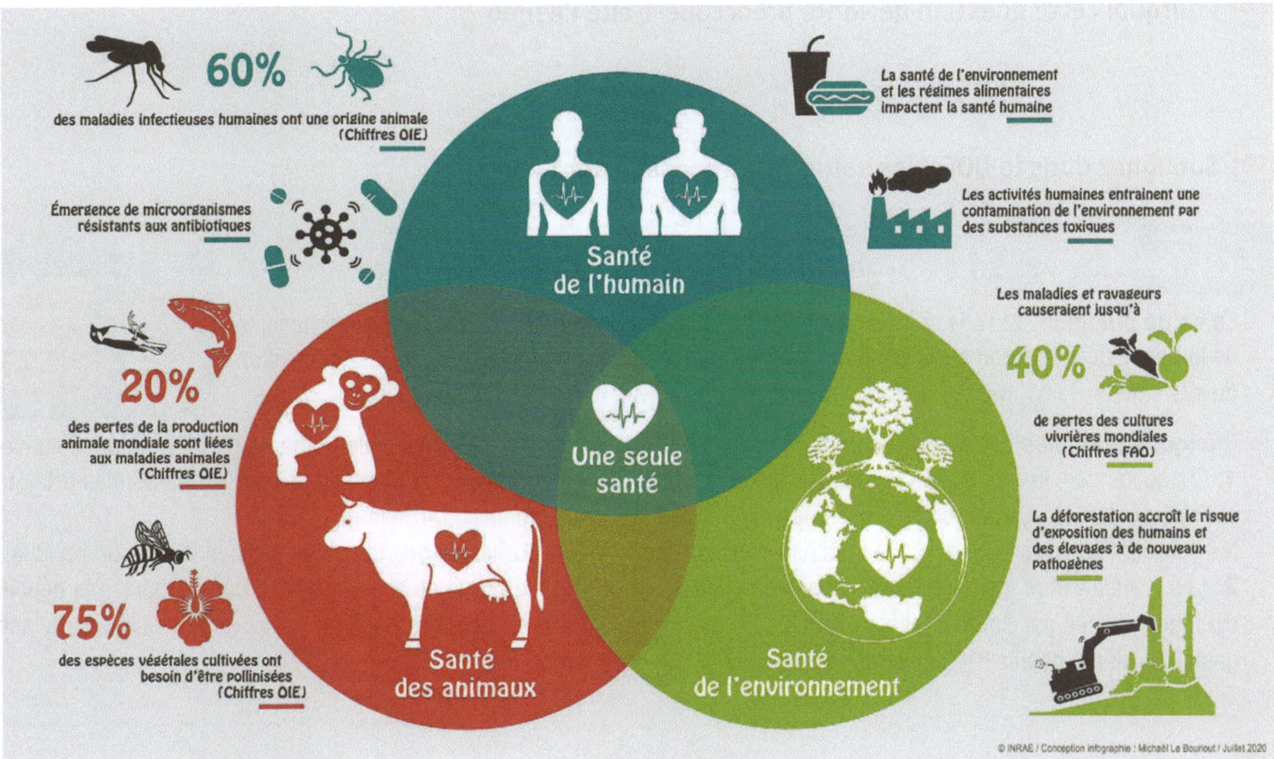

Michaël Le Bourlout, infographie INRAE, www.inrae.fr, juillet 2020.

1. Quelles sont les deux approches de la notion de santé présentées dans le document ?
2. Quelles différences y a-t-il entre ces deux approches ?
3. Qu'est-ce qui est à l'origine de ces différences (époque, individu, progrès...) ?
4. Quels liens pouvez-vous faire entre les différences dans les deux approches et ce qui est à l'origine des différences ? Illustrez votre réponse.

Identifier les préoccupations en santé publique

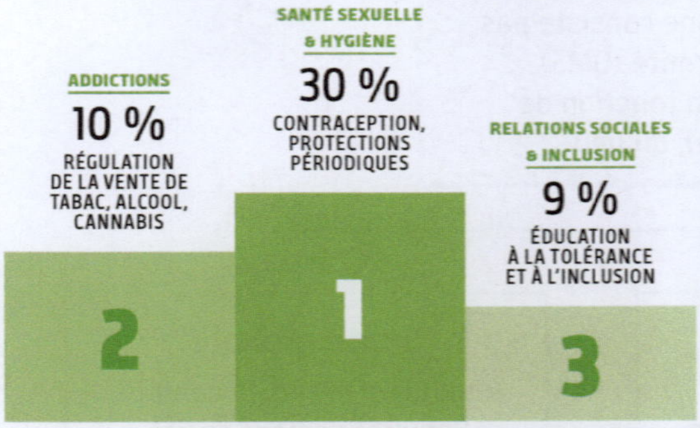

Les inquiétudes des 16-30 ans sur leur santé

Les participants à la consultation [...] aspirent à un meilleur accès à la contraception ainsi qu'aux protections hygiéniques et sont particulièrement demandeurs d'actions de sensibilisation aux risques sexuels.

Parmi les autres sujets évoqués, la problématique des addictions (la régulation de la vente de tabac, d'alcool et de cannabis) et les enjeux d'éducation à la tolérance et l'inclusion [...]. Si les jeunes se sentent concernés par leur santé, ils ne se considèrent pas comme acteurs du changement. En effet, ils soulignent davantage le rôle des structures plutôt que celui de l'action individuelle pour agir sur leur santé. C'est pourquoi ils plébiscitent un accompagnement de la part de l'externe et notamment de l'État (34 %) et des établissements scolaires (30 %), et ce devant les professionnels de santé et établissements de santé (respectivement 11 % et 7 %). Seuls 7 % des jeunes se considèrent eux-mêmes comme acteurs du changement.

Consultation citoyenne « Comment inciter les jeunes à mieux prendre soins de leur santé ? », Fondation d'entreprise Ramsay, www.presse.ramsaygds.fr, 17 octobre 2019.

1 **Quelles sont les questions de santé abordées ici ?**

2 **Pour qui ces questions de santé sont-elles un sujet d'inquiétude ?**

3 **Pourquoi ces questions de santé sont-elles un sujet d'inquiétude ?**

4 **Pourquoi ces questions de santé nécessitent-elles l'intervention de la santé publique ?**

Analyser une question sanitaire en mobilisant la notion de santé

L'alcool, un enjeu de santé publique en France

D'après les données officielles relayées sur le site de Santé publique France, la consommation d'alcool s'avère être la deuxième cause de mortalité évitable après le tabac [...] par cancer, cirrhose, psychose et dépendance alcoolique [...]. Au-delà, en effet, du problème médical [...], l'alcool impacte grandement la société [...] : accidents de la route ou de la vie courante, accidents du travail, mais aussi absentéisme [...], baisse de concentration, perte globale de productivité, agressions physiques et sexuelles, violences conjugales et domestiques, rapports sexuels non protégés, incivilités [...]. [La politique publique de lutte contre l'alcoolisme menée en France doit] impérativement prendre en compte le contexte économique et culturel du pays : la France étant par tradition un producteur viticole, la consommation de vin fait partie de ses pratiques gastronomiques.

Marie-Odile Safon, « La politique de lutte contre l'alcoolisme en France », www.irdes.fr, septembre 2019.

1 **Quelle est la question sanitaire abordée ici ?**

2 **Quelles sont les caractéristiques de cette question sanitaire ? (Utilisez la méthode du QQCOQP.)** ► FICHE OUTIL 1

3 **Quels sont les liens avec la santé individuelle, la santé collective ou la santé globale ?**

SYNTHÈSE DES **notions**

La santé
État de bien-être physique, mental et social qui ne consiste pas seulement en l'absence de maladie ou d'infirmité (OMS).
C'est une notion relative parce qu'elle varie en fonction de l'époque, de la personne (notion subjective), du lieu...

Santé individuelle
Quand elle concerne l'individu.

Santé collective
Quand elle concerne l'ensemble de la population.

Santé globale
Quand on prend en compte l'environnement social, culturel, économique et écologique et/ou que l'on s'intéresse à la santé au niveau international.

Prises en charge par

La santé publique
Ensemble des mesures collectives pour préserver ou améliorer la santé de la population

Domaines d'intervention

- Prévention des maladies
- Organisation du système de santé
- Hygiène personnelle
- Conditions de vie
- Hygiène du milieu de vie

SYNTHÈSE DES **capacités**

Montrer la relativité des notions de santé

- Identifier les différentes approches de la notion de santé
- Préciser les différences entre ces approches
- Repérer ce qui est à l'origine de ces différences (époque, individu, progrès...)
- Mettre en évidence le(s) lien(s) entre les différences dans les approches et ce qui est à l'origine des différences

Identifier une préoccupation en santé publique

- Repérer la question de santé
- Repérer pour qui et pourquoi cette question est un sujet d'inquiétude
- Préciser pourquoi cette question nécessite l'intervention de la santé publique

Analyser une question sanitaire en mobilisant la notion de santé

- Identifier la question sanitaire
- Décrire cette question sanitaire à l'aide du QQCOQP
- Expliquer le lien avec une ou des notions de santé : santé individuelle, collective, globale...

Activité technologique

Vers PIX D1.1

L'activité sportive et la santé

Capacités mises en œuvre
- Identifier les préoccupations en santé publique
- Analyser une question sanitaire en mobilisant la notion de santé

À partir de vos connaissances, des annexes et des outils à votre disposition, réalisez l'activité technologique suivante.

1 L'inactivité physique et la sédentarité sont-elles des préoccupations en santé publique ? ▸ FICHE OUTIL 3

2 Présentez le sport prescrit sur ordonnance mis en place dans la ville de Strasbourg.

3 Quels sont les bienfaits du sport prescrit sur ordonnance sur la santé ?

4 Le sport prescrit sur ordonnance est-il une mesure collective ? Justifiez votre réponse. ▸ FICHE OUTIL 4

5 Recherchez des informations sur les deux textes juridiques qui autorisent le sport sur ordonnance (la date et les points abordés).

6 Des actions de santé publique sont mises en place un peu partout en France pour encourager et faciliter l'activité physique. Identifiez une action mise en place dans votre ville ou votre village en détaillant :
- le(s) lieu(x) ;
- l'action en faveur de l'activité physique ;
- le (ou les) acteur(s) l'ayant mise en place ;
- le public visé.

7 Rassemblez les différents exemples proposés sous la forme d'un tableau (à quatre colonnes).

ANNEXE 1 Rester assis tue : levez-vous et bougez !

« Dix mille pas et plus ». C'est un comble d'écrire cette chronique assise… Car rester assis trop longtemps est dangereux pour la santé. La sédentarité, définie comme une situation d'éveil caractérisée par une dépense énergétique égale ou inférieure à celle observée lors d'un repos assis ou allongé, a des effets délétères. C'est un facteur de risque de nombreuses maladies chroniques (cardiovasculaires, métaboliques, cancéreuses, psychiques…).

Les […] analyses montrent que le risque de mortalité chez les adultes augmente avec un temps sédentaire supérieur à trois heures par jour, et de façon plus marquée lorsqu'il dépasse sept heures par jour, et cela sans rapport avec le niveau d'activité physique, souligne l'Observatoire national de l'activité physique et de la sédentarité (Onaps). […] Il ne faut pas seulement augmenter son temps d'activité physique, mais aussi réduire le temps où l'on est assis pour diminuer son risque de mort prématurée. C'est ce que montre une récente étude de chercheurs américains publiée dans la revue scientifique *American Journal of Epidemiology* le 14 janvier. […] Chaque trente minutes de sédentarité remplacées par une activité physique d'intensité légère réduit votre risque de décès de 17 %, et de 35 % s'il s'agit d'une activité physique d'intensité modérée à vigoureuse.

Pascale Santi, « Rester assis tue : levez-vous et bougez ! », www.lemonde.fr, 22 janvier 2019.

ANNEXE 2 Des inégalités entre générations dans le suivi des recommandations

■ Temps d'activité physique selon l'âge recommandé par l'OMS

1-4 ans	5-17 ans	Plus de 18 ans
3 heures par jour (différentes intensités)	1 heure par jour (intensité modérée à soutenue)	30 minutes par jour (intensité modérée, 5 jours par semaine)

■ En France, personnes ayant un temps d'activité physique inférieur aux recommandations de l'OMS, selon les âges et le sexe

Enfants 3-10 ans	Adolescents 11-17 ans	Adultes 18-64 ans	Seniors 65-79 ans	Hommes	Femmes
4 sur 5	2 sur 3	1 sur 3	1 sur 3	1 sur 4	1 sur 2

Données : OMS, Onaps, *Le Monde*, 30 janvier 2020.

ANNEXE 3 Estimation du coût de la sédentarité en France

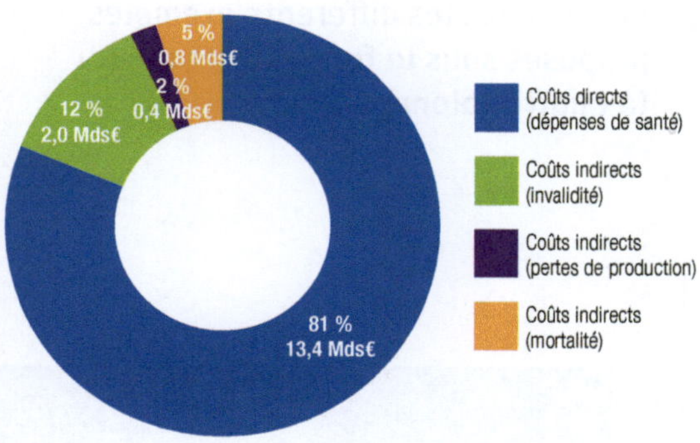

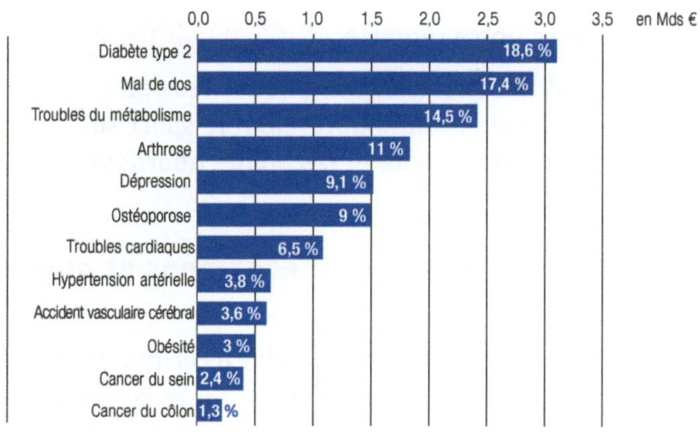

– Les coûts directs se réfèrent à l'ensemble des prestations de services de santé. Il s'agit des dépenses liées aux hospitalisations, aux consultations médicales (généralistes, spécialistes), à la consommation de médicaments, aux dépenses d'imagerie, de biologie, de transport médical ou encore de soins infirmiers ;
– les coûts indirects renvoient aux pertes de productivité lorsque les individus doivent quitter leur travail, pour des raisons de santé, de façon temporaire (absentéisme) ou permanente (invalidité ou mortalité prématurée). Ces coûts sont calculés sur la base de la contribution que ces individus auraient pu faire à l'économie. [...] ;
– les coûts « intangibles » correspondent à la souffrance physique (douleur) ou morale (peine) des individus concernés et de leurs proches. Par définition très difficiles à exprimer en termes monétaires, ils sont généralement exclus des analyses.

« Activité physique et sportive, santé et qualité des finances publiques », sports.gouv.fr, 31 janvier 2018.
Données : SportEconAustria, calculs Direction des Sports.

ANNEXE 4 Du sport prescrit sur ordonnance

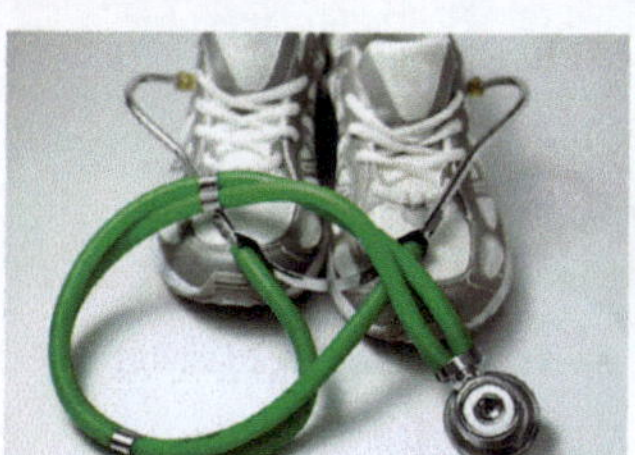

Vidéo : Tendance : Sport sur ordonnance – France 3
liennathan.fr/6kxq59

Principales notions

- Bien-être
- Socialisation
- Normes, valeurs
- Identité sociale
- Stratification sociale
- Cohésion sociale
- Intégration sociale
- Société
- Groupes sociaux
- Liens sociaux
- Fait social

Capacités exigibles

- Mobiliser le processus et les instances de socialisation pour appréhender un fait social
- Identifier le rôle de la socialisation dans l'intégration sociale
- Repérer les facteurs de cohésion sociale
- Identifier l'influence des normes sociales sur la santé

Vers compétences PIX

D3.1 - Développer des documents textuels

Le bien-être : une construction dynamique

CHAPITRE 2

AVANT LA CLASSE

Diaporama liennathan.fr/2a5w4k

Regardez le diaporama et ***décrivez les différences entre les deux familles.***

→ *Qu'apporte l'école aux enfants ?*

1 Le bien-être, une notion multidimensionnelle

DOC 1 Synopsis du film *Neuilly sa mère !*

Sami Benboudaoud, 14 ans, vivait heureux avec ses copains dans son HLM de Chalon-sur-Saône. Hélas, le destin l'arrache un jour à son p radis et le propulse dans l'enfer d'une famille bourgeoise de Neuilly-sur-Seine ! Il est confié à sa tante Djamila, qu'il ne connaît pas, mariée à Stanislas de Chazelle, héritier d'une vieille famille française, un peu rigide sur les bonnes manières. Il y rencontre Charles, son cousin du même âge, plein de préjugés et ob édé p r son ambition de devenir... président de la République, et Caroline, sa cousine. [...] Au très chic collège privé Saint-Exupéry, il est confronté à Guilain, l'enfant des beaux quartiers qui fait toutp ourr essemblerà u n appeurg ng ta.

www.cinefil.com/film/neuilly-sa-mere

1 Où vivait Sami jusqu'à ses 14 ans ? et après ses 14 ans ? ……………………………………

……………………………………………………………………………

2 Comment Sami se sentait-il dans sa cité ? ……………………………………

3 Soulignez les raisons qui font de sa nouvelle vie un enfer.

4 Quel est le modèle : – de Sami ? ……………………………………

– de Charles ? ……………………………………

– de Guilain ? ……………………………………

DOC 2 Le bien-être : un état de satisfaction des besoins

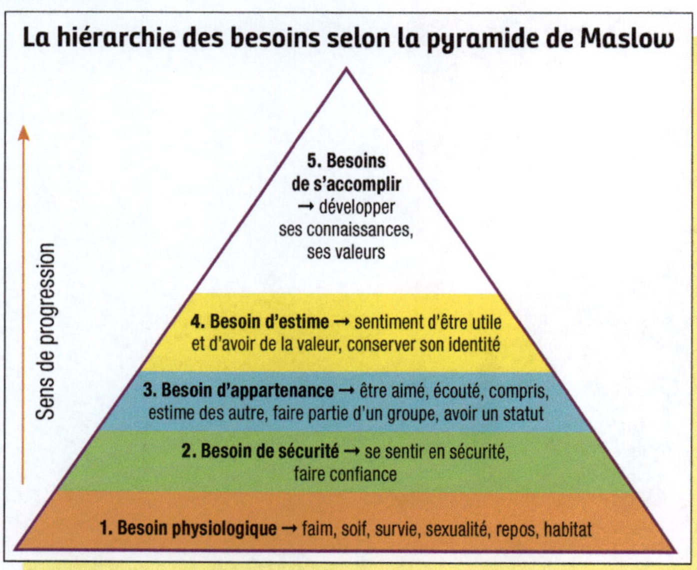

On entend par bien-être un état agréable procuré par la satisfaction de ses besoins. Selon A. Maslow, un besoin ne peut être satisfait que lorsque les besoins de niveaux inférieurs sont déjà satisfaits.

5 Soulignez dans le DOC 2 la raison pour laquelle on parle de hiérarchie des besoins.

6 Quels sont les besoins que Sami aura du mal à satisfaire dans sa nouvelle famille ?

……………………………………

……………………………………

……………………………………

7 À partir de l'exemple de Sami, expliquez pourquoi le bien-être est un état dynamique.

……………………………………………………………………………

……………………………………………………………………………

DOC 3 Bien-être individuel et bien-être collectif

La définition du bien-être s'appuie généralement sur la notion de santé considérée comme « un état complet de bien-être physique, mental et social qui ne consiste pas seulement en une absence de maladie ou d'infirmité » (OMS). [...] Le bien-être d'un individu est interconnecté à celui de la société, dont il est membre. Cette notion réunit ainsi des dimensions objectives et d'autres, plus subjectives. [...]. Le bien-être objectif recouvre des composantes « externes » aux individus : revenus mais aussi niveau d'éducation, santé, caractéristiques du logement, inégalités, insécurité (tant économique que physique)... Ces indicateurs constituent une première appréhension du bien-être sociétal mais ne renseignent pas le niveau de bien-être éprouvé par les individus. [...] Le bien-être subjectif est lié aux ressentis des individus. Il tient compte des perceptions que les personnes ont de leur bien-être.

Agence d'urbanisme de la région de Saint-Nazaire, « Décryptage – Bien-être et qualité de vie », www.addrn.fr, décembre 2016.

8 Quels sont les différents types de bien-être présentés dans le DOC 3 ?

....

9 Soulignez les différentes composantes du bien-être.

10 Quels sont les points communs entre les composantes du bien-être (DOC 3) et les besoins de la pyramide de Maslow (DOC 2) ? Illustrez votre réponse.

....

....

....

11 Pourquoi peut-on dire que le bien-être de l'individu est interconnecté à celui de la société dont il est membre ?

....

....

12 Quelle différence y a-t-il entre le bien-être objectif et le bien-être subjectif ?

....

....

DOC 4 Pourquoi vivre en société ?

La société est un ensemble d'individus régis par des règles et des institutions propres (organisation initiée par l'État pour prendre en charge durablement un besoin collectif : l'école, la justice, les hôpitaux...) au sein desquelles ces individus entretiennent des relations réciproques (travail, pouvoir, sentiments, échanges...). Vivre en société, c'est donner la possibilité aux individus d'accéder au bien-être. Mais pour cela, l'individu va devoir se socialiser ; la socialisation est le processus au cours duquel il acquiert les règles de la vie en société (lois, coutumes, normes, valeurs...).

13 Soulignez les trois caractéristiques de la vie des individus en société dans le DOC 4.

14 Comment la socialisation peut-elle participer au bien-être sociétal des individus ?

....

....

....

15 Pour l'un des besoins de Maslow (DOC 2), précisez une institution qui permet sa satisfaction.

....

....

2 La socialisation, un processus tout au long de la vie

16 Pourquoi parle-t-on de processus de socialisation ?

....

....

17 Qu'apporte la crèche par rapport à la famille dans le processus de socialisation de l'enfant ? Donnez quatre exemples.

....

....

....

DOC 5 La socialisation démarre à la crèche

Vidéo : « La socialisation des petits, un processus tout doux pour apprendre les règles de la société » – Mosaïk Cristal
liennathan.fr/9wad79

DOC 6 Les différentes étapes de la socialisation

La socialisation est un phénomène social par lequel un individu intériorise progressivement les normes et les valeurs de son environnement social. La socialisation est un processus continu et dynamique, actif tout au long de la vie. On distingue la socialisation dite primaire, qui s'observe dans l'enfance, de la socialisation secondaire qui caractérise l'âge adulte. Lors de la socialisation primaire, la famille et l'école sont les deux instances centrales des mécanismes d'intériorisation des normes et valeurs socioculturelles. Dans la socialisation secondaire, une multitude d'agents et d'institutions (professionnels, culturels, associatifs, politiques, réseaux de sociabilité, etc.) viennent colorer ou réorienter les tendances de la socialisation initiale (primaire), en renforcer ou modifier certains aspects, en développer de nouveaux.

Association française des orchestres et Agence ARISTAT, Enquête nationale 2013-2014 « Une entrée tardive dans le classique : la socialisation inversée », www.france-orchestre.com, 2018.

DOC 7 La socialisation anticipatrice

L'individu peut vouloir être défini par rapport au groupe social auquel il souhaite appartenir (groupe de référence, ou groupe choisi) et non plus en fonction de son groupe originel (groupe d'appartenance, ou groupe subi). Cette dynamique est appelée socialisation anticipatrice. L'individu, en s'appropriant par avance les normes et les valeurs du groupe de référence, cherche à y faciliter son intégration.

Direction de la protection judiciaire de la jeunesse, « Mineurs et réseaux de socialisation », www.cnape.fr, 2017.

18 Qu'est-ce qu'un individu apprend en se socialisant ? ....

19 Soulignez dans le DOC 6 les éléments qui participent à la socialisation d'un individu.

20 Complétez le tableau à l'aide du DOC 6 et du DOC 7.

Étapes	Description	Instances de socialisation
Socialisation :	....	....
Socialisation :	....	....
Socialisation anticipatrice	....	

DOC 8 La priorité aux caisses des supermarchés

21 Que représente ce panneau ? ....

22 Pourquoi cette règle est-elle mise en place ? ....

23 Tous les pays mettent-ils en place cette règle ? ....

DOC 9 Les normes et les valeurs

Les normes sont des règles qui régissent l'action des individus à l'intérieur des sociétés. Elles existent d'une part sous la forme de règles explicites qui s'imposent officiellement aux individus [...]. Mais d'autre part, les règles implicites (les mœurs et les usages), intériorisées lors du processus de socialisation, importent tout autant et régissent la plupart des relations à l'intérieur des groupes restreints. [...]
Alors que les normes sont concrètes et « disent » ce qu'un individu doit faire, les valeurs sont abstraites. Ce sont des idéaux collectifs, susceptibles d'orienter les actions individuelles. La liberté, le travail, l'égalité, l'amour de son prochain, etc. sont quelques-uns des idéaux les plus caractéristiques dess ociétéso ccidentales.

M. Montoussé, G. Renouard, *100 fiches pour comprendre la sociologie*, Bréal, 1997.

24 Soulignez en rouge la définition d'une norme et en vert celle d'une valeur (DOC 9).

25 Quelle est la différence entre une règle implicite et une règle explicite ? Illustrez votre réponse.

....

....

26 Complétez le tableau suivant en cochant la bonne case.

	Norme	Valeur		Norme	Valeur		Norme	Valeur
Être tolérant			Se vêtir			Être poli		
Respecter les autres			Ne pas fumer dans un lieu public			Se marier		

DOC 10 Le fait social comme force sociale

Un fait social est une manière d'agir, de penser, de se comporter susceptible d'exercer sur l'individu une contrainte extérieure, qu'elle soit formelle (« fixée » par la loi) ou informelle (règles, coutume...) et qui détermine les comportements individuels. Le fait divers n'est pas un fait social parce qu'il n'est ni fréquent ni collectif. Un fait social peut être une norme, une institution (organisation initiée par l'État pour prendre en charge durablement un besoin de la société) telles que l'institution de la langue française, de l'éducation, le respect des lieux non fumeurs.

27 Soulignez les caractéristiques d'un fait social dans le DOC 10.

28 Expliquez pourquoi la langue française est un fait social.

....

....

29 Quel est le lien entre la socialisation et le fait social ?

....

....

3 La socialisation, construction de l'identité sociale

DOC 11 Qui est Soprano ?

Soprano, de son vrai nom Saïd M'Roumbaba, est né le 14 janvier 1979 à Marseille dans une famille comorienne. Il est l'aîné d'une famille de cinq enfants. Il s'est marié en juin 2006 avec Alexia. De cette union, naissent trois enfants. Saïd débute dans le rap français en 1994, et monte le groupe KDB (Kids Dog Black) qui deviendra ensuite Psy4 de la Rime. En 2007, *Puisqu'il faut vivre* est son premier album solo. Passionné de musique, il a fait une tournée spectaculaire avec son sixième disque, *Phoenix*. Un film d'animation montrait un oiseau en flammes qui s'éffondre pour laisser apparaître le surnom historique du chanteur : Soprababa.

30 **Soulignez les éléments qui décrivent Saïd M'Roumbaba : en rouge ceux en relation avec sa famille, en vert ceux en relation avec les rappeurs, en bleu ceux en relation avec sa personnalité.**

DOC 12 La différence entre l'identité personnelle et l'identité sociale

Nous avons tous au moins deux identités. Une identité personnelle et une, ou plusieurs, sociales. Notre identité personnelle est directement liée à notre personnalité. Nous pouvons être plus extravertis, plus amicaux, [...] etc. Notre identité personnelle sera finalement composée de différents traits qui nous définissent. Les identités sociales, en revanche, correspondent aux groupes auxquels nous appartenons. Par exemple, la famille, le pays, la religion, l'ethnie, l'équipe sportive, etc. Ces identités po sèdent d s normes, des valeurs etd esr ôles.

Mais, comment nous comportons-nous ? Conformément aux traits de notre personnalité ou aux normes de notre groupe ? Cela dépendra de l'identité qui sera activée. Il s'agira normalement de notre identité personnelle. De sorte que nous nous comporterons en fonction de notre personnalité. Mais le groupe est parfois plus important, de sorte que nous nous comporterons en fonction du rôle que nous avons dans ce dernier, et des esr ègles.

« Fusion d'identité : la relation entre l'identité personnelle et l'identité sociale », www.nospensees.fr, 30 juillet 2020.

31 **Quelle est l'identité qui fait :**

– que chaque individu est différent ? ....

– que l'individu se reconnaît comme un membre d'un groupe spécifique ? ....

32 **Pourquoi parle-t-on des identités sociales ?**

....

33 **Quel est le type d'identité qui découle de la socialisation ? Justifiez votre réponse.**

....

....

34 **Précisez pour chaque élément souligné dans la question 30 ceux qui font partie :**

– de l'identité personnelle : ....

– des identités sociales : ....

DOC 13 Taux de départ en vacances des 6-18 ans selon le revenu des parents

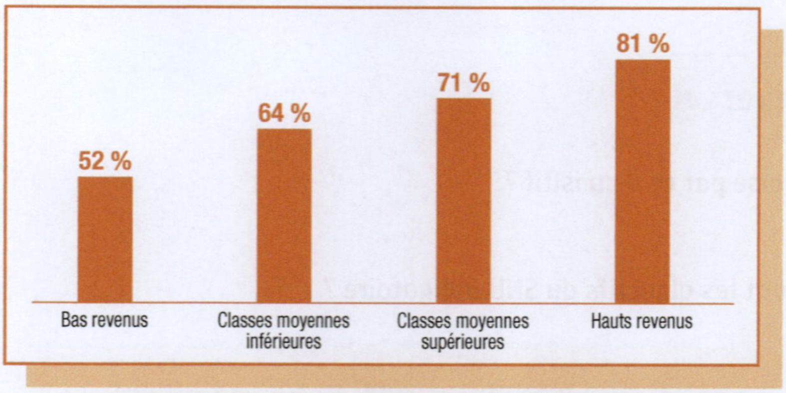

Source : Crédoc, enquête « Conditions de vie et aspirations », janvier 2020.

35 Que nous apprend ce graphique ? Illustrez votre réponse.

....

....

....

....

....

....

....

DOC 14 Répondre à son besoin d'appartenance

L'Homme a besoin de faire partie intégrante de groupes sociaux (famille, clubs, associations, mais aussi entreprise, commune, région, nation, religion etc.) avec lesquels il partage certaines caractéristiques (goûts, activités, idées, opinions, valeurs, convictions, statut social, etc.), ce qui est un moyen à la fois de se reconnaître et d'être reconnu, d'accepter et de se sentir accepté. Donc d'exister, par l'intermédiaire du regard de l'autre qui nous identifie comme un pair. [...]

Ce sentiment d'appartenance participe à la dimension sociale de notre identité et reste en mouvement tout au long de notre vie [...], de nos passages d'un groupe à un autre, avec toutes les influences que celui-ci peut exercer [...]. Lorsqu'il est comblé, ce besoin d'appartenance sociale participe à la satisfaction d'autres besoins : reconnaissance, amour et affection, etc., ainsi qu'au renforcement de l'estime de soi.

Sylvaine Pascual, « Répondre à son besoin d'appartenance sociale », www.ithaquecoaching.com.

36 Soulignez les exemples de groupes sociaux dans le DOC 14.

37 Quelles sont les caractéristiques d'un groupe social ? ....

....

38 Quels besoins de la pyramide sont satisfaits lorsqu'un individu fait partie d'un groupe social ?

....

DOC 15 Comment la société est-elle structurée ?

Les sociétéss ontc onstituéesd eg rop ess ociauxC esg rop esn es ontp s juxtaposés les uns à côté des autres ; ils entretiennent des relations marquées par la domination de certains. La stratification sociale correspond à la division de la société en grop es sociaux, hiérarchisés en fonction de critères divers : les revenus, les diplômes, le pouvoir, la possession de richesses...

39 Soulignez dans le DOC 15 des exemples de critères qui permettent de répartir les groupes sociaux.

40 Pourquoi parle-t-on de groupes sociaux hiérarchisés ?

....

....

4 La socialisation, facteur d'intégration sociale

DOC 16 Le service national universel

Vidéo : Le SNU, qu'est-ce que c'est ? – L'Internaute
liennathan.fr/g323eg

41 Qui est visé par ce dispositif ?

....

42 Quels sont les objectifs du SNU obligatoire ?

....

....

43 Quels sont les besoins de la pyramide de Maslow qui pourront être satisfaits par le service national universel ?

....

DOC 17 Qu'est-ce que l'intégration ?

L'intégration est le processus par lequel l'individu prend place dans une société, par lequel il se socialise. Ce processus équivaut à apprendre les normes et valeurs qui régissent le corps social, cet apprentissage se faisant notamment par [...] la famille, l'école ou les groupes de pairs. C'est ainsi qu'**Émile Durkheim entendait l'intégration comme une fabrique de futurs citoyens.**

Serge Paugam, *Les 100 mots de la sociologie*, PUF, « Que sais-je ? », 2010.

44 Pourquoi l'intégration est-elle un processus ?

....

....

45 Expliquez la phrase en gras.

....

....

46 Le service national universel permettra-t-il de favoriser l'intégration des jeunes ? Pourquoi ?

....

....

DOC 18 Intégration, insertion et inclusion sociale

Ces trois thématiques sont souvent associées. Mais lorsque l'on parle d'insertion, de quoi parle-t-on ? Rappelons dans un premier temps qu'il existe différents types d'insertion. L'insertion sociale et l'insertion professionnelle/scolaire. L'insertion professionnelle regroupe la notion d'intégration professionnelle et d'inclusion professionnelle. [...]

– L'intégration est un processus qui va du travailleur vers l'entreprise. C'est à lui de s'adapter aux conditions de travail et à développer ses compétences pour répondre aux objectifs de l'entreprise.

– En ce qui concerne l'inclusion, l'entreprise va adapter son fonctionnement et le poste du travailleur pour que les conditions de travail soient les plus optimales possibles.

« Insertion, intégration, inclusion », formation-travail-handicap.fr, 19 janvier 2018.

47 Expliquez le lien entre l'intégration, l'inclusion et l'insertion.

....

48 Quelle est la différence entre l'intégration sociale et l'inclusion sociale ?

....

....

5 Des liens sociaux à la cohésion sociale

DOC 19 La plateforme Ernesti

Vidéo : Ernesti, la plateforme qui met en relation étudiants en médecine et personnes âgées – France 3 Nouvelle-Aquitaine
liennathan.fr/q7qm46

49 Présentez le dispositif. ....

....

....

....

....

....

50 Quel lien s'établit entre les deux personnes ? ....

....

51 Comment ce dispositif participe-t-il au bien-être :
– des étudiants ? ....
– des personnes âgées ? ....

DOC 20 Les liens sociaux

Comment fait une société pour « tenir » et ne pas se déliter alors qu'elle rassemble des groupes différents, dont les positions, les intérêts et les convictions divergent ? Les sociologues ont trouvé une expression pour répondre à cette question : le « lien social ». C'est lui qui permet aux sociétés de perdurer. Si l'on devait utiliser une image, on pourrait dire qu'il est le ciment de la société, c'est-à-dire l'ensemble des relations, des normes et des valeurs communes qui lient les individus les uns aux autres [...].

Lucie Baune, « Le lien social, ciment du vivre ensemble », www.alternatives-economiques.fr, 1er septembre 2007.

52 Soulignez les différents types de lien sociaux.

DOC 21 La cohésion sociale

[...] Nos sociétés produisent toujours des inégalités qui [...] fragilisent la stabilité [...] de l'ensemble. [...] La cohésion sociale est la capacité d'une société à assurer le bien-être de tous ses membres, en réduisant les disparités et en évitant la marginalisation* [...], à gérer les différences et les divisions et à se donner les moyens d'assurer la protection de l'ensemble de ses membres. [...]

La cohésion, selon le Conseil de l'Europe [...] consiste surtout en un emploi décent, une Sécurité sociale renforcée de partenariats et une volonté de lutter contre les facteurs de division ; [...] a comme trame les droits de l'homme, le respect de la dignité humaine et le bien-être.

* Rupture des liens sociaux.

Nicolas Lebrun, « Cohésion et inclusion sociale », www.pourlasolidarité.eu, janvier 2009.

53 Comment une société peut-elle assurer la cohésion sociale ?

....

54 Soulignez ce qu'apporte la cohésion sociale à l'individu en bleu et à la société en rouge.

55 Soulignez en vert les facteurs de cohésion sociale.

1 Mobiliser le processus de socialisation et les instances de socialisation pour appréhender un fait social

Comme tous les jeudis depuis quelques semaines, Jordi et Yann franchissent les portes de la maison d'arrêt de Saint-Malo. Ils sont là pour le ballon [...]. Pour jouer au rugby avec les détenus. Jordi Rougé est le responsable technique du XY Corsaire, le club de rugby de Saint-Malo. Dix-huit détenus sont inscrits à cette séance, comme une petite évasion dans leur quotidien. Un moyen de se défouler, mais aussi de s'évaderm entalementd 'entrel esm ursd l ap rison. [...] Pour le club, cette initiative s'inscrit dans une démarche solidaire et sociale. « Ces séances de rugby sont l'occasion de transmettre l'esprit de solidarité et de coopération qui, au-delà de notre sport, est essentiel pour faciliter la réinsertion de ces hommes », précise l'entraîneur. « Je suis ravi de l'accueil qu'ils nous ont réservé. Ils adhèrent au projet et sont très à l'écoute. On ressent leur besoin de se dépenser et le rugby est idéal pour canaliser toute cette énergie. » [...] Le sport en prison, comme les activités culturelles, mais aussi le travail ou la formation, est en effet développé p rl 'administratio d étentio omme un outil de socialisation et d'éducation, par le biais de valeurs comme le respect des règles et des autres, l'esprit d'équipe, l'effort et le dépassement de soi. Le sport représente ainsi un outil de prép ration àl ar éinsertiop ourl esd tenus.

Krystell Veillard, « Prison de Saint-Malo : le rugby pour favoriser la réinsertion des détenus », france3-regions.francetvinfo.fr, 19 avril 2018.

1 **Quel est le fait social présenté dans le document ?**

2 **Présentez les caractéristiques de ce fait social à l'aide du QQCOQP.** ▸ FICHE OUTIL 1

3 **Quel est le type de socialisation développée par ce fait social (primaire, secondaire, anticipatrice) ? Justifiez votre réponse.**

4 **Quelles sont les instances de socialisation ?**

5 **Quelles sont les normes et les valeurs acquises lors de cette socialisation ?**

2 Repérer les facteurs de cohésion sociale

Baromètre d'opinion de la DREES : les Français et la cohésion sociale

Les données de la vague 2016 ont été collectées entre octobre et novembre 2016, auprès d'un échantillon [...] représentatif de la population [...]. [...] La cohésion sociale est toujours perçue comme faible dans le pays, seuls un quart des Français la jugent actuellement forte (25 %, – 4 points par rapport à 2015). [...] En termes d'action publique, les Français estiment que c'est avant tout en assurant à tous la possibilité d'accéder à un emploi que les pouvoirs publics pourront renforcer cette cohésion (32 % des réponses), devant la nécessité d'offrir une éducation de qualité (16 %), de punir plus sévèrement les délinquants (12 %) ou d'aider les jeunes à démarrer dans la vie (11 %). Néanmoins, il existe un fort sentiment d'intégration dans la société française : 93 % des Français s'estiment bien intégrés et près de 6 sur 10 se sentent même « très bien intégrés » [...]. C'est d'abord le « partage d'une culture et de valeurs communes » (28 %, + 5 points par rapport à 2014) qui apparaît comme le plus important pour être bien intégré à la société française, avant d'être « bien entouré par votre famille ou vos amis » (19 %), d'avoir « un travail qui vous convient » (18 %) ou « un niveau de vie convenable » (18 %).

« Baromètre d'opinion de la DREES – volet 3 : Les Français et la cohésion sociale », www.bva-group.com, 30 mars 2017.

Quels éléments (actions, mesures, institutions...) permettent d'assurer le bien-être de tous (réduisent les inégalités, protègent les individus, créent des liens sociaux, favorisent l'acceptation des différences...) ?

3

Identifier le rôle de la socialisation dans l'intégration sociale

Scolarisation et intégration, indissociables pour les petits comme pour les grands

Pour la plupart des familles qui demandent l'asile, l'école constitue donc une première immersion dans la vie quotidienne en France. À l'école s'établit un lien durable avec la société du pays hôte pour le jeune scolarisé qui commence à être intégré dans un cursus éducatif commun à tous les enfants résidant en France. […]
La mission de l'école française telle qu'elle est formulée dans les textes officiels est particulièrement ambitieuse : elle se veut espace démocratique et égalitaire, un lieu où les élèves peuvent se retrouver autour d'un socle commun constitué par une langue et des valeurs partagées. Pour les enfants de migrants, ce lien entre scolarisation et intégration est encore plus fort que pour les autres. En effet, l'école est l'institution la plus propice à la reconstruction d'un cercle social et amical, facilitant la compréhension du fonctionnement de la société d'accueil et l'apprentissage de la langue. Par ses multiples rôles, l'école est la seule à pouvoir introduire l'enfant aux autres moyens de socialisation que sont notamment les associations sportives, artistiques et culturelles. […] L'école permet également l'apprentissage de la citoyenneté, des valeurs de la République, des principes démocratiques qui participent à l'intégration des enfants à la société française. Les élèves apprennent la citoyenneté non seulement en classe, mais aussi par l'apprentissage informel : par des cours d'éducation civique, par une participation des élèves aux instances de gouvernance des établissements comme délégué de classe par exemple […].

Lettre de France terre d'asile n° 71, octobre 2015.

1. **Quel individu ou quel groupe a trouvé sa place dans un groupe social ?**
2. **Quel est le groupe social concerné ?**
3. **Quel type de socialisation a permis ce processus (primaire, secondaire, anticipatrice) ?**
4. **Quelle est l'instance de socialisation et quelles sont les normes et valeurs acquises ?**
5. **Quelles sont les différentes identités sociales des membres du groupe ?**

4

Identifier l'influence des normes sociales sur la santé

Les femmes qui font le mauvais choix

Pour rentrer dans le « bikini dernier cri », il faut être maigre. Ce message, véhiculé notamment par la presse féminine, a fait se développer un phénomène très dangereux pour la santé : celui des troubles du comportement alimentaire (TCA)*. […] Selon le Pr Gérardin, « on sait à quel point cette période de l'année où tous les magazines [et les réseaux sociaux] vont nous parler des régimes, des maillots de bain avant l'été, pour des jeunes filles à l'adolescence, qui sont en recherche d'une image positive, qui doutent beaucoup de ce qu'elles sont, elles vont être à risque de rentrer dans cette pression sociale des régimes et de ce fait, pour peu qu'elles soient fragiles, elles peuvent aller vers la constitution d'un trouble ». […] En suivant de près les tendances et les réseaux sociaux, les jeunes sont bien plus sujets à la pression de la société qui vante la maigreur comme norme de beauté.

* Véritables maladies qui peuvent entraîner des carences ou mettre la vie en danger, telles que l'anorexie.

« Société : la maigreur dicte (encore) les normes de beauté en France », www.paris-normandie.fr, 23 juillet 2017.

1. **Quelle est la norme sociale dont il est question dans le document ?**
2. **Quelles sont les conséquences de cette norme sur la santé ?**

SYNTHÈSE DES notions

Socialisation
Processus d'apprentissage des valeurs et des normes de la société

Socialisation primaire (Enfant)
Instances de socialisation : famille, école, pairs

Socialisation secondaire (Adulte)
Instances de socialisation : travail, associations, cercles d'amis, clubs de sport...

Socialisation anticipatrice
L'individu veut changer de groupe d'appartenance (groupe d'origine de fait) et aller vers un groupe de référence (celui auquel il veut appartenir)

La socialisation permet d'acquérir

Valeurs
Idéaux collectifs, susceptibles d'orienter les actions individuelles

Normes
Règles qui régissent l'action des individus (une norme est un exemple de fait social)

Identité sociale
Caractéristiques partagées avec les membres du groupe d'appartenance ou des groupes de référence

Intégration sociale
Processus par lequel l'individu prend place dans un groupe social ou dans la société
Groupe social : ensemble d'individus unis par des liens sociaux (relations, valeurs, normes communes)
Société : ensemble d'individus répartis en groupes sociaux et régis par des règles et des institutions propres

Cohésion sociale
Capacité d'une société à assurer le bien-être de tous ses membres en réduisant les disparités

SYNTHÈSE DES capacités

Mobiliser le processus et les instances de socialisation pour appréhender un fait social

- Identifier le fait social
- Repérer les caractéristiques du fait social à l'aide du QQOQCP
- Identifier le type de socialisation
- Présenter les instances de socialisation
- Repérer les normes et les valeurs qui seront acquises

Identifier l'influence des normes sociales sur la santé

- Repérer la norme sociale
- Citer les conséquences de cette norme sur la santé physique, mentale et sociale

Identifier le rôle de la socialisation dans l'intégration sociale

- Repérer qui (individu, groupe) a trouvé sa place dans un groupe social ou dans la société
- Préciser le groupe social ou la société concerné(e)
- Présenter la socialisation (type, instances, normes et valeurs)

Repérer les facteurs de cohésion sociale

- Repérer les actions, les mesures, les institutions qui permettent d'assurer le bien-être de tous : réduction des inégalités, protection des indivius, création de liens sociaux, acceptation des différences

Activité technologique

Vers PIX D3.1

Le téléphone portable et le bien-être des adolescents

Capacités mises en œuvre

- Mobiliser le processus et les instances de socialisation pour appréhender un fait social
- Identifier l'influence des normes sociales sur la santé

À partir de vos connaissances, des annexes et des outils à votre disposition, réalisez l'activité technologique suivante.

1 L'usage du téléphone portable est-il un fait social ? Pour répondre, expliquez s'il s'agit d'une pratique : fréquente, collective, susceptible d'influencer les comportements individuels. Illustrez votre réponse. ► FICHE OUTIL 3

2 Identifiez les conséquences de l'usage du téléphone portable sur la santé. Classez-les puis présentez votre réponse à l'aide d'un schéma de synthèse.

3 Répartissez la classe en deux groupes. Chaque groupe choisit une instance de socialisation : la famille ou les pairs. Dans chaque groupe :
- décrivez comment l'instance participe au développement des usages du téléphone portable : quels sont les types de socialisations mises en œuvre ? Quelles sont les normes et les valeurs acquises ? Quels peuvent être les inconvénients de cette socialisation ? ;
- préparez un support écrit pour présenter le travail à vos camarades ;
- exposez-le oralement.

ANNEXE 1 Les adolescents et le numérique

Les usages du numérique sont totalement intégrés au mode de vie adolescent contemporain. Les jeunes grandissent avec les technologies de l'information et de la communication et leur socialisation se réalise notamment via les usages des smartphones : d'abord socialisés à l'utilisation des appareils de leurs parents, ils deviennent ensuite les propriétaires de leur propre outil, mobilisable rapidement à la fois comme un prolongement de soi et commeu h iea ux utres.

Claire Balleys, « Socialisation adolescente et usages du numérique », www.injep.fr, juin 2017.

Proportion de la population qui utilise un téléphone mobile pour…

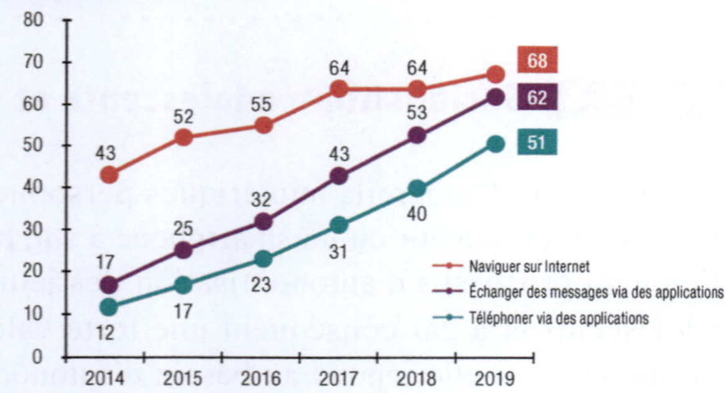

ANNEXE 2 Le téléphone portable et la santé

Les téléphones portables et autres tablettes tactiles ne sont pas forcément inoffensifs pour la santé des enfants. Les ondes électromagnétiques de ces produits […] peuvent avoir des effets sur la santé, indique un rapport de l'Agence nationale de sécurité sanitaire de l'alimentation, de l'environnement et du travail (Anses) […]. Les experts ont également recensé des effets négatifs sur le bien-être. […] Une étude britannique sur 373 enfants de 10 à 13 ans relève une « association entre l'utilisation de kit mains libres sans fil et maux de tête, sensation d'être déprimé, et être réveillé la nuit ». Elle pointe aussi une « association entre certaines bandes de fréquence de téléphone sans fil et acouphènes, sensation d'être déprimé et somnolence ». Les chercheurs énumèrent aussi les troubles du sommeil, le stress et l'anxiété. Des effets qu'ils attribuent non pas aux ondes, mais à une utilisation intensive du téléphone portable. […] Les études épidémiologiques, relève l'Anses, « mettent en évidence une santé mentale affectée chez les adolescents ayant un usage problématique du téléphone mobile ». Elles semblent associer « un usage intensif du téléphone portable par des jeunes et une santé mentale affectée ». Ce qui se traduirait par des comportements à risque, de la dépression ou des idées suicidaires […].

« Mémoire, attention, dépression… Quels sont les effets des ondes des téléphones portables chez les jeunes ? », www.francetvinfo.fr, 8 juillet 2016.

ANNEXE 3 Socialisation adolescente et usages du numérique entre pairs

Les échanges entre jeunes via le téléphone portable sont totalement inscrits dans le déroulement du quotidien adolescent, en séquences routinières : ils rythment leur existence. [...]. On peut ainsi considérer le téléphone mobile comme un objet de compagnie, qui au même titre qu'un animal de compagnie est investi d'un sentiment d'attachement. Les adolescents évoquent ainsi le fait que l'appareil contient « toute leur vie » [...]. Il permet en effet de se connecter aux proches en tout temps et en tout lieu, mais aussi de remonter le temps, les souvenirs d'événements heureux y étant fixés à jamais, sous forme visuelle ou textuelle, et toujours à portée de main. [...] Parallèlement, cette omniprésence de l'outil entraîne des « hyper sollicitations relationnelles et quotidiennes », notamment à travers le prisme de « l'irrésistible attrait des notifications » [...]. Difficile pour des adolescents en pleine construction de leur autonomie relationnelle de rester longtemps déconnectés de leur cercle d'amis. De fait, l'avènement des médias sociaux a eu pour effet de multiplier les preuves d'amitié, d'amour et d'affection des adolescents entre eux, entraînant un certain effet de surenchère [...]. Il s'agit d'apporter constamment la preuve de son affection aux amis proches et au partenaire amoureux, de manière visible pour le reste du réseau de camarades [...]. Les médias sociaux sont tout sauf des zones de non-droit. Ce sont des espaces réglementés dans lesquels la politesse, la bienveillance et le devoir de réciprocité sont très présents. Premièrement, il existe une règle tacite qui implique « une orientation positive des échanges » [...] dont le premier principe est que « le plus souvent, on approuve ou on s'abstient » [...]. Par exemple, lorsqu'un membre du réseau poste une nouvelle photo de profil ou une photo de son couple récemment formé, il est convenu que les amis Facebook en prennent acte et formulent les félicitations d'usage.

Claire Balleys, « Socialisation adolescente et usages du numérique », www.injep.fr, juin 2017.

ANNEXE 4 Socialisation adolescente et usages du numérique dans les familles

L'acquisition d'appareils numériques personnels, comme un ordinateur ou un smartphone à soi, participe au processus d'autonomisation des jeunes adolescents et a par conséquent une forte valeur symbolique ; « elle répond au besoin d'autonomie des enfants et à la séparation de leurs univers de goût comme de relations d'avec ceux de leurs parents » [...]. Si de nombreuses études, notamment en médecine et en psychologie, ont démontré les impacts négatifs qu'une exposition trop importante aux écrans a sur les jeunes – celle-ci peut être corrélée à un accroissement des problèmes d'obésité, de solitude et de dépression [...] et à une baisse des performances scolaires [...]. De nouvelles pratiques numériques font désormais partie de la vie familiale : la tenue d'un blog commun, les rendez-vous Skype avec des grands-parents éloignés, les jeux vidéo rituels du dimanche soir, les conversations entre mère et fille autour du dernier épisode d'une série visionnée individuellement, mais dont l'on discute ensemble. Par conséquent, les médias numériques sont intégrés dans les traditions et rituels de la famille contemporaine. [...] Comme le note la sociologue Anne-Sylvie Pharabod [...], plus l'équipement s'individualise au sein d'une famille, plus les temps partagés sont fragilisés, voire menacés : « L'usage à domicile du portable rallonge encore le temps visiblement passé à s'occuper du "soi" et non du "nous" ». En effet, l'ordinateur commun comme le poste de télévision, installé dans le salon familial, permet des usages collectifs que les tablettes, téléphones et ordinateurs portables ne favorisent pas. Le téléphone portable permettant de joindre son enfant partout et n'importe quand, les parents ont en main de nouveaux outils de surveillance de leurs enfants. Les smartphones entretiennent donc une relation paradoxale avec l'acquisition de l'autonomie juvénile : ils permettent d'entrer en contact avec n'importe qui depuis l'intimité du foyer familial, mais exigent également une hyperconnectivité qui empêche la liberté de mouvement d'autrefois.

Claire Balleys, « Socialisation adolescente et usages du numérique », www.injep.fr, juin 2017.

Principales notions

- Indicateurs
- Indicateurs composites
- Producteur de données
- Épidémiologie

Capacités exigibles

- Mobiliser les indicateurs adaptés pour évaluer l'état de santé, de bien-être social ou de cohésion sociale d'une population
- Présenter la complémentarité des indicateurs mobilisés pour mesurer un phénomène particulier
- Porter un regard critique sur la mesure d'un phénomène sanitaire ou social par un ou plusieurs indicateurs

Vers compétences PIX

D1.1 - Mener une recherche et une veille d'information

D2.3 - Collaborer

CHAPITRE 3

La mesure de l'état de santé, du bien-être et de la cohésion sociale

AVANT LA CLASSE

Affiche
liennathan.fr/4k43bs

Regardez l'affiche et répondez aux questions suivantes :

- *Avez-vous déjà participé à un recensement ? Comment cela se passe-t-il ?*
- *Comment le recensement peut-il construire demain ?*

→ *Quel est l'intérêt pour les gens du voyage de participer à cette étude ?*

1 La nécessité de mesurer la situation sanitaire et sociale de la population

DOC 1 L'étude Entred

L'étd e Entred vient d'être lancée p r Santé pb lique France, en p rtenariat avec l'Assurance maladie, [...] la Haute Autorité de santé (HAS) et l'Agence nationale de sécurité du médicament et des produits de santé (ANSM). [...] Entred (Échantillon National Témoin Représentatif des personnes Diabétiques) est une étude qui sera menée auprès de 13 000 personnes diabétiques de plus de 18 ans à p rtir de mars 2019 en métropole. [...] Cette étd e nationale sur le diabète vise à décrire l'état de santé, la qualité de vie, le p rcours de soins des personnes atteintes de diabète et ainsi à mieux connaître leurs besoins et leur suivi. [...] Ces informations sont nécessaires à l'élaboration de nouvelles stratégies de prévention, indispensables à l'amélioration de l'état de santé, des pratiques médicales etd el aq ualitéd ev ied esp ersonnesd iabétiques.

« Entred 3 : lancement de la troisième vague de l'étude nationale sur le diabète », www.federationdesdiabetiques.org, 20 mars 2019.

1 Que signifie le sigle Entred ?

....

2 Quel est le public visé ? ....

3 Soulignez en rouge les réalisateurs de l'étude.

4 Soulignez en noir ce qui est mesuré, en bleu ce que l'on veut apprendre, en vert dans quel but.

DOC 2 Lancement de la 12e édition du « Baromètre santé »

L'objectif premier du Baromètre de Santé publique France est de mieux connaître et comprendre les attitudes et comportements de santé des personnes résidant en France [...] : tabagisme, alcoolisation, [...] pratiques vaccinales, comportement sexuel, dépistage des cancers, pratique d'une activité physique, nutrition, qualité de vie, sommeil, [...] consommation de soins, santé mentale, etc. [...] Le Baromètre de Santé publique France [...] révèle les tendances sanitaires et sociales du moment et fournit ainsi des données indispensables à l'élaboration et l'évaluation de politiques de santé publique. [...] Ce suivi particulier des populations fournit à l'ensemble des acteurs du champ sanitaire des données de cadrage qui vont aider à définir les actions à engager et à évaluer les actions en cours ou passées [...].

« Baromètres de Santé publique France », www.santepubliquefrance.fr, 27 janvier 2021.

5 Soulignez en bleu ce que l'on veut apprendre et en rouge dans quel but.

6 Pourquoi mesure-t-on l'état de santé et la situation sociale de la population ? Aidez-vous du DOC 1 et du DOC 2.

....

....

DOC 3 La Drees et ses partenaires

Le Service statistique ministériel de la Santé et des Solidarités est la Direction de la recherche, des étd es, de l'évaluation et des statistiques (Drees) [...] : elle a pour vocation de fournir aux décideurs pb lics, aux citoyens, et aux responsables économiques et sociaux des informations fiables et des analyses sur les populations etl esp olitiquess anitairese ts ociales.

« Qui sommes-nous ? », drees.solidarites-sante.gouv.fr

La Drees mène des études sur la situation sanitaire et sociale, [...] des évaluations sur les réformes mises en œuvre [...] et des comparaisons internationales [...]. Ces études sont menées à partir de sources produites [...] aussi par un ensemble de partenaires qui produisent des données [...] : caisses nationales de sécurité sociale, Agence technique de l'information sur l'hôpital (Atih), Institut de recherche et documentation en économie de la santé (Irdes), Institut national d'études démographiques (Ined), Institut national de la santé et de la recherche médicale (Inserm), [...], Observatoires régionaux de la santé (ORS).

« Le Service statistique Santé et Solidarité », www.insee.fr

7 **Quel est le nom du service statistique du ministère de la Santé et des Solidarités ?**

8 **Soulignez en bleu l'intérêt des données produites par la Drees. Soulignez en rouge les autres producteurs de données.**

DOC 4 Les producteurs de données

Les producteurs de données sont les organismes qui recherchent les données sur un phénomène ou une situation. Ces données sont transmises aux producteurs d'informations, qui les analysent et les publient.

9 **Quelle différence y a-t-il entre une donnée et une information ?**

10 **La Drees est-elle un producteur de données ? Justifiez votre réponse.**

11 **La Drees est-elle un producteur d'informations ? Justifiez votre réponse.**

DOC 5 Les indicateurs, des outils pour la mesure de l'état sanitaire et social

Un indicateur est la traduction [...] d'un phénomène sous la forme [...] d'un chiffre. [...] Cette idée de « traduction » signifie qu'un indicateur est avant tout une construction, nécessitant à la fois matières premières et règles de construction. La matière première des indicateurs est le plus souvent constituée de données chiffrées, de variables [...].

Aurélien Boutaud, « Qu'est-ce qu'un indicateur ? », www.millenaire3.com, 30 novembre 2015.

12 **Soulignez les deux éléments qui permettent de construire un indicateur.**

13 **Repérez ces deux éléments pour l'indicateur suivant : nombre d'enfants hospitalisés selon l'âge.**

2 La mesure de l'état de santé

DOC 6 Une consommation de tabac divisée par deux en vingt ans

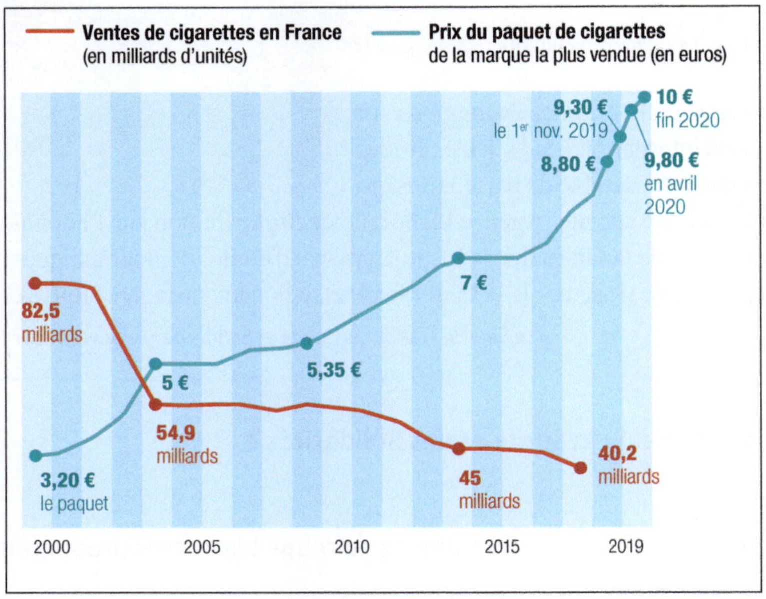

Sources : CFDT Douanes, Santé publique France.

14 Que nous apprend le graphique ?

....

15 Quel indicateur permet de mesurer la consommation de tabac ?

....

16 Quel autre indicateur de mesure de la consommation de tabac pouvez-vous proposer ?

....

17 Lequel de ces deux indicateurs vous semble le plus facile à mesurer et le plus fiable ?

....

DOC 7 Les trois types d'épidémiologie

L'épidémiologie est l'étude de l'état de santé de la population. On distingue l'épidémiologie descriptive, qui étudie la fréquence et la répartition dans le temps et dans l'espace des problèmes de santé ainsi que le rôle des déterminants de la santé, l'épidémiologie analytique, qui met en évidence le lien entre l'exposition à certains facteurs et la survenue de problèmes de santé, et l'épidémiologie évaluative, qui vérifie l'efficacité d'une action de santé publique (elle utilise les méthodes de l'épidémiologie descriptive).

18 Soulignez les différents types d'épidémiologie.

19 Reliez chaque type d'épidémiologie à la (ou aux) question(s) à laquelle (ou auxquelles) elle permet de répondre.

Épidémiologie descriptive •	• Pourquoi ?
Épidémiologie analytique •	
Épidémiologie évaluative •	• Qui ? Où ? Quand ?

20 Quel est le type d'épidémiologie mis en évidence dans le DOC 6 ? Justifiez la réponse.

....

DOC 8 SCoPe, une étude de séroprévalence* à Perpignan

Santé publique France a conduit, en partenariat avec le Centre hospitalier de Perpignan, une étude de séroprévalence au sein de trois quartiers défavorisés de Perpignan particulièrement touchés par la première vague de l'épidémie de Covid-19. [...] Cette approche permettait d'évaluer le potentiel épidémique qui subsistait dans ces quartiers et d'adapter les mesures de prévention dans une population particulièrement vulnérable tant vis-à-vis du risque d'infection et que de sa gravité.

*Séroprévalence : nombre de personnes, dans une population donnée, ayant été exposées au coronavirus.

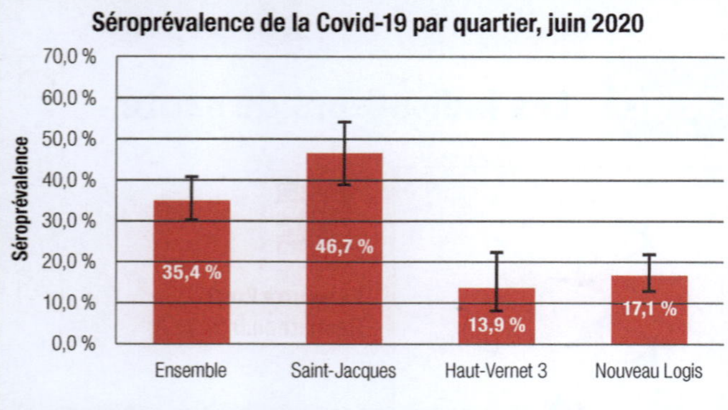

« SCoPe : une étude de séroprévalence auprès d'une population vulnérable de Perpignan », www.santepubliquefrance.fr, 7 décembre 2020.

21 Soulignez en rouge les acteurs de l'étude SCoPe, en bleu le public ciblé, en vert l'objet de l'étude et en noir l'objectif de l'étude.

22 Qu'est-ce qui est mesuré dans cette étude ?

....

23 Rédigez une phrase pour présenter la donnée chiffrée « 46,7 % », sans utiliser « 46,7 % ».

....

24 Qu'est-ce qui est mis en évidence par le graphique ?

....

....

DOC 9 Suites de l'analyse de l'étude SCoPe

L'analyse statistique des données se poursuit afin de décrire plus en détail la population impactée et de mesurer l'association entre la séroprévalence et les [...] caractéristiques individuelles (comorbidités, personnes malades dans l'entourage, etc.) et collectives (quartier, type de logement et densité, etc.).

« SCoPe : une étude de séroprévalence auprès d'une population vulnérable de Perpignan », www.santepubliquefrance.fr, 7 décembre 2020.

25 Soulignez les deux objectifs de l'analyse statistique de l'étude SCoPe.

26 Pour chacun des objectifs, quel est le type d'épidémiologie concerné ? Justifiez.

....

....

....

....

3 Les indicateurs de santé

DOC 10 Les indicateurs de santé

Ressource Prezi
liennathan.fr/wi527g

27 Quelles sont les quatre principales catégories d'indicateurs de santé ?

....

28 Quelle différence y a-t-il entre l'incidence et la prévalence ?

....

29 Quels sont les différents indicateurs qui permettent de mesurer l'espérance de vie ?

....

30 Dans la réponse précédente, soulignez l'espérance de vie qui tient compte de l'état de dépendance.

DOC 11 Le sida dans le monde

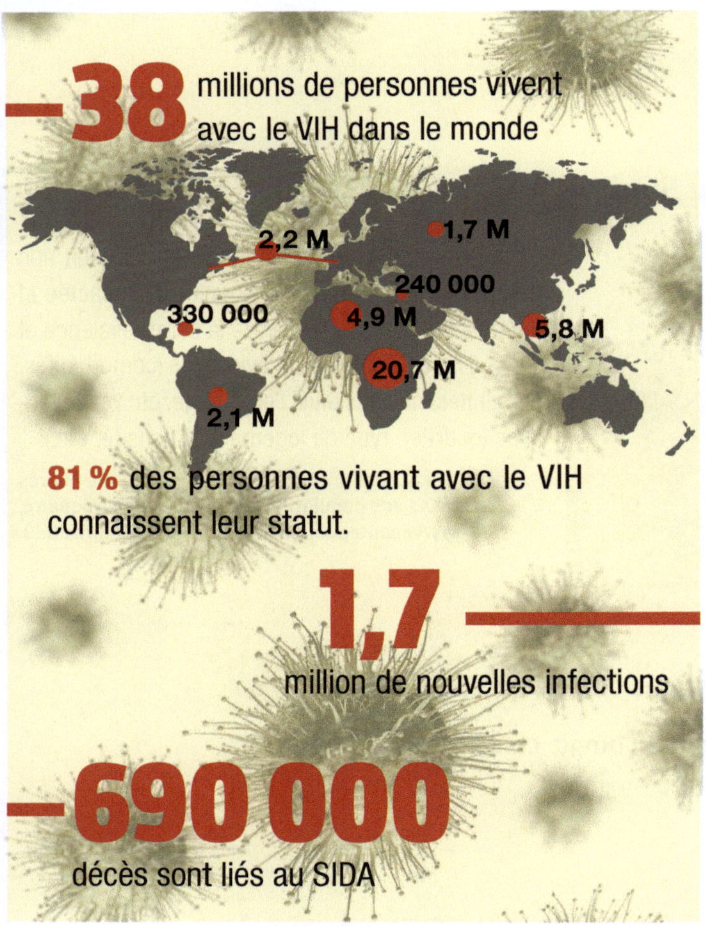

Source : Rapport ONUSIDA 2020 (données 2019)

31 Identifiez les indicateurs correspondant aux données chiffrées en rouge (DOC 11).

....

32 Quelle est l'unité de mesure la plus utilisée dans le DOC 11 ?
- ❏ Valeur absolue
- ❏ Valeur relative

33 Qu'est-ce que cette unité de mesure ne permet pas d'évaluer ?

....

34 Les données de morbidité du sida sont-elles totalement fiables ? Illustrez votre réponse.

....

4 L'intérêt des indicateurs démographiques pour la santé publique et la cohésion sociale

DOC 12 Le ratio de dépendance économique

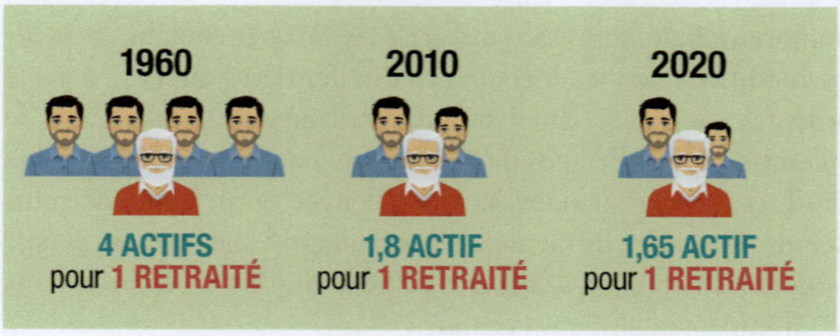

Ratio de dépendance économique : rapport du nombre d'individus supposés « dépendre » des autres pour leur vie quotidienne et du nombre d'individus capables d'assumer cette charge.

35 Comment est calculé le ratio de dépendance économique ?

....

....

....

36 Comment le ratio de dépendance économique a-t-il évolué entre 1960 et 2020 ?

....

37 Donnez un exemple de difficulté suite à l'évolution du ratio de dépendance économique :

– concernant les retraites : ....

– concernant la main-d'œuvre dans le domaine de l'aide à la personne : ....

....

DOC 13 Les indicateurs démographiques

L'étude des évolutions de la population s'appuie sur le calcul d'un certain nombre d'indicateurs standards qui permettent, notamment, d'appréhender des probabilités de survenue des évènements démographiques (la naissance, le décès, le mariage) et les âges moyens d'occurrence de ces évènements : taux de fécondité, taux de np tialité, âge moyen au mariage, espérance dev ieę tc.

Insee.fr

DOC 14 Le vieillissement démographique

Le vieillissement peut être l'effet d'une augmentation du nombre de personnes âgées […], conséquence d'une baisse de la mortalité et de l'allongement de la durée de vie moyenne, mais peut être dû aussi à un déficit de jeunes […]à l as uited 'uneb aissed el an atalité.

« Vieillissement démographique », www.ined.fr

38 Soulignez l'objectif des indicateurs démographiques (DOC 13) puis soulignez les indicateurs cités (DOC 14).

39 Quelle est la caractéristique d'un pays connaissant un vieillissement démographique ?

....

40 Quels sont les évènements démographiques pouvant être à l'origine de ce vieillissement ?

....

41 Citez une conséquence du vieillissement de la population pour la santé publique.

....

5 Les indicateurs sociaux

DOC 15 Le rapport de l'OCDE « Comment va la vie ? » en 2020

De nombreux habitants des pays de l'OCDE bénéficient de meilleures conditions de vie au cours des dix dernières années : dans la majorité des pays, le revenu disponible des ménages a progressé ; le taux d'emploi des personnes de 25 à 64 ans a augmenté en moyenne de 5 % […] ; l'espérance de vie s'est allongée et on vit mieux plus longtemps ; le nombre de ménages vivant dans un logement surpeuplé a baissé ; les taux d'homicides ont baissé de 25 %, et les habitants se sentent en général plus en sécurité dans les villes ; la qualité de l'air s'est améliorée avec un impact positif sur la santé.
Cependant, […] certains aspects du bien-être se sont dégradés, comme […] la participation électorale et les inégalités de revenus qui stagnent. D'autre part, près d'un habitant sur dix, vivant dans les pays de l'OCDE, se déclare peu satisfait de son existence […]. Ce rapport pointe aussi un sentiment de perte de lien et de relations sociales : de façon générale, on consacre moins de temps à ses amis et à sa famille, on s'engage moins dans la vie politiqueo a ssociatived es av illeo ud es om illage…

« L'indicateur du vivre mieux : un outil pour mesurer la qualité de vie ? », www.ensemble.aesio.fr, 22 juillet 2020.

42 Soulignez les domaines correspondant aux différents aspects du bien-être et de la cohésion sociale.

43 Relevez ou formulez trois indicateurs sociaux qui permettent de mesurer le bien-être.

....

....

DOC 16 Mesurer la cohésion sociale

Le niveau de cohésion sociale dans un pays correspond à la mesure dans laquelle les individus participent à la vie locale ou se sentent en sécurité. […] L'intérêt pour la politique est un facteur important de cohésion sociale.

OCDE, « Panorama de la société 2019 : Les indicateurs sociaux de l'OCDE », 2019.

44 Soulignez ce qui permet de mesurer la cohésion sociale.

45 En vous aidant du DOC 15, formulez trois indicateurs sociaux qui permettent de mesurer la cohésion sociale.

....

....

....

DOC 17 Mesurer le bien-être

Les chercheurs, les organisations, les autorités publiques […] ont recours à diverses approches différentes pour décrire les aspects ou les domaines qui composent le bien-être […]. Certains sont favorables à des mesures objectives, par exemple de la qualité de l'air ou du niveau de déficience auditive […]. D'autres penchent pour des mesures subjectives : par exemple, la satisfaction […] de l'existence, comme l'emploi ou la qualité de l'environnement.

« Rapport sur la santé en Europe 212 : la quête du bien-être », www.euro.who.int.

46 Soulignez les deux types de mesures du bien-être.

47 Sur quel(s) type(s) de mesures s'appuie l'OCDE pour évaluer le bien-être ? Illustrez votre réponse.

....

....

....

....

....

DOC 18 Le produit intérieur brut (PIB), un indicateur critiqué

À partir des années 60, on observe notamment aux États-Unis que la croissance du PIB (la production de richesses) ne s'accompagne plus nécessairement d'un accroissement du bien-être de la population […]. En cause notamment, la hausse de la pollution, la montée des inégalités sociales et l'inquiétude sur l'emploi.

« Les indicateurs alternatifs au PIB sont de retour », www.clesdusocial.com, 21 octobre 2015

48 Que mesure le PIB ? ....

49 Que ne mesure pas le PIB ? ....

DOC 19 L'IDH, un indicateur composite pour mesurer le bien-être

L'Indice de développement humain (IDH) est un indice composite regroupant trois dimensions fondamentales du développement humain. L'espérance de vie à la naissance exprime la capacité à vivre longtemps et en bonne santé. La durée moyenne de scolarisation et la durée attendue de scolarisation expriment la capacité à acquérir des connaissances. Le revenu national brut par habitant exprime la capacité à avoir un niveau de vie décent.

« Rapport sur le développement humain 2016 », Programme des Nations Unies pour le Développement, hdr.undp.org

50 Soulignez les éléments qui sont pris en compte pour calculer l'IDH.

51 Qu'est-ce qu'un indicateur ou un indice composite ?

....

DOC 20 L'indice de développement humain en 2019

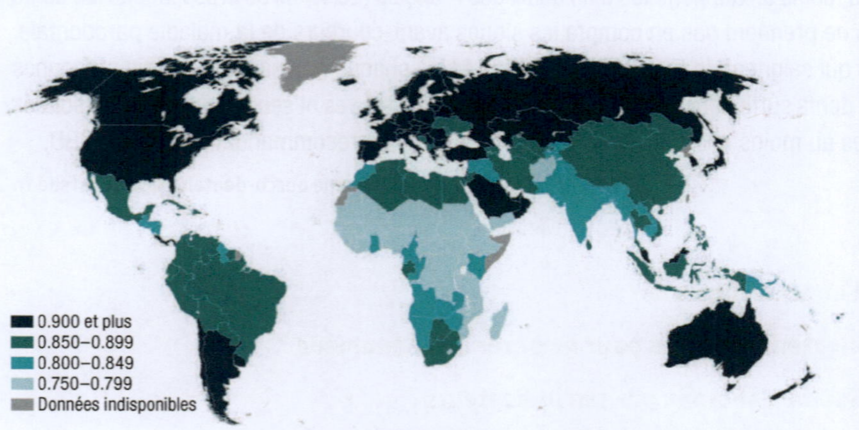

Données : PNUD, Human Development Report, 2020. Carte : Allice Hunter.

52 Quel est l'IDH en France ?

....

53 Comment se situe la France par rapport au monde ?

....

54 Quel est le continent qui a le plus de pays avec un IDH faible ?

....

Être capable de

1 Mobiliser les indicateurs adaptés pour évaluer l'état de santé, de bien-être ou de cohésion sociale d'une population

Le travail sur écran, un risque pour la santé

Travailler intensivement devant un écran de visualisation peut engendrer des troubles de la santé tels que fatigue visuelle, troubles musculosquelettiques et stress. Les facteurs de risque à l'origine de ces troubles sont biomécaniques (posture statique prolongée et contraignante, répétitivité des gestes…), organisationnels (durée journalière, travail intensif, absence de pause…) et psychosociaux (stress, charge mentale…).

Dossier Travail sur écran, « Ce qu'il faut retenir », www.inrs.fr, 4 juin 2019.

1. **Quelle est la situation ou le phénomène que l'on cherche à évaluer ?**
2. **Quels indicateurs peuvent évaluer cette situation ou ce phénomène ? (Les indicateurs seront exprimés sous la forme d'un taux ou d'un nombre suivant le cas.)**

2 Présenter la complémentarité des indicateurs mobilisés pour mesurer un phénomène particulier

Enquête sur la santé bucco-dentaire des Français menée auprès de 22 969 Français du 28 décembre 2018a u 10 février 2019 via Facebook/Twitter/Internet

Pour sensibiliser et accompagner aux bons réflexes d'hygiène bucco-dentaire au quotidien, l'Union française pour la santé bucco-dentaire en partenariat avec les laboratoires Pierre Fabre Oral Care […] ont réalisé une grande enquête […] à l'occasion de la 3e édition du « Printemps du sourire » […].

69 % des femmes adoptent un comportement plus préventif et sont plus nombreuses à consulter un dentiste avec la réalisation d'un détartrage plus régulièrement que les hommes : 46 % d'entre eux n'ont pas eu de visite chez le dentiste depuis au moins un an. […] Plus d'un quart des Français (26 %) ne se brossent pas les dents au moins deux fois par jour. […] Les Français ne prennent pas en compte les signes avant-coureurs de la maladie parodontale. 61 % des sondés déclarent avoir les gencives qui saignent de temps en temps et 14 % à chaque brossage. […] Trois personnes interrogées sur quatre pensent que la brosse à dents suffit pour le nettoyage des surfaces dentaires et seulement 13 % des sondés déclarent nettoyer leurs espaces interdentaires au moins une fois par jour conformément aux recommandations de l'UFSBD.

« Les Français et leur hygiène bucco-dentaire », www.ufsbd.fr.

1. **Quel est le phénomène que l'on veut mesurer ?**
2. **Quels sont les différents indicateurs utilisés pour mesurer ce phénomène ?**
3. **Quels sont les différents domaines abordés par ces indicateurs ?**
4. **Cette diversité d'indicateurs permet-elle de mesurer le phénomène dont il est question ? Justifiez votre réponse.**

Porter un regard critique sur la mesure d'un phénomène sanitaire ou social par un ou plusieurs indicateurs

Quel impact des politiques de test sur le taux d'incidence du SARS-CoV-2 ?

Il est […] préférable de prendre ses précautions lorsqu'on interprète […] le taux d'incidence, qui correspond au nombre de nouveaux cas positifs détectésp our1 00 000 habitants […].

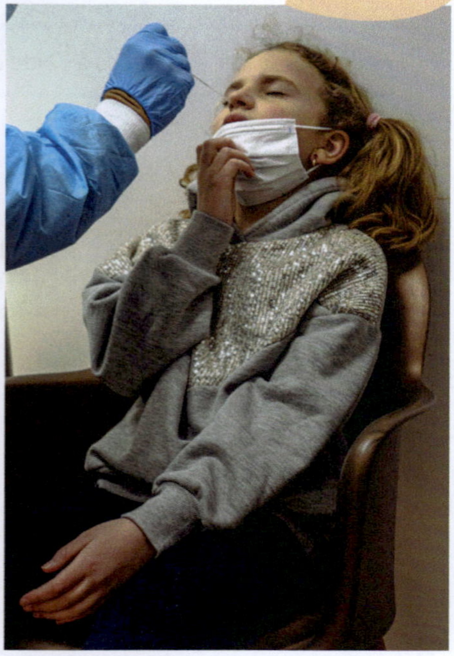

1. Des politiques de test différentes selon les territoires

Les données relatives aux tests virologiques dits « RT-PCR » (ou « réaction en chaîne par polymérase »), qui permettent de détecter si un malade est infecté par le SARS-CoV-2 au moment du prélèvement, sont centralisées depuis mi-mai dans un fichier appelé « Sidep ». Elles font apparaître de grandes différences entre les régions : certaines testent beaucoup plus que d'autres leur population. […] Pendant la semaine du 8 au 15 juin, selon les données de Santé publique France, le département de Charente-Maritime n'a effectué que 105 tests pour 100 000 habitants, soit dix fois moins que la Meurthe-et-Mo elle (1 027). Selon le préfet de Meurthe-et-Mo elle, cette pratique plus massive des tests dans son dép rtement est l'une d s explications de la hausse du nombre de nouveaux asp our1 00 000 habitants. […]

2. L'influence des foyers épidémiques

[…] Dans les Bouches-du-Rhône : l'ARS de PACA et la préfecture apprennent, le 29 mai, l'existence d'un nouveau foyer infectieux p rmi des travailleurs saisonniers dans diverses exploitations agricoles. Les autorités lancent « une campagne massive de dépistage ». Au 16 juin, sur 4 492 tests effectués, 251 sont revenus positifs. En outre, comme le souligne Santé publique France […] le taux d'incidence [peut] « varier par le fait que le dépistage soit plus ou moins ciblé sur les personnes les plus susceptibles d'être infectées » : « Le dépistage indifférencié s'adresse à toutes les catégories d'âge et conduit à des taux de po itivité réduits […] tandis que le test à l'admission en hôpital s'adresse à des personnes majoritairement âgées et produit des taux de positivité élevés. » […]

3. Des résultats à analyser au regard des autres indicateurs

Il existe plusieurs autres éléments à garder en tête : par exemple, si un malade est testé trop tôt ou le prélèvement mal réalisé, la présence du virus peut ne p s être détectée. Comment faire pour suivre l'évolution de la situation dans son dép rtement malgré tout ? L'ARS du Grand-Est conseille d'analyser le taux d'incidence […] au reg rd « dun ombred et estsr éalisésp our1 00 000 habitants ».

Léa Sanchez et Raphaëlle Aubert, « Coronavirus : combien de tests PCR pratiqués et de personnes infectées dans votre département ? », www.lemonde.fr, 19 juin 2020.

1. Quel est le phénomène mesuré ?
2. Quel est l'indicateur utilisé pour mesurer ce phénomène ?
3. Cet indicateur est-il pertinent (adapté à l'objectif, d'actualité) ? fiable (situé dans le temps et dans l'espace, objectif, source connue et reconnue comme sérieuse ou officielle) ? accessible (facile à comprendre) ?

SYNTHÈSE DES notions

Producteurs de données

Organismes recherchant les données sur l'état de santé et de bien-être social des populations à l'aide d'enquête.
Ex. : La Direction de la recherche, des études, de l'évaluation et des Statistiques (DREES) ; l'Institut national de la statistique et des études économiques (INSEE) ; l'Institut national d'études démographiques (INED) ; les Observatoires régionaux de la santé (ORS)...

Les **données** sont exprimées à l'aide **d'indicateurs**, outils de mesure d'un phénomène sous la forme d'un chiffre.

Indicateurs de santé
- Mortalité
- Espérance de vie
- Morbidité
- Perception de la santé

Étude de l'état de santé de la population : **épidémiologie** (descriptive, analytique, évaluative)

Indicateurs démographiques
- Natalité
- Fécondité
- Répartition de la population/âge

Indicateurs sociaux
- Taux d'emploi, de pauvreté, sentiment de sécurité, participation à la vie associative...
- Produit intérieur brut (PIB)
- Indice de développement humain (IDH) : indicateur composite regroupant plusieurs indicateurs

· Pour connaître l'état de santé, de bien-être et de cohésion sociale
afin que les décideurs politiques apportent des réponses adaptées aux problèmes de santé et sociaux identifiés.

· Pour évaluer une action mise en place

SYNTHÈSE DES capacités

Mobiliser les indicateurs adaptés pour évaluer l'état de santé, de bien-être ou de cohésion sociale d'une population

- ▶ Préciser la situation ou le phénomène que l'on cherche à évaluer
- ▶ Proposer des indicateurs pour évaluer cette situation ou ce phénomène

Présenter la complémentarité des indicateurs mobilisés pour mesurer un phénomène particulier

- ▶ Préciser le phénomène que l'on veut mesurer
- ▶ Nommer les différents indicateurs utilisés pour mesurer ce phénomène
- ▶ Repérer ce qui les différencient (domaines, public cible...)
- ▶ Préciser l'intérêt de cette diversité pour mesurer le phénomène dont il est question

Porter un regard critique sur la mesure d'un phénomène sanitaire ou social par un ou plusieurs indicateurs

- ▶ Préciser le phénomène mesuré
- ▶ Citer le ou les indicateurs utilisés pour mesurer ce phénomène
- ▶ Vérifier la qualité de chaque indicateur : sa pertinence, sa fiabilité, son accessibilité

Activité technologique

Vers PIX D1.1 et D1.3

Les conditions de vie des étudiants

Capacités mises en œuvre

- Mobiliser les indicateurs adaptés pour évaluer l'état de santé, de bien-être et de cohésion sociale d'une population
- Présenter la complémentarité des indicateurs mobilisés pour mesurer un phénomène particulier

À partir de vos connaissances, des annexes et des outils à votre disposition, réalisez l'activité technologique suivante.

1 Présentez l'Observatoire national de la vie étudiante (OVE) à l'aide de la méthode du QQCOQP.

▶ FICHE OUTIL 1

2 À partir de vos réponses à la question 1, répondez aux questions suivantes :

2.1. L'OVE est-il un producteur de données ou un producteur d'informations ? Justifiez votre réponse.

2.2. Pourquoi le nom de cet organisme commence-t-il par « Observatoire national » ?

3 Par groupes d'élèves, recherchez six autres observatoires, producteurs de données et/ou d'informations sanitaires et sociales. Vous présenterez votre réponse dans un tableau collaboratif (application conseillée : Framacalc) dans lequel vous ferez figurer pour chaque observatoire :
- le nom de l'organisme à l'aide du logo ;
- l'adresse Internet sous forme de lien actif (si le lien est très long, utilisez un minimiseur de lien) ;
- deux exemples d'indicateurs.

4 Dans le fascicule « Repères 2020 » (annexe 3), recherchez des indicateurs pour mesurer les phénomènes suivants :
- le bien-être n'est pas ressenti par tous les étudiants ;
- plusieurs facteurs influencent le choix des études ;
- les ressources financières sont une des préoccupations des étudiants.

5 Vous présenterez la complémentarité des indicateurs que vous avez mobilisés pour mesurer chacun des phénomènes.

ANNEXE 1 L'Observatoire national de la vie étudiante (OVE)

OBSERVATOIRE NATIONAL DE LA VIE ÉTUDIANTE

L'Observatoire national de la vie étudiante (OVE) est un organisme public d'études et de recherche créé en 1989. Il a pour mission de donner une information la plus complète, détaillée et objective possible sur les besoins et les aspirations de la population étudiante tant en ce qui concerne le déroulement des études que les conditions de vie matérielle, sociale et culturelle de cette population afin d'éclairer la réflexion politique et sociale.

« Qu'est-ce que l'OVE ? », www.ove-national.education.fr

ANNEXE 2 Qu'est-ce que l'OVE ?

L'Observatoire national de la vie étudiante (OVE) a été créé en 1989 par le ministre de l'Éducation nationale. Il a pour mission de donner une information aussi complète, aussi détaillée et aussi objective que possible sur les conditions de vie des étd iants et sur leur rapport avec le déroulement des études, de manière à éclairer la réflexion politique et socialee tà a iderà l ap rised ed écisions.

Depuis le début des années soixante, la France a connu une croissance très forte du nombre d'étudiants, au point qu'on a pu p rler d'une véritable explosion des effectifs de l'enseignement sp érieur. Dans le même temps, l'enseignement supérieur français a connu une diversification des filières et une dispersion géographiqued esé tablissements.

Ces évolutions ont conduit à des changements importants et à une diversification de plus en plus grande des conditions de vie et d'étd es. Si les étd iants ont en commun de posséder des caractéristiques propres, qui les distinguent des jeunes du même âge ayant achevé leurs études, ils sont loin de constituer un groupe homogène. Le personnage de l'étudiant moyen auquel il est souvent fait référence correspond de moins en moinsà l ar éalité.

L'OVE travaille à rassembler et synthétiser l'information disponible ; il pilote et évalue des enquêtes, effectue lui-même des travaux d'étude et de recherche ; il est en relation avec toutes les instances qui produisent ou recueillent d s informations et des connaissances sur la vie étudiante. L'élément central de son dispositif d'ob ervation est son enquête triennale, sans équivalent en France, sur les conditions de vie des étudiants. Les résultats de ces enquêtes peuvent donner lieu à des approfondissements thématiques et régionaux, au travers de p rtenariats locaux (CROUS, universités, collectivités territoriales, etc.).

« Qu'est-ce que l'OVE ? », www.ove-national.education.fr

L'Observatoire national de la vie étudiante est animé par un Conseil composé de membres des organisations syndicales représentatives des étudiants, de leurs mutuelles, de personnalités de l'enseignement supérieur et de représentants des collectivités territoriales. Le Directeur des enseignements sp érieurs et le Directeur du CNOUS en sont les observateurs permanents.

Le collège scientifique, composé de chercheurs choisis au sein de l'Université et de grands organismes de recherche, dirige les études réalisées par l'Observatoire oà s oin nitiativee tc ontrôlel eurq ualité.

Le Conseil et le Comité Scientifique s'appuient sur le travail d'une équipe opérationnelle qui assure le fonctionnementa q uotidied el 'Ob ervatoire.

« Organisation », www.ove-national.education.fr

ANNEXE 3 Premiers résultats de l'enquête « Conditons de vie » 2020

Réalisée à un rythme triennal depuis sa création en 1994, l'enquête Conditions de vie des étudiants a pour ambition de recueillir et d'analyser des informations pertinentes sur les conditions de vie des étudiants sous différents aspects. Pour ce faire, l'OVE sollicite les étudiants, en les invitant à répondre à un questionnaire en ligne. [...]

Le questionnaire [...] aborde les grands thèmes suivants : le parcours d'études jusqu'au moment de l'enquête, les conditions d'études (sur le lieu d'études, conditions de déplacement...), les temps libres, l'activité rémunérée, le logement, les ressources et dépenses, la santé, l'alimentation, les parents et les proches, les caractéristiques sociodémographiques (origines sociale et géographique, sexe, âge).

« L'enquête Conditions de vie des étudiants et Repères Conditions de vie – 2020 », www.ove-national.education.fr, février 2021.

Fichier PDF
liennathan.fr/bg3e37

Principales notions

- Disparités
- Gradient social
- Inégalités

Capacités exigibles

- Recueillir, traiter et analyser un ensemble de données pour caractériser une population quant à sa santé ou sa cohésion sociale
- Repérer les constrastes et inégalités existant au sein des populations et entre elles

Vers compétences PIX

D1.3 - Traiter des données
D3.1 - Développer des documents textuels

CHAPITRE 4

Les niveaux de santé, de bien-être et de cohésion sociale des populations

AVANT LA CLASSE

Infographie
liennathan.fr/q7mg85

Regardez l'infographie et répondez aux questions suivantes :

- *De quelle(s) cause(s) de décès avez-vous récemment entendu parler ?*
- *Comment se situent ces causes par rapport à l'ensemble des décès ? Cette place vous surprend-elle ?*

→ *Que font ces enfants de Tanzanie et de Madagascar ?*

→ *Pourquoi ces photographies ne peuvent-elles pas avoir été prises en France ?*

1 La santé, le bien-être et la cohésion sociale en France

DOC 1 Un fort excédent de décès lié à la pandémie

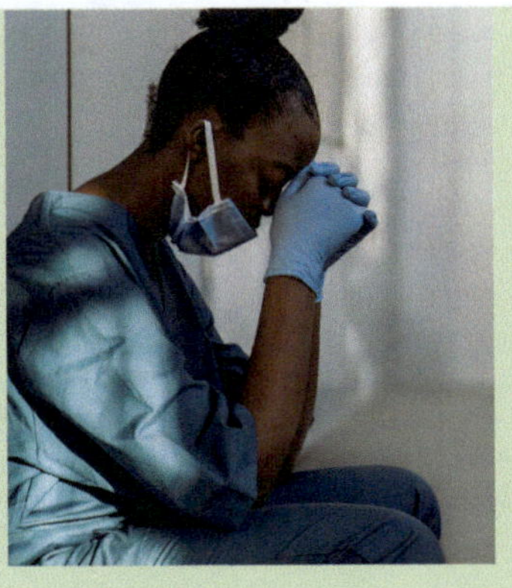

En 2020, 658 000 personnes sont décédées en France [...] ; c'est 45 000 de plus qu'en 2019, soit une hausse de 7,3 %. [...] Du fait de l'arrivée des générations nombreuses du baby-boom à des âges de forte mortalité, le nombre de décès a tendance à augmenter ces dernières années [...], mais l'augmentation en 2020 est sans commune mesure. L'épidémie de Covid-19 a eu un impact fort sur la mortalité [...]. Le nombre de décès associés à la première vague de l'épidémie est évalué entre 25 000 et 30 000 [...]. En comparaison, la grippe de l'hiver 2019-2020 a entraîné environ 4 000 décès, après 10 000 décès pour la grippe de l'hiver précédent [...].

Sylvain Papon, Catherine Beaumel, « Bilan démographique 2020 », *Insee Première*, n° 1834, 19 janvier 2021.

1 Soulignez dans le DOC 1 les facteurs à l'origine de la hausse du nombre de décès en 2020.

DOC 2 Les différents types de contextes

Un contexte est l'ensemble des circonstances dans lesquelles se produit un événement. Il peut être par exemple sanitaire, démographique, social, environnemental, scientifique, culturel, économique.

2 À partir du DOC 2, identifiez le type de contexte de chacun des facteurs à l'origine de la hausse du nombre de décès en 2020 (DOC 1).

....

DOC 3 Près d'un décès sur cinq en France métropolitaine est prématuré

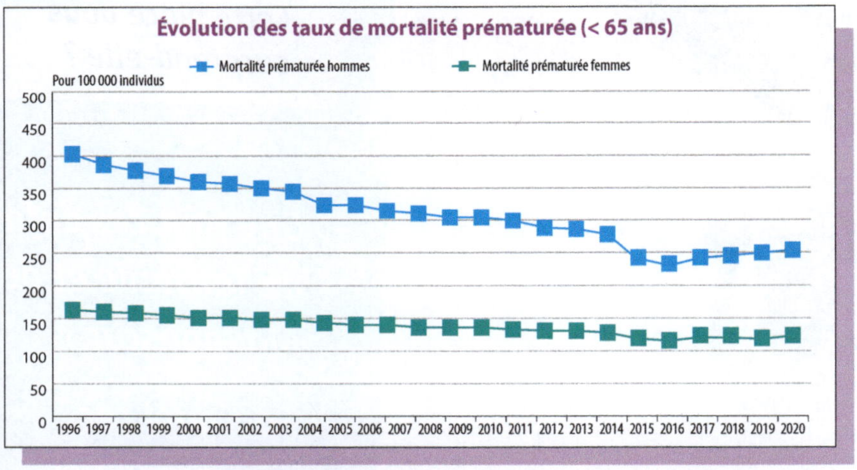

Source : données Insee (données provisoires pour 2018 à 2020), janvier 2021.

Les deux tiers des décès survenant avant 65 ans concernent des hommes. Ils ont plus fréquemment des comportements à risque susceptibles d'impacter leur santé, et sont donc plus exposés que les femmes à la mortalité prématurée. [...] Les femmes [...] participent plus fréquemment aux actions de prévention : elles consultent davantage les professionnels de santé et participent plus souvent aux campagnes de dépistage. Elles adoptent néanmoins de plus en plus des comportements à risque.

Marie-Laure Simon, Hélène Ville, « La mortalité en Bourgogne-Franche-Comté : plus élevée qu'au niveau national, y compris avant 65 ans », *Insee Flash Bourgogne-Franche-Comté*, n° 97, 10 janvier 2020.

3 Comparez la mortalité prématurée des hommes et des femmes. ....

....

....

4 Soulignez dans le DOC 3 ce qui peut expliquer cette différence.

DOC 4 La perception de la santé

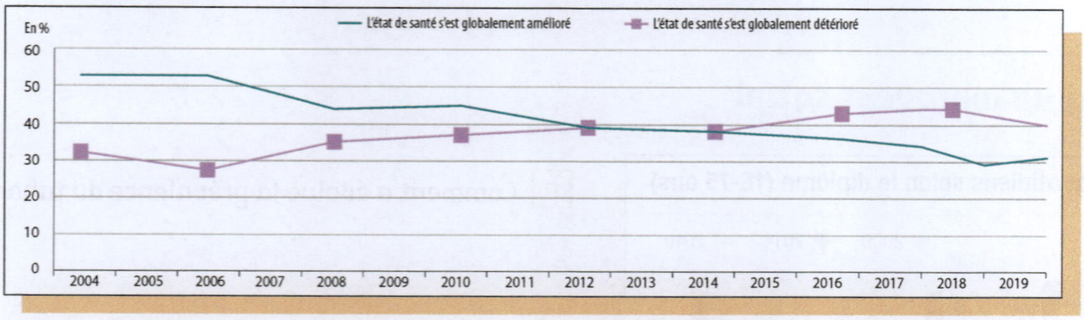

Champ : personnes de 18 ans ou plus vivant en France métropolitaine

Sources : DREES, Baromètre d'opinion, 2004-2019.

5 Pourquoi peut-on affirmer que la population française est de plus en plus pessimiste quant à son état de santé ?

....

....

....

DOC 5 La situation sociale de la population française en 2017-2020

1,63 million de personnes exercent un emploi tout en vivant sous le seuil de pauvreté, soit 1 041 euros par mois pour une personne seule.

2,7 millions de chômeurs fin 2020 en France (hors Mayotte), le taux de chômage est de 9 % de la population active.

78 % des Français jugent la société actuelle injuste. 63 % pensent que la réussite sociale est jouée d'avance.

4,2 millions de personnes ont bénéficié en 2018 de minima sociaux (RSA, minimum vieillesse, allocation de solidarité spécifique et allocation adulte handicapé).

77 % des Français se considèrent heureux, dont 33 % très heureux.

70 % des Français se disent pessimistes vis-à-vis de la société française.

22,1 % des Français vivraient sous le seuil de pauvreté (contre 14,1 %) s'il n'y avait pas les prestations sociales.

50 % des Français déclarent connaître des fins de mois difficiles et uniquement 19 % disent pouvoir épargner.

4,1 millions de personnes restent mal logées en France, dont 2,8 en logement insalubre (sans confort ou surpeuplé).

3/4 de la population estiment pouvoir compter sur les personnes de leur entourage en cas de problème grave.

Champ : France métropolitaine.

Sources : Drees, Insee, Fondation Abbé Pierre, Dares, enquête Elabe de l'Institution Montaigne.

6 Relevez deux éléments de la situation sociale :

– positifs : ....

....

– négatifs : ....

....

7 Peut-on exercer une activité professionnelle et être pauvre (sous le seuil de pauvreté) ?

....

....

8 Le problème de la pauvreté est-il pris en compte par la société ?

....

2 Les inégalités et les disparités de santé, de bien-être et de cohésion sociale en France

DOC 6 Tabac, un marqueur social

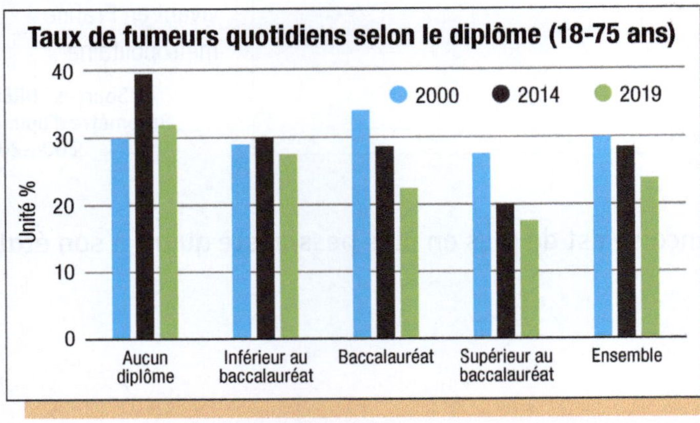

Source : Santé publique France – Observatoire des inégalités, « Tabac : un marqueur social », www.inegalites.fr, mai 2020.

9 Comment a évolué la prévalence du tabac ?

....

....

....

10 Expliquez le titre du graphique.

....

....

....

DOC 7 Qu'est-ce qu'une inégalité ?

On peut parler d'inégalités « quand une personne ou un groupe détient des ressources, exerce des pratiques ou a accès à des biens et services socialement hiérarchisés », sous-entendu « et qu'une partie des autres ne détient pas ». [...] Pour comprendre les inégalités, il faut [...] répondre à la question : « des inégalités de quoi, entre qui et qui ? ». [...] Ainsi, on peut observer le taux de chômage (un domaine) par âge (une catégorie de population) [...].

Louis Maurin, Observatoire des inégalités, « Qu'est-ce qu'une inégalité ? », www.inegalites.fr, 1er août 2018.

11 Soulignez les deux éléments à prendre en compte pour observer et décrire une inégalité.

DOC 8 Le portrait type du fumeur

Le tiers de Français qui gagnent le mieux leur vie ne compte que 18 % de fumeurs quotidiens, contre 30 % pour le tiers le plus démuni. [...] Ce sont majoritairement des hommes à 54 %, âgés de moins de 55 ans, en précarité socio-économique (13 % des fumeurs sont au chômage) et « en moins bonne santé mentale ». Ces données s'avèrent particulièrement utiles dans la lutte contre le tabagisme afin de cibler les publics et ajuster les messages de prévention.

« La cigarette en France : les chiffres clés », www.fedecardio.org, 29 octobre 2020.

12 Quelles sont les inégalités présentées dans les DOCS 6 et 8 ?

....

13 Soulignez dans le DOC 8 la raison pour laquelle il est utile de s'intéresser aux inégalités de santé.

DOC 9 Le gradient social influence les inégalités

À l'intérieur des pays, les données montrent qu'en général plus un individu occupe une position socio-économique défavorable, plus il est en mauvaise santé.

14 Dans la réponse à la question 12, soulignez les éléments qui montrent que le taux de fumeurs est soumis à un gradient social.

DOC 10 Quelle est la région où l'on fume le plus ?

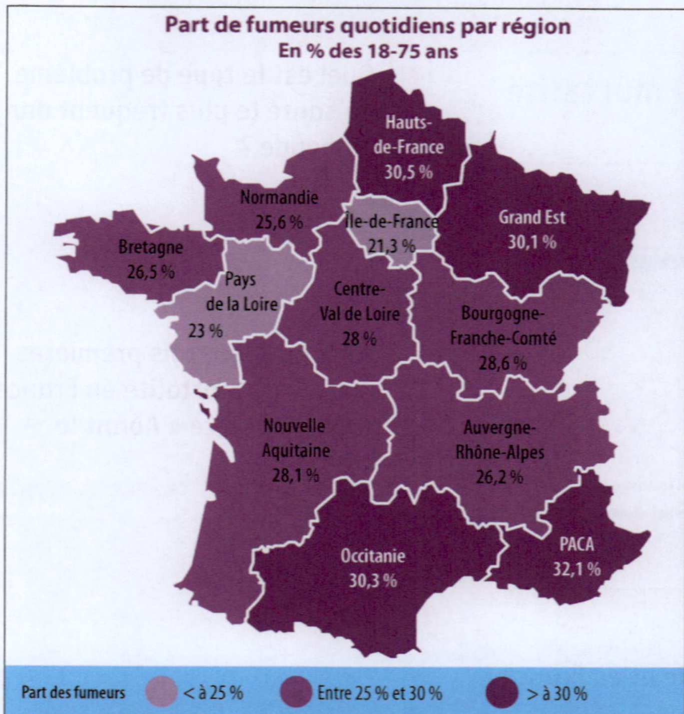

« Ces différences sont liées à plusieurs facteurs. D'abord, le tabagisme est socialement marqué, on fume davantage quand on est dans une situation socio-économique défavorable », explique Viet Nguyen Thanh, responsable de l'unité addictions à Santé publique France. La bonne performance de l'Île-de-France pourrait ainsi s'expliquer par le fait que le niveau socio-économique y est globalement plus élevé que dans d'autres régions. Autre facteur : le fait qu'une région soit frontalière. Les quatre régions où l'on retrouve le plus de fumeurs « sont proches de pays où le tabac est moins cher », note la spécialiste.

AFP, « Tabagisme : où fume-t-on le plus en France », 29 janvier 2019. Données : Baromètre santé 2017.

15 Qu'est-ce qui est mis en évidence par le graphique ?

....

....

16 Soulignez ce qui explique ce constat.

DOC 11 Les disparités pour mettre en évidence des différences

Une disparité correspond à des contrastes (différences qui permettent des oppositions) dans divers domaines (économiques, sociaux, santé…) entre des territoires (régions, villes, quartiers…) ou entre des groupes sociaux. Les disparités sont difficiles à mesurer ; ce sont généralement des écarts par rapport à une norme qui sont évalués.

17 Soulignez dans le DOC 11 les deux types de disparité.

18 Quel est le type de disparité présenté dans le DOC 10 ? ....

DOC 12 Les inégalités se cumulent

D'un côté, on observe une accumulation des handicaps, en particulier pour […] les catégories sociales plus défavorisées, comme celle des ouvriers. De l'autre, les plus aisés, en particulier les cadres, bénéficient d'une accumulation de privilèges. Ainsi, l'appartenance à une classe sociale dont la position est désavantageuse induit des emplois peu qualifiés et/ou instables, et donc des niveaux de rémunération parmi les plus faibles et des conditions de vie difficiles, […] par exemple des logements de faible qualité. À l'autre extrémité, le fait d'appartenir à une classe sociale plus favorisée engendre non seulement des conditions de travail plus favorables, […] physiquement moins pénibles, mais aussi des niveaux de rémunération plus élevés, de meilleures conditions de logement, etc.

Résovilles & Observatoire des inégalités, « Inégalités et discriminations : panorama et enjeux », www.resovilles.com, avril 2019.

19 Quelle est l'inégalité présentée dans le DOC 12 ? ....

20 Soulignez les facteurs qui expliquent cette inégalité : en bleu ceux concernant les ouvriers et en rouge ceux concernant les cadres.

3 La santé, le bien-être et la cohésion sociale dans le monde

DOC 13 Les dix principales causes de mortalité dans le monde en 2019

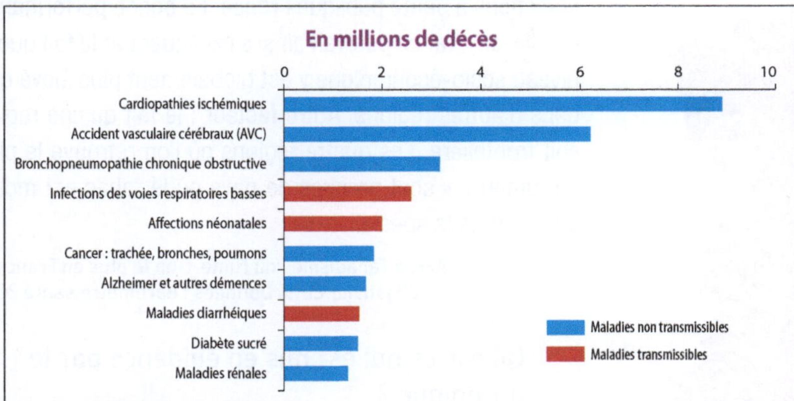

Source : OMS, *Global Health Estimates 2019*, décembre 2020.

21 Quel est le type de problème de santé le plus fréquent dans le monde ?

....

....

....

22 Rappelez les trois premières causes de mortalité en France (voir séquence « Avant la classe »).

....

....

....

23 Comparez les causes de mortalité dans le monde et en France.

....

....

DOC 14 L'espérance de vie dans le monde en 2019

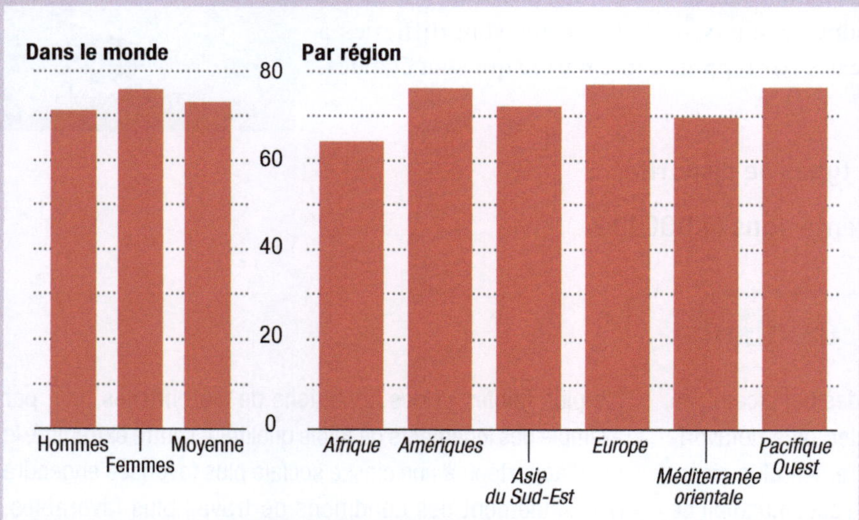

Source : OMS, *Global Health Observatory, Global Health Estimate*, 2021.

Alors qu'une personne née en 2000 pouvait espérer vivre jusqu'à 66,5 ans, celles qui sont nées en 2019 peuvent espérer atteindre les 73 ans. Cette avancée s'explique [...] par la chute spectaculaire des décès d'enfants de moins de cinq ans, en particulier en Afrique subsaharienne, où des progrès ont été accomplis dans la lutte contre le paludisme, la rougeole et d'autres maladies transmissibles, selon l'OMS. L'espérance de vie a également augmenté grâce aux progrès réalisés dans la lutte contre le sida [...].

AFP, « L'espérance de vie dans le monde a augmenté de cinq ans et demi depuis 2000 », 4 avril 2019.

24 Quelles sont les disparités et les inégalités pour l'espérance de vie ? Illustrez votre réponse.

....

....

....

25 Soulignez les facteurs qui ont permis l'augmentation de l'espérance de vie.

DOC 15 La pauvreté monétaire dans le monde

Nombre d'habitants vivant dans l'extrême pauvreté (avec moins de 1,90 dollar par jour)

En millions	1995	2000	2005	2010	2015	2020
Asie de l'Est et Pacifique	767,57	631,97	346,19	211,1	42,19	22
Europe et Asie centrale	31,49	34,22	22,06	11,31	7,3	4
Amérique latine et Caraïbes	60,36	65,89	55,31	36,47	23,59	25
Moyen-Orient et Afrique du Nord	17,44	10,54	9,71	6,92	13,84	25
Autres (revenu élevé)	5,22	4,72	5,48	5,28	7,06	8
Asie du Sud	548,16		529,78	425,22		75
Afrique subsaharienne	355,45	392,13	394,39	412,57	416,42	437
Total monde	1 785,69	1 139,47	1 362,92	1 108,87	510,4	596

Source : Banque mondiale, blogs.worldbank.org et iresearch.worldbank.org/PovcalNet (données prévisionnelles pour 2020), 2021.

26 Quel est l'indicateur utilisé pour mesurer la pauvreté dans le monde ?

....

....

27 Présentez la situation de la pauvreté dans le monde en 2020.

....

....

....

....

28 Comment a évolué la pauvreté dans le monde de 1995 à 2020 ?

....

....

DOC 16 Les mariages précoces, un frein à l'éducation

Nasrin […] a quitté les bancs de l'école à l'âge de 12 ans, peu avant de mettre au monde son premier enfant. Être mère est un travail à plein temps. Elle n'a donc plus le temps d'aller à l'école et ne pourra jamais étudier pour exercer un métier plus tard. Sans accès au savoir, Nasrin ne pourra pas sortir de la pauvreté, s'émanciper et accéder à un avenir meilleur. […] Une grossesse précoce se dissocie rarement d'un mariage précoce. On estime à 650 millions le nombre de filles dans le monde mariées avant l'âge de 18 ans. Ces dix dernières années, le taux mondial de mariages précoces a diminué, passant d'une jeune femme sur quatre mariée à près d'une sur cinq. Cependant, en Afrique de l'Ouest et en Afrique centrale […], plus de quatre jeunes femmes sur dix ont été mariées avant leur 18e anniversaire. […] En Afrique subsaharienne, 42 % des femmes âgées de 15 à 24 ans et vivant en zones urbaines étaient enceintes avant l'âge de 18 ans. Dans les zones rurales, ce chiffre augmente pour passer à plus de 50 %.

« Aujourd'hui, comme 258 millions d'enfants, je n'irai pas à l'école ! », www.visiondumonde.fr, consulté le 8 février 2021.

29 Qu'est-ce qu'un mariage précoce ?

....

....

30 Soulignez les conséquences des mariages forcés pour les femmes.

31 Présentez les inégalités ou les disparités des mariages précoces dans le monde.

....

....

....

1 Recueillir, traiter et analyser un ensemble de données pour caractériser une population quant à sa santé ou sa cohésion sociale

Le bilan de santé inquiétant des étudiants infirmiers

Épuisés, stressés, angoissés : c'est un bilan de santé catastrophique que révèle la Fédération nationale des étudiants en soins infirmiers (FNESI) [...].

[...] La santé physique des étudiants se dégrade [...] : 18,8 % des étudiants infirmiers se sentent même en « mauvaise, voire très mauvaise santé ». Plusieurs éléments d'explication sont cités : « le manque d'activité sportive, la qualité et la quantité de sommeil ». De plus, les comportements à risques sont fréquents chez 31,5 % des étudiants depuis leur entrée en formation. Il s'agit de consommation de drogues (21,7 %), de rapports sexuels non protégés (10,2 %), de conduite en état d'ivresse (5,3 %) et de consommation d'alcool jusqu'à l'ivresse (21,9 %).

[...] À ce constat s'ajoute, pour 48 % des étudiants, « une mauvaise situation financière ». En plus des 35 heures hebdomadaires de formation et de stage, 76,5 % des étudiants disent être obligés de travailler pour subvenir à leurs besoins financiers. Et 51,6 % jugent que cela a un impact négatif. « Contrairement à d'autres filières paramédicales, les étudiants infirmiers sont, en moyenne, issus de catégories socioprofessionnelles plus modestes », rappelle la Fédération.

Marine Miller, « Le bilan de santé inquiétant des étudiants infirmiers », www.lemonde.fr, 18 septembre 2017.

Consommation de psychotropes des étudiants en soins infirmiers (ESI) (en %)

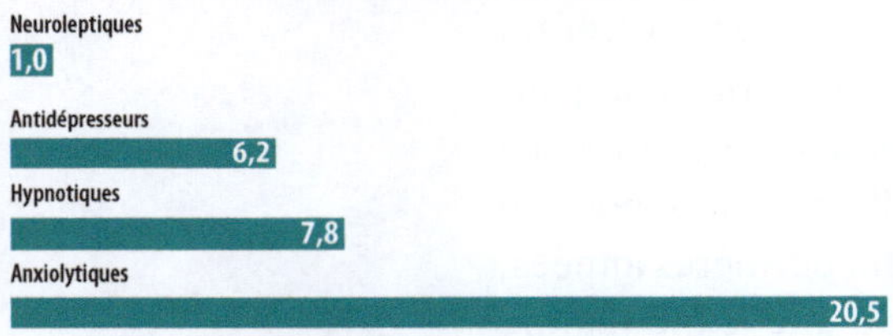

ESI ayant envisagé d'interrompre leur formation (en %)

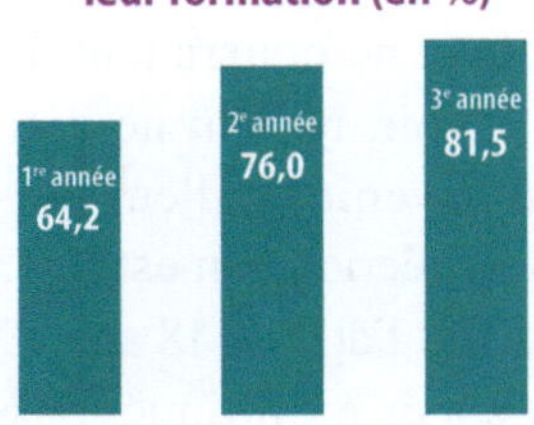

Comparaison entre 2011 et 2017 de la fréquence du stress déclarée par les ESI (en %)

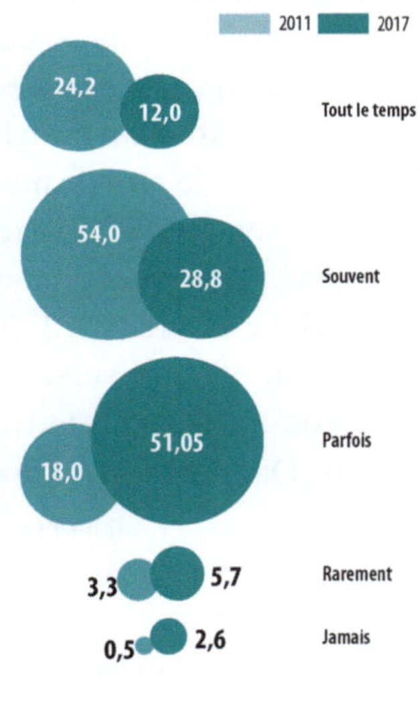

Manifestations de souffrance psychique des ESI depuis l'entrée en formation (en %)

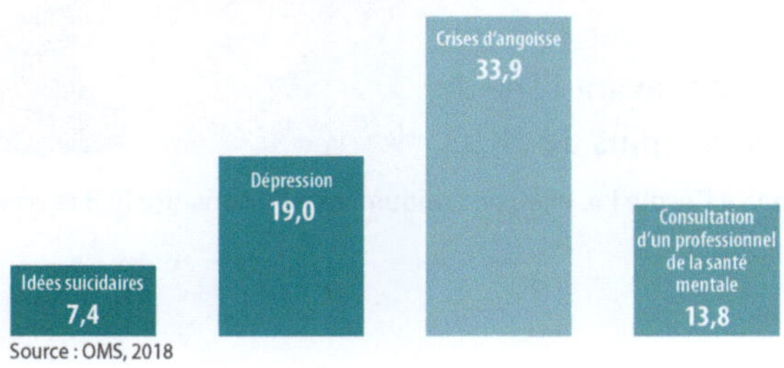

Source : OMS, 2018

Avis des ESI sur leur quantité de sommeil (en %)

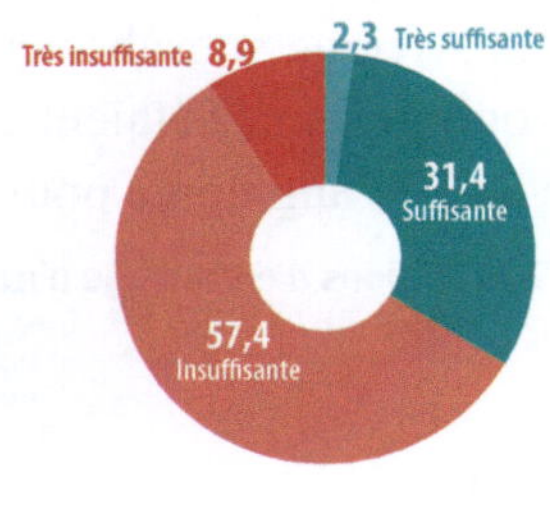

Source : enquête de la Fédération nationale des étudiants en soins infirmiers (FNESI), 2017.

1. **Quelle est la population étudiée par l'enquête ?**
2. **Quelles sont les données relatives à la santé de cette population ?**
3. **Regroupez-les suivant les trois dimensions de la santé.**
4. **Pour chaque dimension de la santé, repérez ce qui est mis en évidence.**
5. **Rédigez votre réponse en ajoutant une ou plusieurs données pour illustrer.**

► FICHE OUTIL 6

Repérer les contrastes et inégalités existant au sein des populations et entre elles

2

En Île-de-France, [...] la population est en moyenne moins âgée, plus aisée, plus éduquée que dans l'ensemble de la France métropolitaine. [...] La moitié des habitants perçoivent un revenu après impôts et prestations sociales supérieur à 23 500 euros pour une personne seule, soit 2 500 euros de plus que la médiane métropolitaine. La surreprésentation des cadres et professions intermédiaires dans la population limite l'exposition au chômage et aux métiers les plus pénibles et les plus dangereux pour la santé. En termes de comportement, les Franciliens fument et boivent en moyenne moins [...]. Mais la première région de France est aussi la région la plus inégalitaire. [...] 15,6 % des Franciliens vivent sous le seuil de pauvreté défini à 60 % du niveau de vie médian en 2016, c'est-à-dire avec moins de 1 000 euros par mois pour une personne seule. 1,2 million de personnes sont mal logées [...] : des situations qui vont du dénuement extrême à des logements trop exigus ou inconfortables, et peuvent avoir un effet sur la santé et le bien-être des habitants. La région abrite des populations particulièrement fragiles (sans domicile fixe, migrants). Ces écarts sociaux particulièrement accentués sont inégalement répartis sur le territoire, avec une tendance à l'aggravation sur les quinze dernières années : certaines zones urbaines déjà les plus défavorisées se paupérisent, pendant que les plus aisés continuent de s'installer prioritairement au centre. [...]

Les inégalités de santé reflètent ces inégalités sociales et territoriales, à la fois lorsque l'on compare l'Île-de-France aux autres régions, et au sein de la région elle-même. Dans l'ensemble, l'état de santé des Franciliens est plutôt favorable. L'espérance de vie à la naissance est de 81,1 ans [...] pour les hommes (soit 1,6 année de plus qu'en moyenne dans la métropole) et de 85,9 ans pour les femmes (une demi-année supplémentaire). On meurt moins souvent avant l'âge de 65 ans [...]. Cette plus faible mortalité est le reflet de maladies chroniques moins fréquentes. À âge et sexe comparables, le risque de souffrir d'une maladie cardiaque grave est de 17 % plus faible en Île-de-France. Il est également de 12 % plus faible pour les maladies psychiatriques ou de 13 % plus faibles pour les affections neurologiques et musculaires. Plusieurs affections de longue durée sont cependant plus présentes : hypertension artérielle, insuffisance respiratoire et sida. Ces moyennes cachent des disparités importantes au sein de la région, qui reflètent les inégalités sociales. Les habitants de la capitale souffrent moins souvent de maladies chroniques, à âge comparable, que ceux du reste de la région. Ceux de Seine-Saint-Denis connaissent les prévalences les plus fortes de la région, pour la quasi-totalité des affections de longue durée.

Observatoire des inégalités et Compas, « Les inégalités de santé en Île-de-France », iledefrance.mutualite.fr, janvier 2020.

1 **Dans quels domaines peut-on observer des inégalités ?**

2 **Pour chaque domaine, relevez les inégalités : entre « qui » et « qui » y a-t-il des différences ?**

3 **Classez les inégalités selon leur type (territorial, social, biologique...).**

SYNTHÈSE DES **notions**

Les niveaux de santé, de bien-être social et de cohésion sociale en France en 2020

État de santé

- Espérance de vie : en hausse, mais plus lente
- Mortalité : augmentation récente
- Principales causes de mortalité : cancers, maladies cardiovasculaires et troubles neurologiques
- Mortalité prématurée : en baisse, mais toujours trop importante
- Perception d'une santé satisfaisante : en baisse
- Obésité, diabète et troubles neurologiques : prévalence trop élevée

Bien-être et cohésion sociale

- Sentiment de bien-être personnel et au sein de la famille
- Persistance du chômage, de la pauvreté, du mal-logement, problèmes atténués par les prestations sociales
- Inquiétude des Français relative au chômage et à la sécurité de l'emploi
- Pessimisme pour l'avenir

Inégalités et disparités de santé et de bien-être

- Existence d'**inégalités** = différence de ressources, de pratiques, d'accès à des services d'une population : inégalités sociales (selon la place occupée dans la société), territoriales (selon le lieu d'habitation), selon le genre…
- Existence de **disparités** = contrastes (différences qui permettent des oppositions) dans divers domaines entre des territoires ou entre des groupes sociaux
- Persistance d'un **gradient social** : meilleurs santé et bien-être pour les populations favorisées

SYNTHÈSE DES **capacités**

Recueillir, traiter et analyser un ensemble de données pour caractériser une population quant à sa santé ou sa cohésion sociale

- ▸ Identifier la population concernée
- ▸ Rechercher des données quantitatives et qualitatives concernant la santé ou la cohésion sociale de la population
- ▸ Regrouper les données par domaine (ex. : santé physique, mortalité, logement…)
- ▸ Pour chaque domaine, repérer ce qui est mis en évidence
- ▸ Illustrer à l'aide des données les plus marquantes

Repérer les contrastes et inégalités existant au sein des populations et entre elles

- ▸ Identifier le ou les domaines concernés par les contrastes et les inégalités
- ▸ Pour chaque domaine, relever les inégalités : entre « qui » et « qui » il y a des différences
- ▸ Relever les contrastes (ou disparités) : entre « qui » et « qui » il y a des oppositions
- ▸ Classer les inégalités et les disparités selon leur type (territorial, social, biologique…)

Activité **technologique**

Vers PIX D1.3 et D3.1

Santé et bien-être des enfants dans le monde

Capacités mises en œuvre

- Recueillir, traiter et analyser un ensemble de données pour caractériser une population quant à sa santé ou sa cohésion sociale
- Repérer les contrastes et inégalités existant au sein des populations et entre elles

À partir de vos connaissances, des annexes et des outils à votre disposition, réalisez l'activité technologique suivante.

1 Quelles sont les différentes formes de la malnutrition dans le monde ? ► FICHE OUTIL 3

2 Pourquoi peut-on dire que la situation de la malnutrition dans le monde est inquiétante ? Justifiez votre réponse. ► FICHE OUTIL 4

3 Présentez les inégalités de la prévalence de la malnutrition dans le monde.

4 Relevez et classez les explications de ces inégalités.

5 Par groupe de trois à quatre élèves, réalisez un graphique pour présenter des disparités de santé et de bien-être entre différentes régions du monde en 2019. Pour cela :
- partagez-vous les différentes disparités suivantes : le taux de mortalité infantile, le taux estimé de décès annuels liés au sida des adolescents et jeunes âgés de 10 à 19 ans, le taux estimé d'incidence du sida des adolescents âgés de 10 à 19 ans, le taux de naissances vivantes ayant reçu le vaccin contre la tuberculose ;
- connectez-vous la base de données de l'UNICEF, recherchez les données chiffrées (aidez-vous de l'annexe 1) puis collectez-les dans un tableur (par ex. Excel) ;
- à partir des données collectées et du tableur, réalisez un graphique.

6 Présentez votre graphique sur une diapositive (PowerPoint par ex.) : titre accrocheur, date et source, une illustration, une phrase explicative de la disparité.

7 Présentez votre diapositive à l'ensemble de la classe.

ANNEXE 1 Rechercher des données chiffrées dans la base de données de l'UNICEF

Site web : Entrepôt de données de l'UNICEF – Suivi de la situation des enfants et des femmes liennathan.fr/nc4c39

unicef for every child

– Une fois connecté à la base, sélectionnez les filtres dans le pavé de gauche.

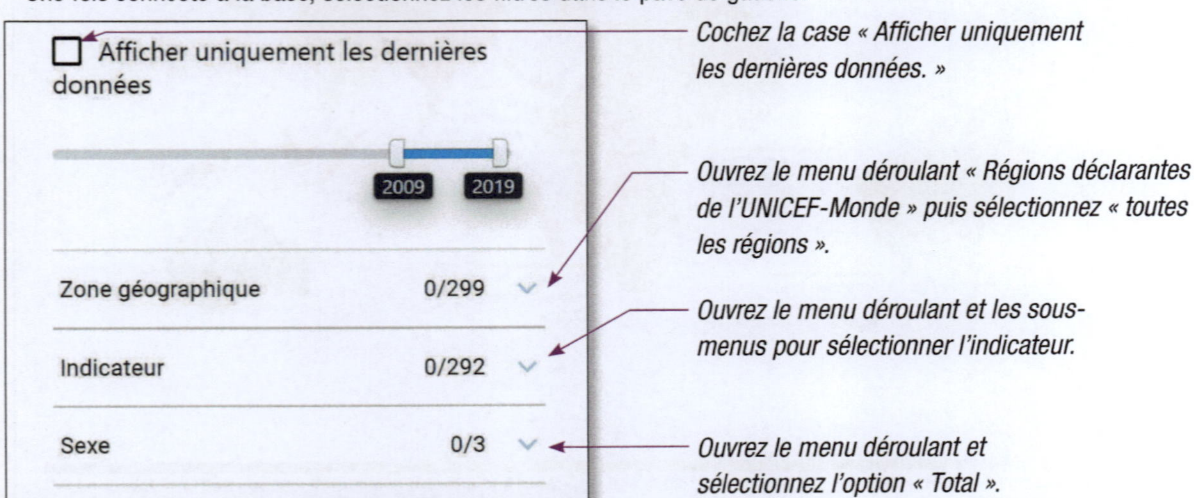

– Téléchargez le tableau dans un tableur ou saisissez les données dans un tableur.

ANNEXE 2 Ces enfants qui ne grandissent pas bien : le triple fardeau de la malnutrition

Le premier aspect est la dénutrition. Bien qu'elle soit en recul, la dénutrition continue de toucher des dizaines de millions d'enfants. On remarque sa présence sur les corps chétifs des enfants privés d'une alimentation adéquate durant les 1 000 premiers jours décisifs de leur vie [...]. Ces enfants risquent de payer le prix de ce retard de croissance [...] tout au long de leur vie et de ne jamais réaliser leur plein potentiel physique et intellectuel. La dénutrition est aussi manifeste sur les corps émaciés des enfants à toutes les étapes de leur vie, lorsque la pénurie de nourriture, de mauvaises pratiques alimentaires ou des maladies infectieuses, fréquemment aggravées par la pauvreté [...] et les conflits les privent d'une alimentation adéquate et, bien trop souvent, leur coûtent la vie. En 2018, 149 millions d'enfants de moins de 5 ans présentaient un retard de croissance et près de 50 millions souffraient d'émaciation.

Le deuxième aspect de la malnutrition est la faim insoupçonnée. Des carences en vitamines et minéraux essentiels, souvent désignés sous le terme de « micronutriments », privent les enfants de leur vitalité [...] et sapent leur santé et leur bien-être, ainsi que la santé et le bien-être des jeunes et des femmes. [...] La faim insoupçonnée passe souvent inaperçue jusqu'au moment où ses effets sont irréversibles. [...] D'après les dernières données disponibles, l'UNICEF estime qu'au moins 340 millions d'enfants de moins de 5 ans souffrent de carences en micronutriments.

Le troisième aspect est le surpoids et [...] l'obésité. Le nombre de garçons et de filles de 5 à 19 ans atteints d'obésité monte en flèche depuis le milieu des années 1970 : ils sont 10 à 12 fois plus nombreux dans le monde. Le surpoids, longtemps considéré comme un problème de riches, est en passe de devenir un problème de pauvres en raison de la disponibilité accrue, dans la quasi-totalité des pays du monde, de « calories bon marché » contenues dans des aliments gras et sucrés. Le surpoids augmente le risque de contracter des maladies non transmissibles, comme le diabète de type 2 [...].

« Enfants, nourriture et nutrition : Bien grandir dans un monde en mutation », www.unicef.org, octobre 2019.

ANNEXE 3 Enfants, nourriture et nutrition

Prévalence des enfants de moins de 5 ans qui ne grandissent pas bien

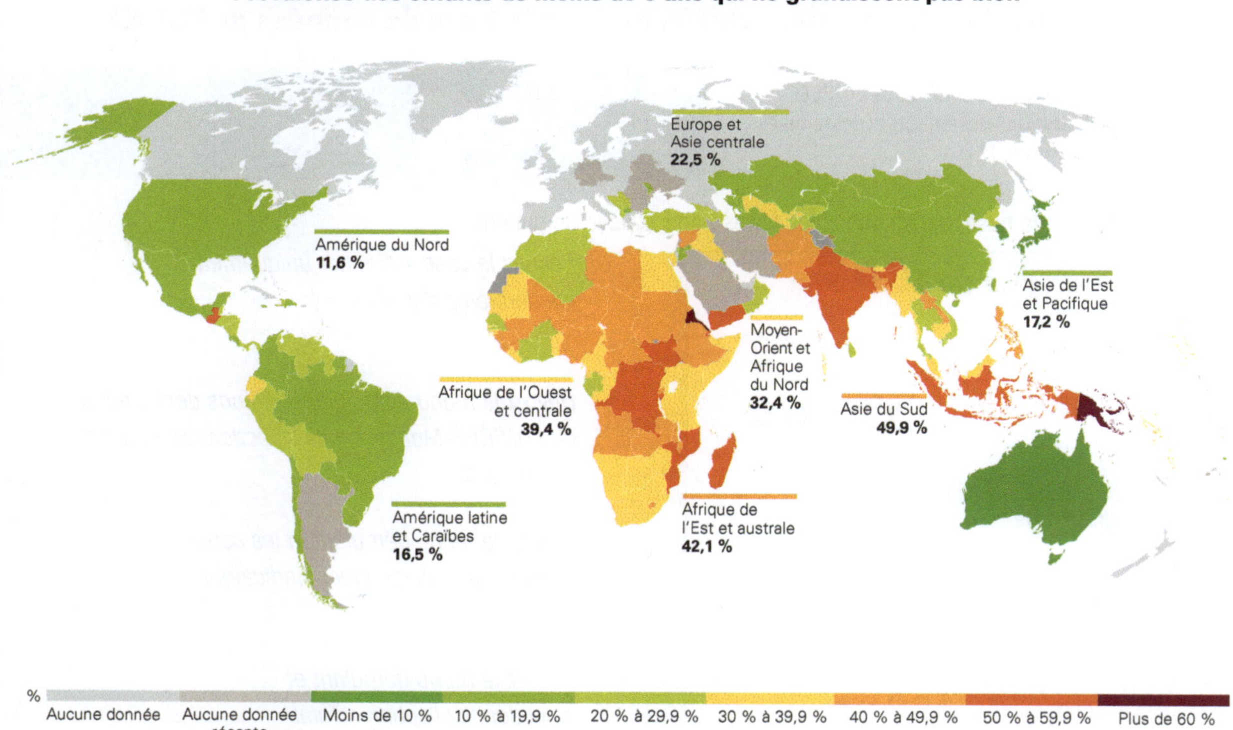

« Enfants, nourriture et nutrition : Bien grandir dans un monde en mutation », www.unicef.org, octobre 2019.

Principales notions

- Facteurs de risque
- Déterminants
- Déterminants sociaux et environnementaux

Capacités exigibles

- Mobiliser les différents déterminants pour explorer une question de santé
- Présenter l'impact des déterminants sociaux sur l'état de santé d'une personne, d'un groupe
- Analyser les interactions entre différents déterminants de l'état de santé d'une population

Vers compétences PIX

D3.1 - Développer des documents textuels

L'état de santé : une articulation de déterminants

CHAPITRE 5

AVANT LA CLASSE

Site Web
liennathan.fr/93tyj8

Faites le test « Prévention cancer » et répondez aux questions suivantes :

- *Quel est le point commun entre toutes les questions ?*
- *Quel est l'objectif de ce test ?*

→ *Quel effet sur la santé pouvez-vous associer à ces images ?*

1 Les déterminants de l'état de santé

DOC 1 Proportion des cancers liés aux principaux facteurs de risque

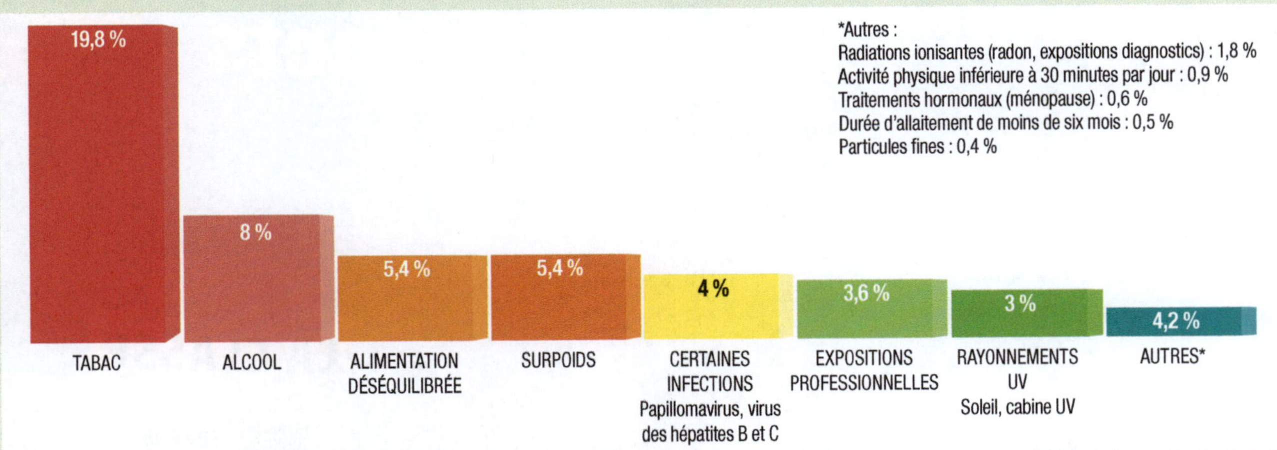

On peut prévenir 40 % des cas de cancers (142 000 /an) grâce à des changements de comportements et des modes de vie.

Source : CIRC/INC, 2018

1 Quels sont les quatre facteurs contribuant le plus au décès par cancer ?

....

2 Pourquoi est-il intéressant de connaître les principaux facteurs de risque de cancer ? Illustrez votre réponse.

....

....

DOC 2 Le Code européen contre le cancer

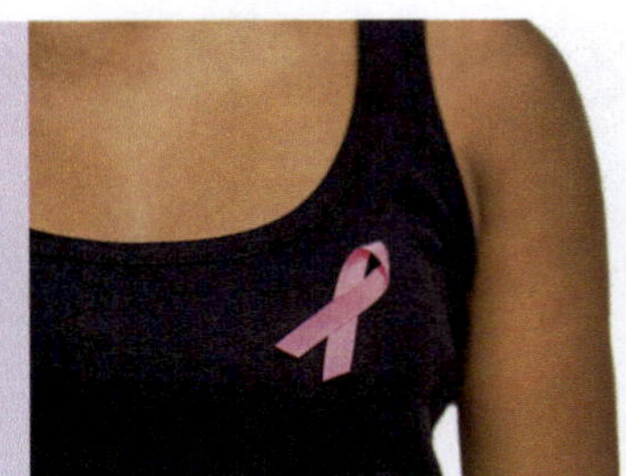

Le 4e Code européen contre le cancer [...] a pour objectif de sensibiliser les citoyens et les pouvoirs publics européens au rôle essentiel de la prévention dans la lutte contre le cancer. Il est constitué de 12 recommandations pour réduire le risque de cancer en Europe [...]. Elles consistent à :

– éviter ou réduire l'exposition aux facteurs de risque (tabac, alcool, soleil, substances cancérogènes au travail, radon, traitements hormonaux substitutifs de la ménopause) ;
– adopter des modes de vie favorables à la santé (alimentation saine, maintien d'un poids de forme, être physiquement actif, allaiter son enfant) ;
– participer aux programmes de dépistage du cancer du côlon-rectum, du sein et du col de l'utérus ;
– participer aux programmes de vaccination contre l'hépatite B ou le virus du papillome humain.

Réseau NACRe, « Conclusions des expertises scientifiques collectives s'appliquant à la population française », www6.inrae.fr, 11 juin 2015.

3 Quel est l'objectif du Code européen contre le cancer ?

....

4 Soulignez dans le DOC 2 les comportements à adopter par la population pour prévenir les cancers.

5 Pourquoi ces recommandations concernent-elles également les pouvoirs publics ?

....

DOC 3 Les déterminants de l'obésité

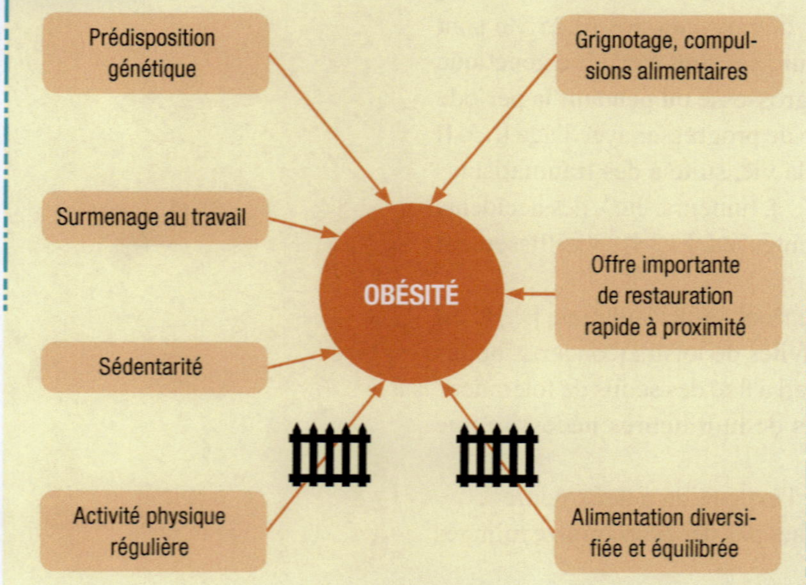

6 Repérez dans le DOC 3 :

– deux facteurs de risque de l'obésité ;

....

– deux facteurs protecteurs de l'obésité.

....

DOC 4 Les déterminants de la santé

Vidéo : M. Démo & Mme San – Ireps Bourgogne Franche-Comté
liennathan.fr/22p6bc

7 Qu'est-ce qu'un déterminant de la santé ?

....

8 Relevez les différents types de déterminants et, pour chacun d'eux, proposez des exemples.

Types de déterminants	Exemples

9 Sur quel(s) type(s) de déterminant(s) l'individu peut-il agir ?

....

DOC 5 Comprendre les troubles de l'audition

En France, chaque année, près d'un millier de nouveau-nés (0,25 %) sont affectés de surdité. [...] Trois quarts de ces surdités sont d'origine génétique [...], les autres étant acquises au cours de la grossesse ou pendant la période périnatale. Le nombre de cas ne cesse ensuite de progresser avec l'âge [...]. Il s'agit alors de surdités acquises au cours de la vie, suite à des traumatismes acoustiques, des maladies (otites chroniques [...], tumeurs, etc.), des accidents (plongée) ou encore des toxicités médicamenteuses. [...] Le vieillissement peut être associé aux mêmes phénomènes. [...]

L'exposition au bruit est une cause première de troubles de l'audition. [...] C'est le cas de nombreux bruits associés à des activités de loisirs (concerts, boîtes de nuit, baladeurs, etc.). La législation du travail a fixé des seuils de tolérance :

– au-delà de 85 dB, une exposition de plus de huit heures nécessite une protection ;
– au-delà de 90 dB (perceuse), il faut limiter l'exposition à deux heures ;
– au-delà de 100 dB (marteau-piqueur), il ne faut pas dépasser quinze minutes d'exposition.

Inserm, « Troubles de l'audition/surdités. Comment préserver et restaurer notre ouïe », www.inserm.fr, 10 août 2017.

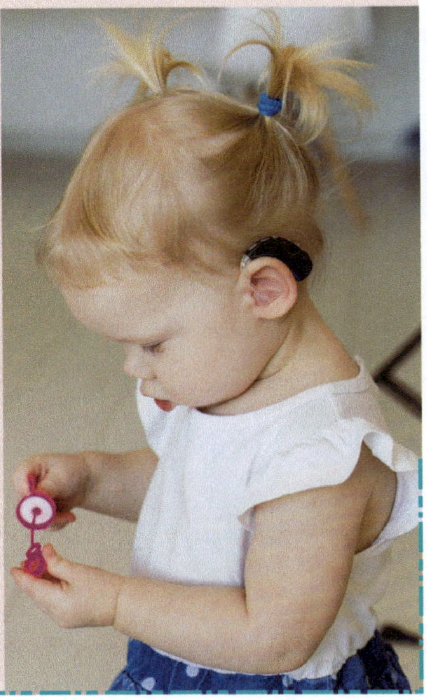

10 Soulignez dans le DOC 5 les facteurs de risque des troubles de l'audition selon le type de déterminant auquel ils correspondent : biologique en rouge, comportemental en noir, environnemental en bleu.

11 Quelle mesure a été prise pour réduire le premier facteur de risque de ces troubles ?

....

....

DOC 6 Un déterminant social

Selon l'association Solidarités nouvelles face au chômage (SNC), [...] les « chercheurs d'emploi » [...] sont deux fois plus nombreux que les salariés [...] à estimer que leur état de santé n'est pas satisfaisant. [...] Ils sont aussi 8 % à déclarer avoir des symptômes dépressifs, contre 4 % pour les actifs occupés. Et 39 % à expliquer avoir des troubles du sommeil (contre 31 %). C'est le cas de Mélanie, 47 ans, au chômage de longue durée, qui a confié à l'association ses « problèmes de sommeil et de stress qui s'accompagnent de maux de dos, de problèmes de digestion, d'angoisse et de palpitations ». Sur le plan psychique, l'« humiliation », la « culpabilité » et le « sentiment de dévalorisation » sont autant de réactions liées au chômage qui risquent de représenter un cocktail explosif pouvant conduire à la dépression.

Amandine Cailhol, « Stress, hypertension, addiction : le chômage nuit à la santé », www.liberation.fr, 20 septembre 2018.

12 Soulignez le facteur de risque présenté dans le DOC 6.

13 Expliquez le lien entre le facteur de risque et les problèmes de santé présentés dans le DOC 6.

....

....

....

DOC 7 Les enfants et l'environnement

« En France, trois enfants sur quatre respirent un air pollué, dit l'OMS. [...] il y a les maladies respiratoires, mais on fait aussi le lien avec le diabète, les syndromes dépressifs... ». [...] Les enfants, dont l'organisme est immature, sont vulnérables : leur fréquence respiratoire est 1,5 fois plus élevée que celle d'un adulte, leurs activités en extérieur plus fréquentes, et ils sont moins capables d'agir pour se protéger. « La pollution de l'air provoque de l'asthme et favorise les poussées d'eczéma, et elle aggrave les pathologies respiratoires de ceux qui en ont », souligne Jocelyne Just, chef du service d'allergologie pédiatrique [...], dont l'Unicef a sollicité l'expertise.

« Pollution : trois enfants sur quatre respirent un air toxique, s'alarme l'Unicef », www.20minutes.fr, 4 avril 2019.

14 Quel est le facteur de risque mis en cause dans le DOC 7 ? ....

15 Quelle est la population pour laquelle le risque est le plus important ? Justifiez votre réponse. ....

....

16 Soulignez dans le DOC 7 les conséquences pour la santé.

DOC 8 Les déterminants environnementaux

Selon un rapport de l'OMS publié en 2016, près d'un quart des décès dans le monde est lié à l'environnement au sens large, et environ 1 sur 10 en France.
Une meilleure gestion de l'environnement permettrait ainsi de sauver chaque année 1,7 million d'enfants de moins de 5 ans et 4,9 millions de personnes âgées.

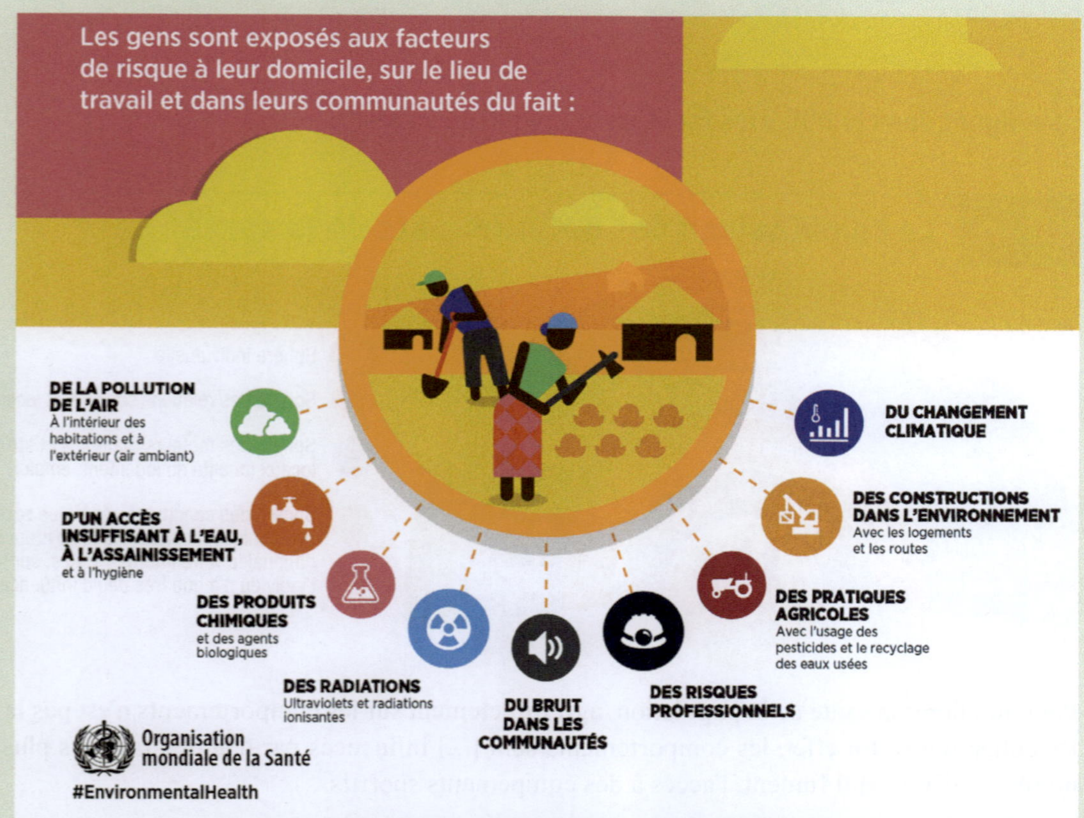

17 Parmi les déterminants environnementaux de la santé, quels sont les facteurs de risque qui concernent la population française ? Justifiez votre réponse.

....

....

....

2 Les interactions des déterminants

DOC 9 L'obésité chez les adolescents

24 % des enfants d'ouvriers sont […] en surcharge pondérale en France, dont 8 % sont obèses : chez les enfants de cadres, ces proportions sont respectivement de 12 % et 3 %. […] Les adolescents qui grossissent sont majoritairement ceux qui sont prédisposés à le faire : le facteur génétique est [...] à prendre en considération. D'autre part, […] les jeunes sont matraqués par les publicités sur les réseaux sociaux, ou à la télévision, qui les motivent en permanence à consommer des sucreries, des céréales, des barres chocolatées, des gâteaux industriels... […] Les familles qui sont en précarité sociale auront comme réflexe de s'orienter vers des produits riches en énergie, puisqu'ils sont moins chers et nourrissants. Les fruits et légumes […] sont moins faciles d'accès d'un point de vue économique. Les personnes les plus précaires n'ont pas non plus accès à toutes les activités physiques auxquelles peuvent s'initier les familles les plus aisées.

« Obésité : pourquoi la maladie progresse-t-elle chez les ados ? », www.lexpress.fr, 28 août 2019.

18 Quelle est la question de santé ?

....

....

19 Soulignez dans le DOC 9 les facteurs de risque de l'obésité.

DOC 10 La combinaison des déterminants de la santé

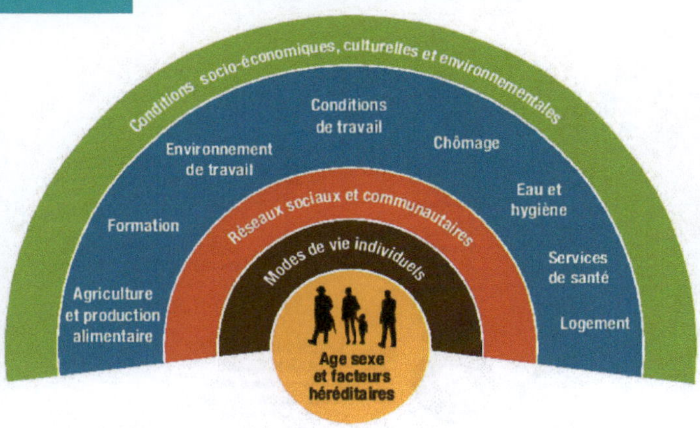

- Sphère individuelle
- Sphère des relations sociales et locales
- Sphère des facteurs matériels et structurels locaux (qualité du logement, emploi…)
- Sphère des conditions générales socio-économiques, culturelles et environnementales nationales voire internationales, sur lesquelles l'individu n'a que très peu d'influence

Pour améliorer la santé de la population, agir directement sur les comportements n'est pas la seule option pour les collectivités. En effet, les comportements sont […] influencés par d'autres facteurs plus globaux (comme un réseau d'amis qui fument, l'accès à des équipements sportifs…).

Réseau français des Villes-Santé de l'OMS, *Agir sur les déterminants de la santé*, Presses de l'EHESP, 2015.

20 Que nous apprend ce schéma ? Illustrez votre réponse à l'aide du DOC 9.

....

....

....

....

DOC 11 Vers un changement des mentalités ?

Certaines études pointent la corrélation entre l'émergence des réseaux sociaux et la diminution de la consommation d'alcool. [...] L'arrivée des réseaux sociaux et leur succès auprès des jeunes auraient contribué à remplir la fonction de « socialisation », auparavant facilitée par la consommation d'alcool (pour se désinhiber, faire comme tout le monde...) en soirée. [...]

Sur les réseaux sociaux, [...] on voit progresser la tendance « healthy » [...]. « Le healthy est devenu une norme et cette injonction exerce une forte pression sur les jeunes », analyse Olivier Cenille, directeur du développement de l'institut d'études Infopro Digital Etudes. En témoigne la tendance [...] qui nous vient [...] du Royaume-Uni et qui consiste à promouvoir les « mocktails », ces cocktails sans alcool.

« Les jeunes boivent-ils vraiment moins d'alcool ? », www.eovi-mcd.fr, 28 janvier 2020.

21 Les réseaux sociaux sont-ils un facteur de risque de la consommation d'alcool ? Justifiez votre réponse.

22 Expliquez le lien qui existe entre les réseaux sociaux et la consommation d'alcool.

DOC 12 Représentation des interactions de déterminants par l'OMS

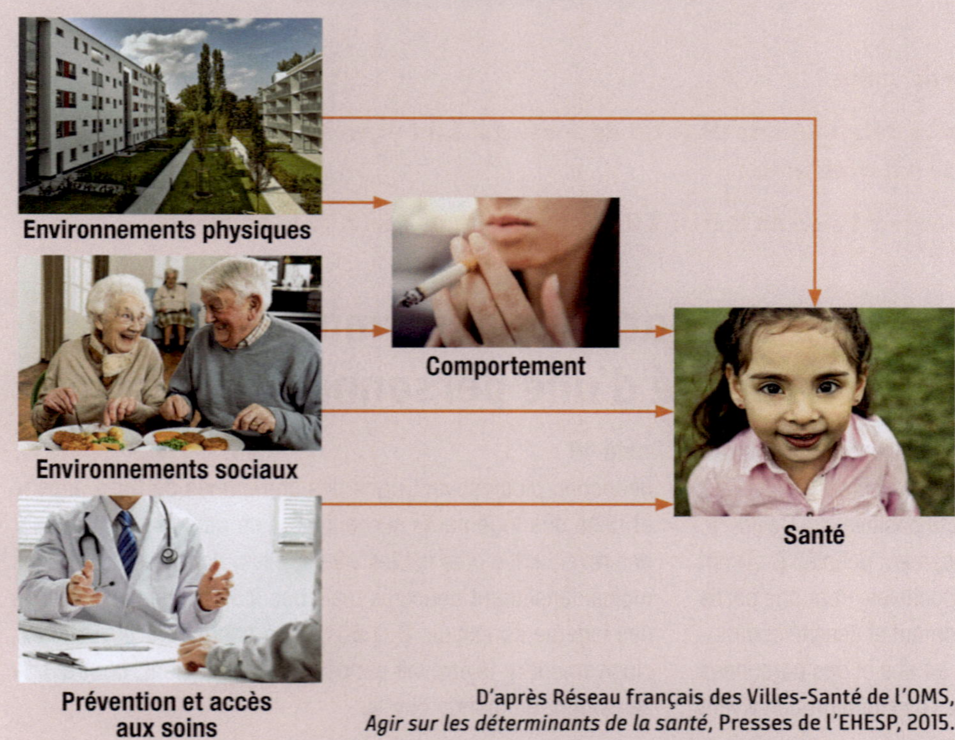

D'après Réseau français des Villes-Santé de l'OMS, *Agir sur les déterminants de la santé*, Presses de l'EHESP, 2015.

23 Comment les déterminants environnementaux et comportementaux interagissent-ils ? Illustrez votre réponse à l'aide du DOC 11.

24 Quelle est la conséquence de cette interaction entre les déterminants sur la santé ?

Être capable de

1 Mobiliser les différents déterminants pour explorer une question de santé

Le déclin du temps de sommeil en France n'est pas une fatalité

Plus d'un tiers des Français dorment [...] moins de 6 heures. Or [...] dormir moins de 6 heures est associé à un risque plus élevé d'obésité, de diabète de type 2, d'hypertension, de pathologies cardiaques et d'accidents. Dormir moins de 6 heures réduit aussi la vigilance dans la journée, augmente l'irritabilité et perturbe les relations familiales ainsi que la qualité de vie et de travail. [...] On sait que les travailleurs de nuit dorment en moyenne une heure de moins que les travailleurs de jour. [...] Le temps de trajet ou de « connexion » entre domicile et travail est aussi probablement un déterminant fort du déclin du sommeil dans nos mégapoles, de même que pour les habitants des zones rurales. [...] Le déclin de sommeil est aussi lié [...] au surinvestissement des adultes comme des enfants dans le temps passé face à des écrans : smartphones, tablettes, ordinateurs et abondance de l'offre culturelle et de divertissement via ces outils, à toute heure de la soirée et même de la nuit, perturbent le temps dévolu au sommeil. [...] Le bruit est reconnu comme l'un des premiers perturbateurs du sommeil. [...] L'exposition au bruit des avions [...], des deux-roues motorisés et celui des terrasses de café devenues espaces fumeurs ont aussi été maintes fois mesurés comme perturbateurs. Enfin la pollution lumineuse de nos villes de plus en plus éclairées et le réchauffement climatique ont aussi été évoqués comme agissant négativement sur le sommeil des citadins.

Damien Léger et François Bourdillon, « Le déclin du temps de sommeil en France n'est pas une fatalité », beh.santepubliquefrance.fr, 12 mars 2019.

1. **Quelle est la question de santé ?**
2. **Quels sont les différents déterminants de l'état de santé qui sont présentés ? Classez-les par type de déterminants.**
3. **Illustrez ces déterminants à l'aide de facteurs de risque et/ou de facteurs protecteurs.**

2 Présenter l'impact des déterminants sociaux sur l'état de santé d'une personne, d'un groupe

Résultats des enquêtes de santé publique de l'Inserm sur la Covid-19

Les personnes habitant un logement exigu ou surpeuplé [...] sont 2,5 fois plus nombreuses à avoir été positives au Covid-19. Celles habitant une commune très densément peuplée [...] sont deux fois plus nombreuses à avoir été positives. Pour une partie de la population, surpeuplement du logement et densité communale se cumulent. C'est le cas des 25-34 ans et des personnes sans diplôme. [...] Les personnes issues de l'immigration vivent beaucoup plus souvent dans des communes de forte densité et dans des logements surpeuplés. Les personnes disposant des revenus les plus faibles vivent, elles, dans des communes moins densément peuplées mais beaucoup plus souvent dans des logements exigus. [...] 50 % des cadres ont pratiqué exclusivement le télétravail pendant le confinement, contre 1 % seulement du monde ouvrier.

Communiqué – Salle de presse Inserm, « Premiers résultats des enquêtes de santé publique de l'Inserm sur la Covid-19 : facteurs de risque individuels et sociaux », presse.inserm.fr, 9 octobre 2020.

1. **Quel est l'état de santé à étudier (pathologie, espérance de vie...) ? Qui est concerné ?**
2. **Quels sont les déterminants sociaux qui influencent cet état de santé ?**
3. **Comment ces déterminants agissent-ils sur l'état de santé ? Illustrez votre réponse à l'aide de facteurs de risque et/ou protecteurs.**

Analyser les interactions entre différents déterminants de l'état de santé d'une population

3

L'espérance de vie par niveau de vie

Pour la période 2012-2016, parmi les personnes les plus aisées, les hommes ont une espérance de vie à la naissance de 84,4 ans. À l'opposé, parmi les 5 % de personnes les plus modestes, [...] les hommes ont une espérance de vie de 71,7 ans. Les hommes les plus aisés vivent donc en moyenne 13 ans de plus que les plus modestes. Chez les femmes, cet écart est plus faible : l'espérance de vie à la naissance des femmes parmi les 5 % de personnes les plus aisées atteint 88,3 ans, contre 80,0 ans parmi les 5 % les plus modestes, soit 8 ans d'écart.

[...] La vie souvent plus longue des femmes s'explique notamment par certains de leurs comportements plus favorables à une bonne santé. Par exemple, d'après le Baromètre Santé 2014, seulement 5 % des femmes âgées de 18 à 75 ans consomment quotidiennement de l'alcool, contre 15 % des hommes du même âge. De plus, les femmes bénéficient d'un meilleur suivi médical, en particulier pendant la vie féconde. Par ailleurs, leur durée de travail (hebdomadaire ou tout au long de la vie) est plus faible que celle des hommes, ce qui réduit ainsi leur exposition à des risques professionnels. Enfin, selon certaines études, les femmes disposeraient d'avantages biologiques expliquant en partie leur espérance de vie plus longue.

[...] Le niveau de vie en lui-même, en facilitant la prévention et l'accès aux soins, peut être la cause directe d'une bonne santé. Toutefois, ce n'est pas la seule explication. [...] Par ailleurs, le niveau de vie dépend des caractéristiques de la personne mais aussi de celles de son conjoint éventuel, qui peut avoir une hygiène de vie plus ou moins bonne pour sa santé et celle des autres membres de sa famille (par exemple alimentation commune, tabagisme).

[...] Entre 2012 et 2016, la probabilité de décéder à sexe et âge donnés varie selon la région de résidence. L'Île-de-France est la région où cette probabilité est la plus faible, dans les Hauts-de-France elle est la plus forte. [...] Des différences culturelles (habitudes alimentaires...), comportementales (consommation d'alcool, tabagisme...), environnementales (pollution...) ou encore celles liées à l'offre de soins (plus ou moins dense...) pourraient expliquer ces écarts. L'Île-de-France se situe, cette fois, un peu en dessous de la moyenne. Ainsi, la présence de populations au niveau de vie ou niveau de diplôme plus élevé explique que la durée de vie soit en moyenne plus longue dans cette région. L'Occitanie et les Pays de la Loire se situent en tête du classement, tandis que les Hauts-de-France arrivent en dernier, l'écart avec les autres régions étant toutefois moindre qu'à sexe et âge donnés seulement.

Nathalie Blanpain, « L'espérance de vie par niveau de vie : chez les hommes, 13 ans d'écart entre les plus aisés et les plus modestes », Insee Première, No 1687, 06/02/2018.

1. **Quel est l'état de santé à étudier (pathologie, espérance de vie...) ? qui est concerné ?**
2. **Quels déterminants ont un impact sur cet état de santé ?**
3. **Classez ces déterminants selon leur type.**
4. **Comment ces différents déterminants s'enchaînent-ils ? Illustrez votre réponse.**

SYNTHÈSE DES **notions**

Les déterminants de santé

Facteurs influençant de manière positive (facteur protecteur) ou négative (facteur de risque) l'état de santé et de bien-être de l'individu.

Déterminants environnementaux
Facteurs issus de l'environnement professionnel, domestique, physique, biologique et chimique.
Exemples : qualité de l'air, ambiance sonore sur le lieu de travail, présence de microorganismes.

+

Déterminants sociaux
Facteurs issus des conditions sociales, économiques et culturelles dans lesquelles vivent et travaillent les individus.
Exemples : revenus, famille, niveau scolaire, lieu d'habitation.

+

Déterminants liés au système de santé
Facteurs issus des composantes du système de santé.
Exemples : proximité des structures de soins, facilité d'accès, nombre de professionnels de santé.

Déterminants comportementaux
Facteurs dépendant du choix de l'individu.
Exemples : comportements à risque (tabac, vitesse en voiture…), activité physique.

+

Déterminants biologiques
Facteurs ne pouvant pas être modifiés par l'individu.
Exemples : sexe, âge, antécédents familiaux, facteurs génétiques.

SYNTHÈSE DES **capacités**

Mobiliser les différents déterminants pour explorer une question de santé

- Identifier la question de santé
- Lister puis classer les différents déterminants par type
- Illustrer les déterminants à l'aide de facteurs de risque et/ou de facteurs protecteurs

Présenter l'impact des déterminants sociaux sur l'état de santé d'une personne, d'un groupe

- Préciser l'état de santé à étudier (pathologie, espérance de vie…) et qui est concerné (personne, groupe)
- Repérer le ou les déterminants sociaux de l'état de santé
- Mettre en évidence l'influence des déterminants sociaux sur l'état de santé à l'aide d'exemples de facteurs de risque et/ou de facteurs protecteurs

Analyser les interactions entre différents déterminants de l'état de santé d'une population

- Préciser l'état de santé (pathologie, espérance de vie…) et la population à étudier
- Lister les différents déterminants de cet état de santé
- Mettre en évidence l'enchaînement des différents déterminants de l'état de santé

Activité technologique

Vers PIX D3.1

La santé mentale des adolescents

Capacités mises en œuvre

- Mobiliser les différents déterminants pour explorer une question de santé
- Présenter l'impact des déterminants sociaux sur l'état de santé d'une personne, d'un groupe.
- Porter un regard critique sur la mesure d'un phénomène sanitaire et ou social par un ou plusieurs indicateurs
- Présenter la complémentarité des indicateurs mobilisés pour mesurer un phénomène particulier

À partir de vos connaissances, des annexes et des outils à votre disposition, réalisez l'activité technologique suivante.

1 Qu'est-ce que la maladie mentale ? ▶ FICHE OUTIL 3

2 Présentez la difficulté que représente la mesure de la santé mentale. ▶ FICHE OUTIL 5

3 Relevez les facteurs de risque et les facteurs protecteurs de la santé mentale des adolescents et classez-les par catégorie de déterminants. Présentez votre réponse à l'aide d'une carte mentale.

ANNEXE 1 Que signifie la « santé mentale » ?

Vidéo : Comprendre la santé mentale – Isinsu Sakalli
liennathan.fr/225mfp

ANNEXE 2 Santé mentale & réseaux sociaux

Vidéo : Les réseaux sociaux sont-ils néfastes pour la santé mentale ? – SudOuest.fr
liennathan.fr/z226fq

ANNEXE 3 Une évaluation multidimensionnelle de la santé mentale des ados

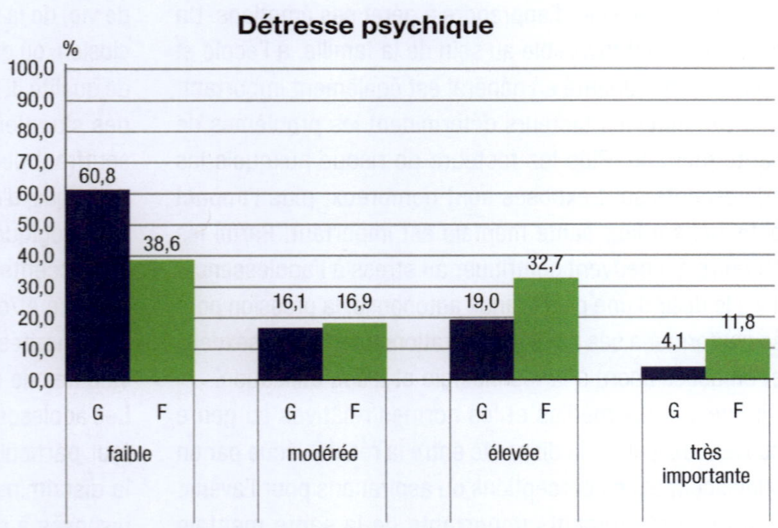

L'enquête santé scolaire réalisée en 2017 en classe de troisième ne s'est pas seulement intéressée à l'état de santé physique et à l'hygiène de vie des élèves de troisième, mais également à leur état de santé mentale. […] L'auto-questionnaire s'articule ainsi autour de six thématiques complémentaires : évaluation du niveau de détresse psychique […], consommations de substances psychoactives (alcool, tabac, cannabis), blessures cutanées auto-infligées, problèmes de comportements alimentaires, agressions subies (moqueries, insultes, violences physiques, racket), pensées suicidaires et tentatives de suicides. […] Plus qu'une réponse isolée à une question spécifique, c'est en effet la prise en compte d'un ensemble de comportements plus ou moins problématiques et de leurs fréquences qui permet une mesure globale robuste de l'état de santé mentale des adolescents.

Valérie Carrasco, Nathalie Guignon, « La santé mentale des adolescents de 3e en 2017 », Les dossiers de la DREES n° 65, drees.solidarites-sante.gouv.fr, septembre 2020.

ANNEXE 4 Les déterminants de la santé mentale des adolescents

L'adolescence est une période cruciale pour le développement et le maintien d'habitudes sociales et émotionnelles importantes pour le bien-être mental. Il s'agit notamment d'adopter des rythmes de sommeil sains, de faire régulièrement de l'exercice, de développer ses capacités d'adaptation, de résolution de problèmes et de relations interpersonnelles et d'apprendre à gérer ses émotions. Un environnement favorable au sein de la famille, à l'école et dans la communauté en général est également important. [...] De multiples facteurs déterminent les problèmes de santé mentale. Plus les facteurs de risque auxquels les adolescents sont exposés sont nombreux, plus l'impact potentiel sur leur santé mentale est important. Parmi les facteurs qui peuvent contribuer au stress à l'adolescence, il y a le désir d'une plus grande autonomie, la pression pour se conformer à ses pairs, l'exploration de l'identité sexuelle et un accès accru à la technologie et à son utilisation.

L'influence des médias et les normes relatives au genre peuvent exacerber la disparité entre la réalité vécue par un adolescent et ses perceptions ou aspirations pour l'avenir. D'autres déterminants importants de la santé mentale des adolescents sont la qualité de leur vie familiale et leurs relations avec leurs pairs. La violence (y compris les sévices parentaux et le harcèlement) et les problèmes socio-économiques sont des risques reconnus pour la santé mentale. Les enfants et les adolescents sont particulièrement vulnérables à la violence sexuelle, qui est clairement néfaste pour la santé mentale.

Certains adolescents risquent davantage de souffrir de problèmes de santé mentale en raison de leurs conditions de vie, de la stigmatisation, de la discrimination ou de l'exclusion, ou du manque d'accès à un soutien et des services de qualité. Il s'agit notamment des adolescents vivant dans des situations humanitaires et fragiles, des adolescents souffrant de maladies chroniques, de troubles du spectre autistique, d'une déficience intellectuelle ou d'autres troubles neurologiques, des adolescentes enceintes, des parents adolescents, des adolescentes en situation de mariage précoce et/ou forcé, des orphelins, des adolescents issus de minorités ethniques ou sexuelles ou d'autres groupes victimes de discrimination.

Les adolescents souffrant de troubles mentaux sont à leur tour particulièrement vulnérables à l'exclusion sociale, à la discrimination, à la stigmatisation (qui les rend moins disposés à demander de l'aide), aux difficultés scolaires, aux comportements à risque, aux problèmes de santé physique et aux violations des droits humains.

OMS, « Les risques pour la santé mentale : aperçu des vulnérabilités et des facteurs de risque », 28 septembre 2020.

Principales notions

- Préoccupation
- Problème de santé
- Risque
- Risque sanitaire
- Alerte sanitaire
- Crise sanitaire

Capacités exigibles

- Identifier la dimension sociale des questions de santé
- Analyser comment une société identifie un risque sanitaire, un problème de santé publique
- Montrer la place relative de l'épidémiologie dans la reconnaissance des problèmes de santé publique
- Analyser les composantes d'une situation de crise sanitaire

Vers compétences PIX

D1.1 - Mener une recherche et une veille d'information

D3.1 - Développer des documents textuels

CHAPITRE 6

Des préoccupations de santé publique à la reconnaissance de problèmes sanitaires par la collectivité

AVANT LA CLASSE

Vidéo liennathan.fr/t49r9f

Regardez la bande annonce du film et répondez aux questions suivantes :

- *Quel est le point de départ de ce film ?*
- *Quelles réactions s'enchaînent ensuite ?*

→ *À quelles conditions les champignons peuvent-ils être dangereux pour votre santé ?*

Pendant la cueillette des champignons

Cueillez uniquement les spécimens en bon état. Prélevez la totalité du champignon, avec le pied et le chapeau.

Ramassez uniquement les champignons que vous connaissez parfaitement.

Attention ! Certains champignons vénéneux hautement toxiques ressemblent beaucoup aux espèces comestibles.

Ne cueillez pas les champignons près de sites pollués : bords de routes, aires industrielles, décharges.

Séparez les champignons récoltés par espèce pour éviter le mélange de morceaux de champignons vénéneux avec des espèces comestibles.

Déposez vos champignons dans une caisse ou un carton. N'utilisez jamais de sac plastique : il accélère le pourrissement.

Un doute sur l'état ou le spécimen ? Jetez le champignon !

Agence nationale de sécurité sanitaire de l'alimentation, de l'environnement et du travail (ANSES), « Cueillir et consommer les champignons en toute sécurité ».

1 Les préoccupations de santé publique

DOC 1 La 5G arrive en France !

Vidéo : Zoom sur le lancement de la 5G, Vie publique
liennathan.fr/95ua6t

Bluetooth, Wi-Fi, Wimax, téléphonie mobile… Les technologies utilisant les radiofréquences se sont largement développées ces vingt dernières années. De ce fait, les sources de champs électromagnétiques radiofréquences se multiplient dans notre environnement, constituant un objet de préoccupation sanitaire et environnemental depuis plusieurs années, en France et à l'étranger. Ce sujet fait ainsi l'objet d'une actualité permanente tant du point de vue scientifique que du point de vue politique et médiatique.

« Radiofréquences et santé », www.anses.fr

1 Quelle question de santé est abordée dans le DOC 1 ?

....

2 Qui cette question préoccupe-t-elle ?

....

DOC 2 Un quotidien baigné d'ondes

Concernant les téléphones mobiles, jusqu'à ce jour, aucune preuve scientifique convaincante ne permet de conclure que leurs utilisateurs […] ont un risque accru de cancer. Cependant, certaines données incitent à la prudence. À titre de précaution, les autorités sanitaires recommandent une utilisation modérée des téléphones mobiles et proposent quelques actions de comportement faciles à adopter afin de limiter son exposition : […] privilégier les zones de bonne réception […] ; l'utilisation de kit piéton pour éviter la proximité du téléphone avec la tête […]. Concernant les antennes, selon l'OMS qui a compilé les résultats de toutes les études relatives à ce sujet, « il n'existe aucun élément scientifique probant confirmant d'éventuels effets nocifs des stations de base et des réseaux sans fil pour la santé ».

« Les ondes électromagnétiques », www.fondation-arc.org, 25 mars 2019.

3 Qu'est-ce qui préoccupe la société vis-à-vis des ondes électromagnétiques ?

....

4 Pourquoi et par qui ce risque n'est-il pas reconnu actuellement ?

....

5 Comment les autorités sanitaires réagissent-elles vis-à-vis de cette question de santé ?

....

....

6 Quelles sont les deux principales caractéristiques d'une préoccupation de santé publique ?

....

....

2 La reconnaissance d'un risque sanitaire

DOC 3 Zika, un virus exotique qui nous menace

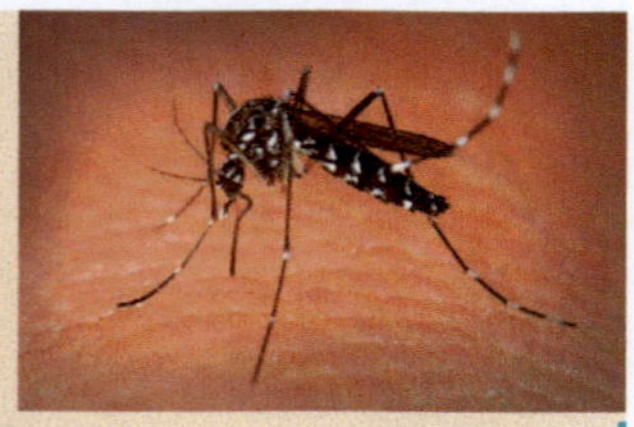

Une des conséquences à long terme du bouleversement de notre climat est le risque d'émergence de nouvelles maladies considérées comme « exotiques », car jusqu'à présent très éloignées de nos territoires. En octobre, deux cas [...] du virus tropical Zika ont été confirmés en France, dans le Var, par les autorités sanitaires. [...] Une personne infectée peut, si le vecteur* est présent, transmettre à son tour la maladie à d'autres personnes. [...] La particularité de ce virus est sa capacité à provoquer [...] chez le nouveau-né [...] [une] forte réduction du périmètre crânien (microcéphalie).

* Le principal vecteur connu de transmission du virus est le moustique *Aedes aegypti*. D'autres seraient possibles.

Yannick Simonin, « Zika, dengue, West Nile... Ces virus exotiques qui nous menacent », www.theconversation.com, 28 août 2019.

7 Quelle est la question de santé ? ....

8 Soulignez dans le DOC 3 le risque de l'exposition au virus Zika pour la santé.

9 Pourquoi ce risque est-il qualifié d'émergent en France ? ....

DOC 4 Qu'est-ce qu'un risque sanitaire ?

C'est la probabilité que des effets sur la santé surviennent à la suite d'une exposition de l'homme ou de l'animal à une source de contamination (appelée aussi danger). [...] Le risque sanitaire dépend donc de la nature du contaminant, de sa toxicité, de la durée et de l'importance de l'exposition de l'homme. Les contaminants (ou dangers) peuvent être classés [...] : les contaminants biologiques, appelés aussi agents pathogènes, [...] les contaminants chimiques, [...] les contaminants physiques tels que les rayons ultraviolets, les champs électromagnétiques, le bruit et les températures extrêmes (froid, chaleur).

Site des Bouches-du-Rhône, « Définition du risque sanitaire », www.bouches-du-rhone.gouv.fr, 2 juin 2015.

10 Pourquoi le risque sanitaire est-il une menace plus ou moins probable ?

....

11 Soulignez dans le DOC 4 les différents types de dangers ou sources de contamination.

DOC 5 Zika en Guyane et aux Antilles en 2016 : le don du sang surveillé de près

[...] L'Établissement français du sang est formel [...] : « Des cas de contamination par transfusion sanguine sont possibles ». À tel point que par mesure de précaution, l'EFS a déjà pris les devants en envoyant des stocks de métropole en Guyane et aux Antilles [...]. Mais pour plus de prudence, en métropole [...] il est demandé aux personnes qui reviennent d'un voyage d'un pays dans lequel le virus Zika sévit de ne pas donner leur sang pendant une période de 28 jours, à compter de leur retour.

« Zika : en France, le don du sang surveillé de très près », www.lci.fr, 8 février 2016.

12 Soulignez dans le DOC 5 les mesures de précaution prises par l'EFS lors de l'épidémie de 2016.

13 Pourquoi l'EFS a-t-il pris ces mesures de précaution ? ....

....

DOC 6 Trop d'accidents de sports de combat chez les 10-18 ans

Plusieurs associations sportives ont signalé à la Direction des sports et à la Direction générale de la santé (DGS) que certaines disciplines (Kick boxing, Muay, etc.) autorisaient les combats avec « KO », c'est-à-dire avec commotion cérébrale, chez leurs pratiquants à partir de 15-16 ans, et que ces « KO » étaient relativement fréquents. À la suite de ce signalement, la DGS a chargé Santé publique France de mener une analyse détaillée sur les accidents de sports de combat survenus chez les mineurs. Les accidents impliquant un sport de combat ont été décrits à partir des données de l'Enquête permanente sur les accidents de la vie courante (EPAC) qui repose sur l'enregistrement exhaustif des recours aux urgences pour accident de la vie courante (AcVC) dans dix hôpitaux en France [...].

Santé publique France, « Accidents de sports de combat chez les mineurs », www.santepubliquefrance.fr, 21 octobre 2020.

14 Quel est le risque sanitaire ?

15 Qui a signalé le problème ? À qui ?

16 Que s'est-il passé après le signalement ?

17 Quelle est la méthode de recueil de données utilisée par Santé publique France ?

DOC 7 Les étapes de la reconnaissance par les pouvoirs publics d'un risque sanitaire

Préoccupation de santé publique
- Inquiétude de la population, des pouvoirs publics et des scientifiques, relayée par les médias

→

Identification du risque sanitaire
- Surveillance épidémiologique
- Signalement par la population, les scientifiques et les médias

→

Analyse de la menace pour la santé
- Étude par les épidémiologistes, les experts scientifiques

→

Alerte sanitaire
- Transmission de la menace dès qu'elle est confirmée aux autorités sanitaires

18 Les sports de combat qui autorisent les « KO » sont-ils un risque sanitaire reconnu ? Justifiez.

19 Relevez les acteurs de la reconnaissance d'un risque sanitaire dans le DOC 7.

3 Du risque sanitaire au problème de santé publique

DOC 8 L'antibiorésistance

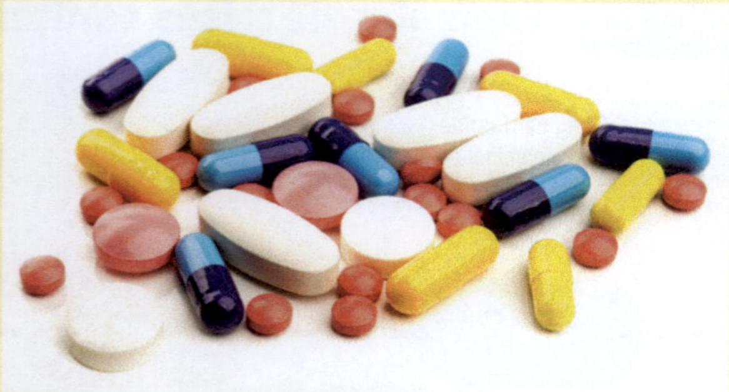

Due au mauvais usage de ces médicaments, l'antibiorésistance serait à l'origine de 12 500 décès par an en France et pourrait devenir la première cause de mortalité dans le monde en 2050. […] Les antibiotiques ont malheureusement été victimes de leur succès : leur administration répétée et parfois abusive a en effet engendré l'émergence de souches de bactéries qui leur résistent. […]
Après 15 ans de vigilance sur l'antibiorésistance au niveau national, et grâce aux campagnes de sensibilisation […], on constate une baisse de la consommation d'antibiotiques de 11,4 % entre 2000 et 2015, avec hélas une reprise depuis 2010. En France, la consommation d'antibiotiques reste nettement plus élevée que la moyenne européenne […]. L'antibiorésistance a donc un coût humain considérable, accompagné d'un coût financier supplémentaire pour le système de santé.

« Résistance aux antibiotiques : "une des plus graves menaces pesant sur la santé mondiale" », sciencepop.fr, 3 octobre 2018.

20 Que est le risque sanitaire abordé dans le DOC 8 ?

DOC 9 Les caractéristiques d'un problème de santé publique

Un **problème de santé** est une altération à un état de santé positif, aussi bien sur le plan physique que mental.
Un problème de santé est un **problème de santé publique** lorsqu'il a des conséquences épidémiologiques importantes (mortalité et/ou morbidité élevées ou risque de mortalité et/ou morbidité élevées), des conséquences économiques, sociales et sanitaires pour l'individu, des conséquences économiques et sociales pour la société sous forme de coûts directs (remboursement des frais de santé, pension d'invalidité, indemnités journalières versées pendant les arrêts maladie…) et de coûts indirects (perte de production suite aux arrêts de travail, dépenses pour la prévention, la recherche…).

21 Soulignez dans le DOC 9 les caractéristiques d'un problème de santé publique.

22 Complétez le tableau pour vérifier que l'antibiorésistance est un problème de santé publique.

Conséquences épidémiologiques importantes	…………………………………………
Conséquences pour l'individu	…………………………………………
Conséquences pour la société	…………………………………………

23 Soulignez dans le DOC 8 la mesure de prévention mise en place par les pouvoirs publics.

24 Un problème de santé publique est-il lié à un risque sanitaire potentiel, émergent ou reconnu ? Justifiez.

……………………………………………………………………………………

……………………………………………………………………………………

4 Du risque sanitaire à la crise sanitaire

DOC 10 Exemples de crises sanitaires en France

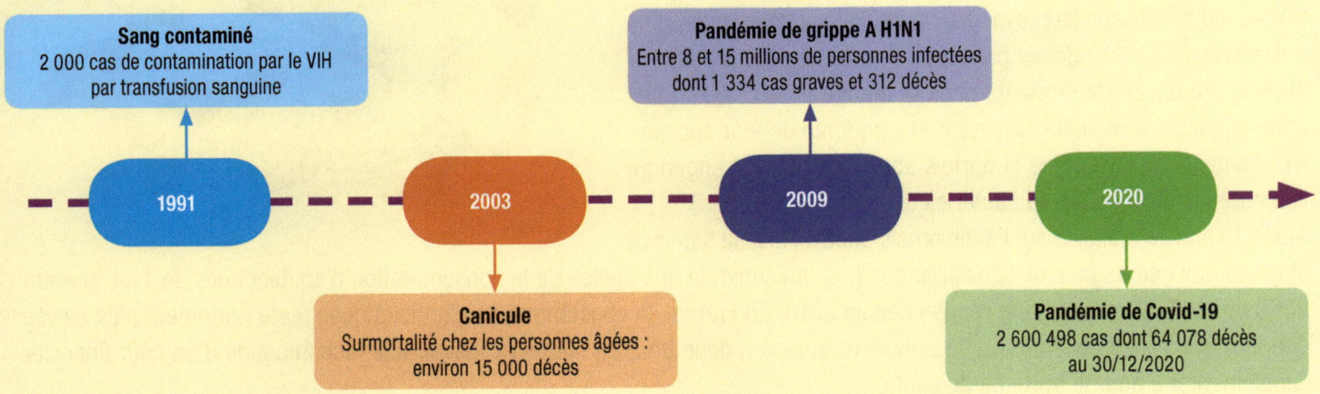

25 Dans ces crises, identifiez un exemple de danger biologique et un exemple de danger physique.

....

....

26 Pour les crises de 1991 et 2003, identifiez le risque sanitaire et la menace pour la santé.

....

....

DOC 11 Canicule : 60 % de surmortalité en août 2003

En 2003, la France a connu l'été le plus chaud depuis 1950. Les températures ont été anormalement élevées entre juin et août, avec une période de très fortes chaleurs du 1er au 15 août. La surmortalité pendant cette canicule est estimée à 14 800 décès (60 %), et a concerné toutes les classes d'âge. [...] En 2003, il n'existait pas de système d'alerte canicule en France. Des décès de travailleurs et des alertes d'urgentistes et des pompes funèbres ont constitué les premiers signes d'impact sanitaire. Bien qu'une analyse rapide des données disponibles ait mis en évidence qu'une augmentation de la mortalité était en cours, la mobilisation générale des hôpitaux n'a été décidée que le 14 août, deux jours après le pic de température. Cette crise a mis en évidence plusieurs difficultés : une sous-estimation du risque malgré les communiqués de presse de Météo-France indiquant le caractère exceptionnel de la chaleur, des messages de prévention relayés trop tardivement, un manque de communication entre les services sanitaires et météorologiques. Depuis 2004, le Plan national canicule (PNC) vise à pallier ces difficultés. Il s'appuie sur des actions de prévention ciblant les personnes vulnérables et le grand public, et sur des mesures de gestion à destination des institutionnels et des professionnels des secteurs sanitaire et social.

M. Pascal, K. Laaidi, R. Lagarrigue, A. Le Tertre, « Le système d'alerte canicule et santé », *ADSP*, n° 106, mars 2019.

27 La canicule de 2003 a-t-elle été une menace soudaine et imprévisible pour la santé de la population ?

....

28 Les conséquences épidémiologiques ont-elles été importantes ?

....

29 Soulignez dans le DOC 11 les dysfonctionnements du système de santé qui ont été constatés.

DOC 12 Les caractéristiques d'une crise sanitaire

Une crise sanitaire est une menace soudaine et imprévisible pour la santé de la population. Les caractéristiques d'une crise sanitaire sont : l'existence de victimes (comptabilisées ou potentielles), une inquiétude collective amplifiée très souvent par les médias, la mise en évidence d'un dysfonctionnement du système de santé, la nécessité d'une réponse rapide par les pouvoirs publics.

30 La canicule de 2003 a-t-elle été une crise sanitaire ? Justifiez votre réponse.

....

....

....

31 Pourquoi peut-on dire qu'on est passé d'un risque émergent en 2003 à un risque avéré aujourd'hui ?

....

....

....

DOC 13 Prévenir les risques en cas de canicule

32 Relevez dans les DOCS 11 et 13 les mesures de prévention du risque sanitaire lié aux fortes chaleurs qui sont mises en place aujourd'hui.

....

....

....

....

....

....

....

....

....

33 Pourquoi la canicule ne constitue-t-elle plus une crise sanitaire aujourd'hui mais un problème de santé publique ?

....

....

....

....

....

1 Identifier la dimension sociale des questions de santé

Le burn-out

Une étude de l'Institut national de veille sanitaire (INV) estime à 480 000 le nombre de Français concernés par la souffrance psychique au travail. Parmi ceux-ci, 30 000 cas seraient classifiés « burn-out ». L'étude ajoute que la frontière avec les dépressions « causées ou aggravées par le travail » est difficile à établir. [...] Pour les salariés touchés, qui subissent des diminutions de revenus conséquentes [...], le principal couperet demeure toutefois la progression de carrière moindre suite à une interruption d'activité ou à une réorientation professionnelle. [...] Selon l'Institut national de recherche et de sécurité (INRS), « le coût social du stress professionnel est estimé entre 2 et 3 milliards d'euros, ces chiffres incluant les dépenses de soins, celles dues à l'absentéisme, aux cessations d'activité et aux décès prématurés. ». « Que ces coûts soient pris en charge par le système de protection sociale ou par l'entreprise, le burn-out représente une facture médicale, sociale et économique considérable qui éclaire d'un jour particulier l'impératif de faire progresser sa connaissance et sa prévention », insiste la Fédération des intervenants en risques sociaux.

Marie-Sophie Ramspacher, « Quel est le coût du burn-out ? », www.lesechos.fr, 30 mars 2016.

1. **Quelle est la question de santé ?**
2. **Quels sont les impacts de cette question sur la société ?**

2 Analyser comment une société identifie un risque sanitaire, un problème de santé publique

1 Le Maire
ses prérogatives dans la lutte contre le bruit
- **La prévention, la médiation et la conciliation** p 6
- **Les pouvoirs de police du maire** p 7
- **Les règles qui s'imposent au maire** p 12

2 Les différents types de bruit
le rôle du maire et ses modalités d'intervention
- **Types de bruit sous la responsabilité directe du maire** p 14
  - Fiche n°1 : Bruit de comportement
  - Fiche n°2 : Bruit des activités économiques
  - Fiche n°3 : Bruit des activités sportives, de loisirs et culturelles
  - Fiche n°4 : Bruit des chantiers
  - Fiche n°5 : Bruit de musique amplifiée
- **Autres types de bruit : vers qui diriger les requérants ?** p 24

DRASS et DDASS de Picardie, Lutte contre le bruit, le maire un acteur incontournable, juin 2006.

Le bruit et la pollution sonore

En octobre 2018, l'Organisation mondiale de la santé (OMS) a sonné l'alerte en faisant du bruit « un risque environnemental majeur pour la santé physique et mentale » en Europe. Sommée par une directive européenne de 2002 d'élaborer tous les cinq ans des plans de prévention des nuisances sonores [...], la France a déjà reçu deux mises en demeure en raison de son inaction. Le rapport publié hier par Bruitparif, association dont la mission est de mesurer et cartographier les nuisances sonores en Île-de-France, vient rappeler l'acuité de cet enjeu. Selon ce document de 130 pages, 90 % des habitants de la région – soit plus de 9 millions de personnes – sont exposés dans la journée à des niveaux sonores supérieurs aux valeurs recommandées par l'OMS (plus strictes que les seuils réglementaires français). Le coût économique induit est estimé à 5,4 milliards d'euros par an par les chercheurs.

Delphine Chayet, « Le bruit, plus qu'une nuisance, un problème de santé publique », www.alencontre.org, 9 février 2019.

1. **Quelle est la préoccupation de santé ?**
2. **Quels acteurs ont permis le signalement et la surveillance épidémiologique de cette préoccupation ? Avec quels moyens ?**
3. **Comment ces acteurs et ces moyens ont-ils participé à l'identification d'un problème de santé publique ?**

3 Montrer la place relative de l'épidémiologie dans la reconnaissance des problèmes de santé publique

48 000 personnes décèdent chaque année de la pollution de l'air en France

Outre l'oxygène (O_2) et le diazote (N_2), qui représentent en moyenne 99 % de sa composition, [l' air] contient des polluants d'origine naturelle (embruns marins, poussières, pollens…) ou résultant d'activités humaines (trafic routier, production d'énergie, industrie, agriculture…). […] Ainsi, les résultats d'une étude épidémiologique menée par Santé publique France montrent qu'une augmentation de 10 µg/m^3 des niveaux de PM10 du jour et des cinq jours précédents se traduit par une augmentation de 0,5 % de la mortalité non accidentelle. L'excès de risque est plus élevé chez les personnes de 75 ans et plus (+ 1,04 %) et les effets sur la mortalité sont plus importants en été. […] De nombreuses études montrent un rôle de la pollution atmosphérique sur la perte d'espérance de vie et la mortalité, mais également sur le développement de maladies cardiovasculaires, maladies respiratoires et du cancer du poumon. […] On estime également jusqu'à 27 mois l'espérance de vie perdue pour une personne de 30 ans dans les zones les plus exposées.

Santé publique France, « Pollution atmosphérique : quels sont les risques ? », www.santepubliquefrance.fr, 4 juillet 2019

1. **Quel est le problème de santé publique ?**
2. **Quels sont les indicateurs épidémiologiques ?**
3. **Quelles sont les données épidémiologiques qui mettent en évidence la mortalité et/ou la morbidité élevées ?**

4 Analyser les composantes d'une situation de crise sanitaire

3 décembre 2017
La Direction générale de la santé annonce le retrait et le rappel de 12 lots de laits infantiles Lactalis après la « contamination par des salmonelles de 20 enfants dans 8 régions ».

10 décembre
Le ministère de l'Économie et des Finances étend les mesures de rappel et de retrait à 608 nouvelles références, estimant que les mesures sanitaires envisagées par Lactalis ne sont « pas de nature à maîtriser le risque de contamination ».

21 décembre
Lactalis procède au rappel de l'ensemble de ses laits et autres produits infantiles issus de son usine de Craon, depuis février 2017.

22 décembre
Le parquet de Paris ouvre une enquête pour « blessures involontaires », « mise en danger de la vie d'autrui » et « tromperie aggravée par le danger pour la santé humaine ».

Lactalis : les dessous d'une crise

C'est en novembre 2017 que l'Institut Pasteur repère un taux anormalement élevé de cas de salmonelloses chez des bébés. Il découvre par la suite qu'il s'agit de la même souche […] qui avait provoqué la contamination à la salmonelle de [nombreux] bébés. […] Autre volet de « l'affaire Lactalis », le retrait tardif des produits contaminés. [L'association de défense des consommateurs Foodwatch et plusieurs parents ont ensuite porté plainte contre X au pénal concernant une douzaine d'infractions comme « mise en danger de la vie d'autrui », « tromperie aggravée » ou « manquement aux obligations légales de sécurité ».]

Jacques Monin, « Lactalis : les dessous d'une crise », www.franceinter.fr, 17 février 2018.

1. **Quel est le risque sanitaire ?**
2. **Ce risque a-t-il été soudain ? Illustrez votre réponse.**
3. **Quelles informations épidémiologiques sont inquiétantes ?**
4. **Comment l'inquiétude collective se traduit-elle ?**
5. **Quels sont les dysfonctionnements du système de santé révélés ?**

SYNTHÈSE DES **notions**

Préoccupation de santé publique
Inquiétude de la population, des pouvoirs publics, des scientifiques et des médias par rapport à un **risque sanitaire**

→ **Identification du risque sanitaire**
Surveillance épidémiologique par les pouvoirs publics
Signalement par la population, les scientifiques et les médias

→ **Analyse de la menace pour la santé**
Étude scientifique des caractéristiques et de la réalité du risque (**risque** = probabilité de survenue d'un évènement indésirable suite à l'exposition à un danger)

→ **Alerte sanitaire**
Dès confirmation de la menace, transmission de l'information aux autorités sanitaires compétentes pour qu'une réponse adaptée soit mise en place

↓

Reconnaissance des problèmes sanitaires par la collectivité

↓

Risque sanitaire potentiel
(Risque sanitaire = situation qui pourrait avoir des conséquences sur la santé)
↓
Mise en place de **mesures de précaution**

Risque sanitaire avéré
↓
Problème de santé publique
- Mortalité et/ou morbidité élevées
- Conséquences importantes pour l'individu et la société

↓
Mise en place de **mesures de prévention**, le plus souvent sous forme de **plan de santé publique**

Risque sanitaire émergent
↓
Crise sanitaire
- Problème de santé soudain
- Indicateurs de santé alarmants
- Dysfonctionnement du système de santé
- Inquiétude amplifiée par les médias

↓
Mise en place de **mesures de précaution** puis de **mesures de prévention**

SYNTHÈSE DES **capacités**

Identifier la dimension sociale des questions de santé
- Repérer la question de santé
- Relever les impacts de cette question sur la société (nombre de personnes concernées, déterminants sociaux, impact économique...)

Analyser comment une société identifie un risque sanitaire, un problème de santé publique
- Identifier la préoccupation de santé
- Repérer les acteurs et les moyens de la surveillance épidémiologique et/ou du signalement
- Expliquer comment les moyens mis en place par les acteurs participent à l'identification du risque ou du problème

Montrer la place relative de l'épidémiologie dans la reconnaissance des problèmes de santé publique
- Identifier le problème de santé publique
- Repérer les indicateurs épidémiologiques
- Mettre en évidence la mortalité et/ou la morbidité élevée (ou le risque de mortalité/morbidité élevée)

Analyser les composantes d'une situation de crise sanitaire
- Repérer le risque sanitaire
- Illustrer les caractéristiques d'une crise sanitaire : soudaineté, morbidité et/ou mortalité élevées, dysfonctionnement du système de santé, inquiétude collective amplifiée par les médias

Activité technologique

Vers PIX D1.1 et D3.1

La pandémie de la Covid-19

Capacités mises en œuvre
- Analyser comment une société identifie un risque sanitaire, un problème de santé publique
- Analyser les composantes d'une situation de crise sanitaire
- Mobiliser les indicateurs adaptés pour évaluer l'état de santé, de bien-être ou de cohésion sociale d'une population

À partir de vos connaissances, des annexes et des outils à votre disposition, réalisez l'activité technologique suivante.

1 À partir de recherches sur le site de l'OMS (annexe 1), présentez la Covid-19 en une dizaine de lignes. ▶ FICHE OUTIL 3

2 Pourquoi la Covid-19 a-t-elle été un risque émergent en mars 2020 ?

3 Montrez que la Covid-19 a été une crise sanitaire en mars 2020.

Votre réponse sera rédigée. ▶ FICHE OUTIL 6

4 Présentez les différents acteurs et leur rôle respectif dans la reconnaissance et la gestion de cette crise sanitaire. Organisez votre réponse sous forme de carte mentale.

ANNEXE 1 Nouveau coronavirus (2019-nCoV)

Site Internet de l'OMS
liennathan.fr/sd79z3

ANNEXE 2 Historique de la Covid-19

5 janvier 2020 : les autorités chinoises déclarent qu'un coronavirus, de la même famille que celui du SRAS responsable d'une épidémie en 2003, est responsable des contaminations à Wuhan.

9 janvier : l'OMS avertit dans un bulletin que l'origine des pneumonies atypiques est un coronavirus. En France, un membre du cabinet de la ministre de la Santé Agnès Buzyn est désigné pour suivre l'épidémie chinoise.

14 janvier : message de la direction générale de la Santé (une direction du ministère de la Santé) aux professionnels de santé français sur ce thème. Seize établissements hospitaliers sont choisis pour être des centres de prise en charge de référence des éventuels patients.

21 janvier : début du point de presse quotidien du directeur général de la santé Jérôme Salomon.

30 janvier : la DGS demande à l'agence Santé publique France d'acquérir « dès que possible » 1,1 million de masques FFP2.

23 février : Olivier Véran, nouveau ministre des Solidarités et de la Santé, déclenche un plan de réaction à la pandémie de coronavirus.

28 février : plusieurs foyers (« *clusters* ») se développent et un conseil de défense suivi d'un Conseil des ministres « exceptionnels » sont convoqués en urgence pour le lendemain matin afin de faire le point sur le coronavirus.

10 mars : il est rappelé que c'est la mission du Haut Conseil de la santé publique (HCSP) de conseiller l'exécutif, ce qu'il précise dans un communiqué.

12 mars : le président de la République Emmanuel Macron parle de « la plus grave crise sanitaire depuis un siècle ». Il décrète la fermeture des crèches, écoles, collèges, lycées et universités. Toutes les entreprises pourront reporter « sans justification, sans formalités, sans pénalités » le paiement des cotisations et impôts dus en mars.

14 mars : le Premier ministre Édouard Philippe annonce à compter du 14 mars à minuit et jusqu'à nouvel ordre la fermeture de tous les lieux publics « non indispensables ».

16 mars : le président de la République prononce une allocution en direct afin de présenter les dispositions du confinement entrant en vigueur le lendemain à midi pour une durée minimale de quinze jours.

ANNEXE 3 Bulletin épidémiologique du 24 mars 2020 : points clés (extraits)

Santé publique France

Santé publique France s'appuie sur un réseau d'acteurs pour assurer la surveillance COVID-19 : médecins libéraux, SAMU, Centre 15, SOS Médecins, médecins urgentistes, réanimateurs, Laboratoires de biologie médicale hospitaliers et de ville, Agences régionales de santé (ARS) et épidémiologistes ainsi que les Sociétés savantes d'infectiologie, de réanimation et de médecine d'urgence

INSTITUT PASTEUR

Sentinelles
Réseau Sentinelles

Inserm
Institut national de la santé et de la recherche médicale

SFAR

sfmu

SORBONNE UNIVERSITÉ
CRÉATEURS DE FUTURS DEPUIS 1257

SOS MÉDECINS FRANCE

srlf
Société de réanimation de langue française

Insee
Institut national de la statistique et des études économiques
Mesurer pour comprendre

FEDORU

Inserm CépiDc

COVID-19

Point épidémiologique hebdomadaire du 24 mars 2020

Santé publique France, dans le cadre de ses missions de surveillance et d'alerte, analyse les données de surveillance de COVID-19 issues de son réseau de partenaires.

Chiffres clés en France

En semaine 12/2020 (du 16 au 22 mars)

Estimation du nombre de cas de COVID-19 ayant consulté un médecin généraliste (Réseau Sentinelles)	41 836 IC95% [28 411 ; 55 231]
Part des suspicions COVID-19 parmi les visites SOS Médecins	15 %
Nombre de passages aux urgences pour COVID-19 (Oscour®)	15 956
Taux de positivité des prélèvements (laboratoires hospitaliers)	22 %
Nombre de décès à l'hopital (SI-VIC)	672

Depuis début mars

Nombre de cas de COVID-19 hospitalisés (SI-VIC)	10 176
Nombre de cas de COVID-19 admis en réanimation (SI-VIC)	2 516
Nombre de décès liés au COVID-19 de cas hospitalisés	1 100

Santé publique France

Taux d'incidence des cas confirmés de Covid-19 rapporté à Santé publique France au 20 mars 2020

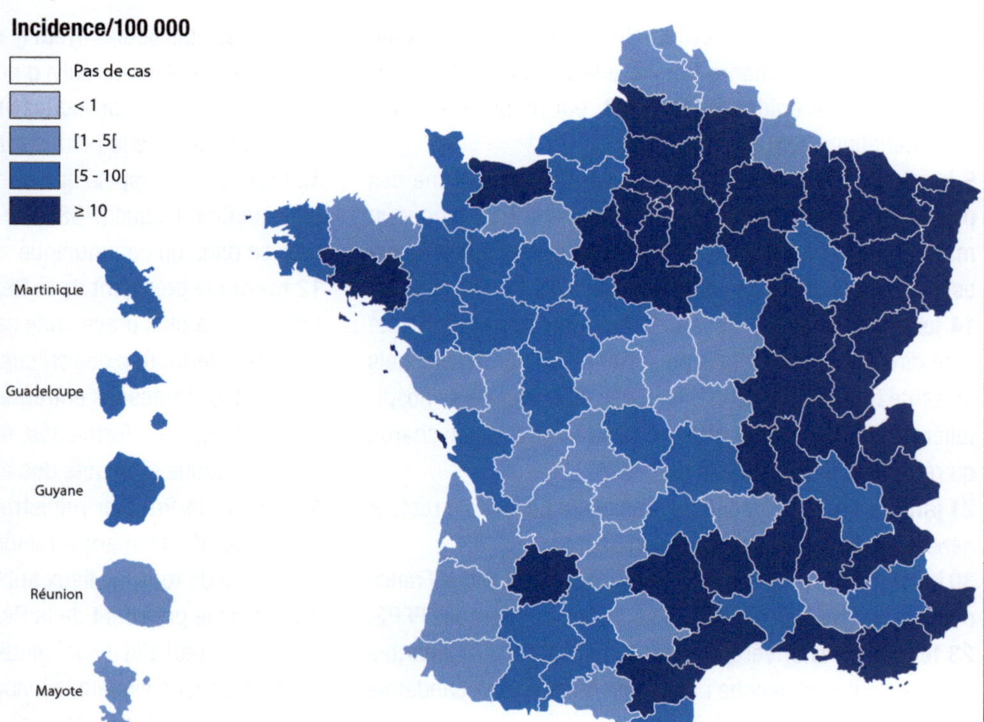

ANNEXE 4 Comment les Français vivent-ils la période actuelle ?

Alors que notre pays traverse une crise sanitaire sans précédent et que les Français sont confinés chez eux, BVA a lancé un dispositif de suivi quotidien de leur moral pendant cette période difficile. Chaque jour, les Français répondent à quelques questions sur leur moral, leur confiance dans l'évolution de la situation et la manière dont ils la vivent.

La méthode ? Une enquête barométrique en continu sur le principe du roll-up réalisée auprès d'un échantillon représentatif de Français âgés de 18 ans et plus renouvelé par moitié chaque jour. Les résultats d'aujourd'hui correspondent aux 1 000 interviews réalisées entre le 21 et le 23 mars 2020.

Principaux enseignements du jour :

Dans un contexte de polémique accrue (sur la pénurie de masques, la stratégie de dépistage ou la mise en place d'un traitement à base de chloroquine), **les Français se montrent de moins en moins confiants à l'égard de la qualité des informations qu'ils reçoivent :**

– de la part des **médias** : seuls 47 % se déclarent confiants (– 5 points depuis hier) ;

– de la part des **pouvoirs publics** : seuls 45 % sont confiants (– 5 points depuis hier, – 13 points depuis notre première mesure).

Une situation qui **nourrit…**

… l'inquiétude des Français sur l'évolution de la crise : chaque jour, la proportion de personnes pensant que le pire est devant nous augmente pour atteindre aujourd'hui 81 % (+ 2 points depuis hier, + 11 depuis notre première mesure mercredi/jeudi). Corollaire de ce résultat, le déclin du moral des Français observé hier se confirme aujourd'hui (note moyenne de 6/10), **la proportion de personnes très optimistes (notes de 9 à 10) diminuant jour après jour** (8 % seulement aujourd'hui, contre 10 % hier et 12 % la veille).

… les doutes sur la façon dont la crise est gérée : seuls 41 % des Français sont confiants dans la manière dont le gouvernement gère la crise (– 2 points depuis hier et – 14 points depuis le début de notre mesure la semaine dernière).

Heureusement, le quotidien semble s'organiser : les Français rencontrent de moins en moins de difficultés à travailler de chez eux, s'occuper de leurs enfants ou maintenir une vie sociale.

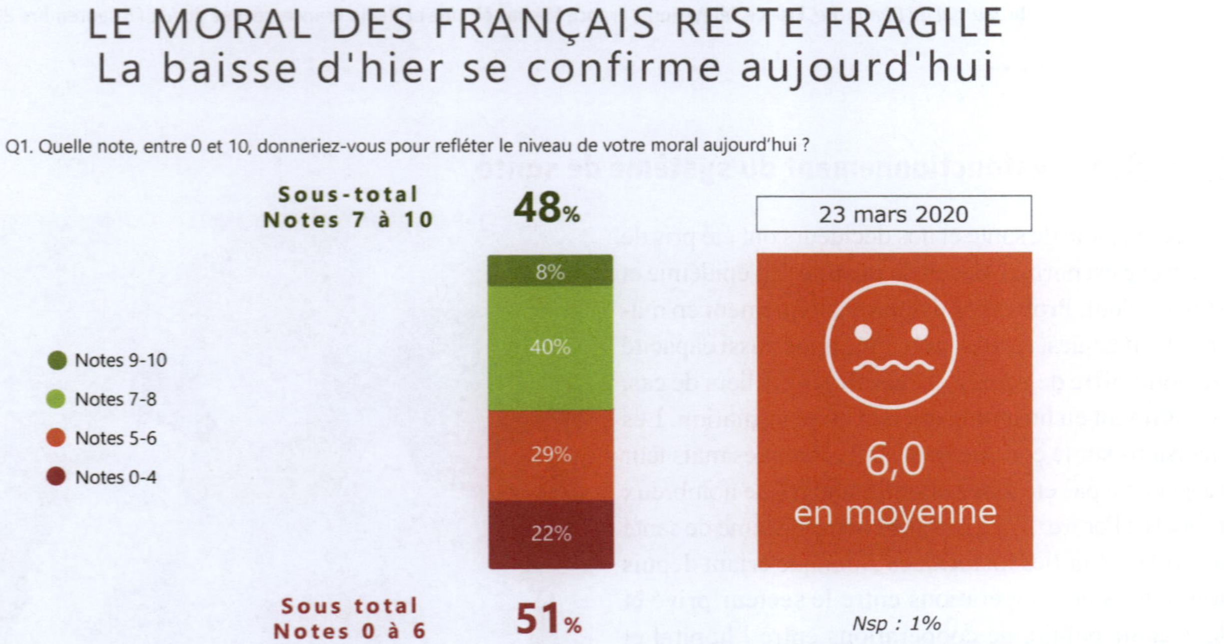

Sondage réalisé du 21/03/2020 au 23/03/2020
« Baromètre quotidien de suivi de la crise du Covid-19 : vague 5 », www.bva-group.com, 23 mars 2020.

ANNEXE 5 60 % des Français estiment que les médias ont trop parlé de la pandémie

Selon un sondage dévoilé à l'occasion des Assises internationales du journalisme de Tours, une majorité de Français estiment que les médias ont mal géré la couverture de la pandémie du Covid-19. […] Dévoilé dans le *JDD*, le sondage estime notamment que pour 60 % des Français, les médias ont trop parlé de la pandémie ces derniers mois. […] Les Français ne sont pas tendres non plus avec les conséquences de ce traitement médiatique : 43 % des personnes interrogées estiment que les médias ont alimenté la peur vis-à-vis de la pandémie. 32 % pensent même que les médias l'ont exploitée pour faire de l'audience. Selon le sondage, les Français pointent également du doigt la qualité de la couverture médiatique de la pandémie. La moitié des personnes interrogées la juge « anxiogène », 45 % « excessive » et même « catastrophiste » pour 28 % d'entre eux. Ils ne sont que 24 % à la juger « utile pour leur vie quotidienne ».

Charles Decant et Alexis Patri, « Covid-19 : 60 % des Français estiment que les médias ont trop parlé de la pandémie », www.europe1.fr, 28 septembre 2020.

Le jugement sur la place de l'épidémie dans les médias

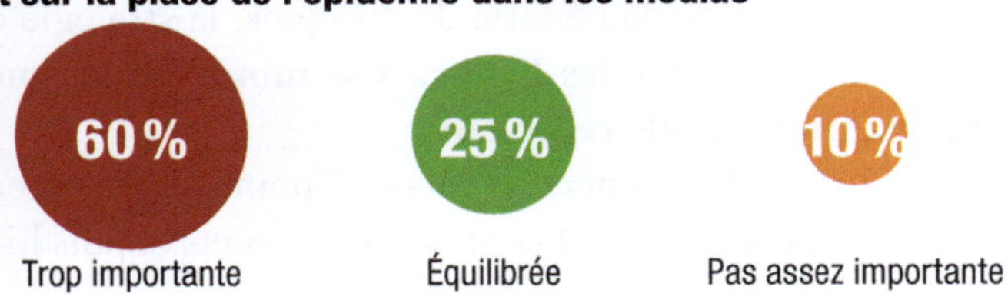

Comment les Français évaluent le traitement médiatique de la crise
(trois réponses possibles)

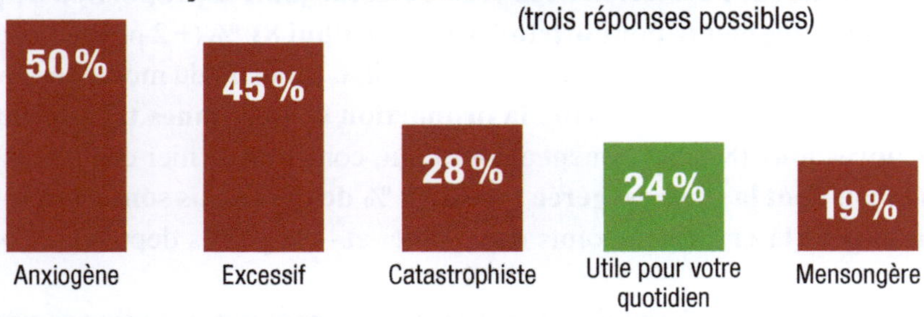

Émotionnelle 18 % – Pédagogique 12 % – Concrète 10 % – Constructive 9 % – Rigoureuse 8 % – Mesurée 8 % – Vérifiée 6 % – Pas d'avis 3 %

Données : Sondage Viavoice pour les Assises internationales du journalisme de Tours, en partenariat avec le *Journal du Dimanche*, France Télévisions, France Médias Monde et Radio France, réalisé du 4 au 8 septembre 2020.

ANNEXE 6 Dysfonctionnement du système de santé

Notre système de santé et nos décideurs ont été pris de court et c'est normal, devant la rapidité de l'épidémie et son ampleur. Problèmes d'approvisionnement en matériel : masques, tenues, gels, etc., mais aussi capacité de notre offre de soins à accueillir les milliers de cas, notamment en hospitalisation et en réanimation. Les décisions sur le confinement sont effectives mais leur respect n'a pas été assez effectif, malgré de nombreux rappels à l'ordre. […] En France notre système de santé a révélé ses failles historiques : manque criant depuis longtemps de coopérations entre le secteur privé et le secteur public, de coopérations entre l'hôpital et la ville, avec le secteur médico-social…

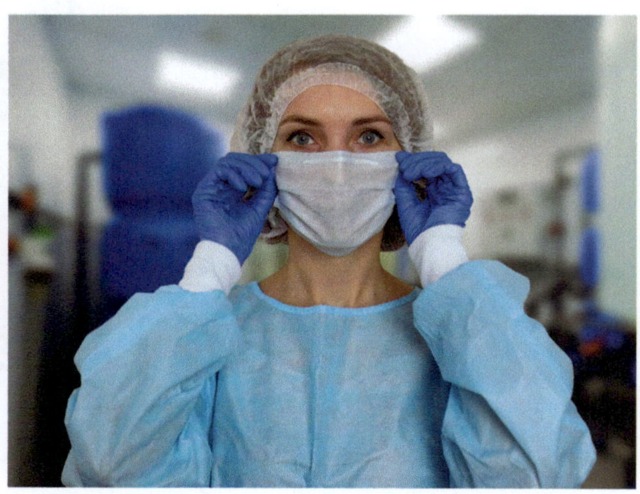

Didier Haas, « Covid-19, un révélateur des dysfonctionnements du système de santé », www.decision-sante.com, 24 avril 2020.

Principales notions

- Problème social
- Précarité
- Pauvreté
- Processus d'exclusion

Capacités exigibles

- Expliquer comment la cohésion sociale peut être fragilisée par les inégalités sociales et territoriales
- Distinguer précarité, pauvreté et exclusion
- Montrer que l'exclusion est le résultat d'un processus
- Analyser les conditions d'émergence d'un problème social et sa reconnaissance par la collectivité

Vers compétences PIX

D3.1 - Développer des documents textuels

CHAPITRE 7 Problématiques sociales et reconnaissance des problèmes sociaux

© Sergio di Photo

AVANT LA CLASSE

Diaporama
liennathan.fr/8mt4z4

À partir du diaporama :

- *Répondez aux questions de l'enquête.*
- *Vos préoccupations sont-elles les mêmes que celles de la majorité des Français ?*

→ *À quoi est dédiée cette journée ? Pourquoi ?*

1 Les problèmes sociaux actuels

DOC 1 Les solitudes de 2010 à 2020

Vidéo : 7 millions de Français confrontés à la solitude ! – Fondation de France
liennathan.fr/z7ac26

1 Pourquoi cette vidéo a-t-elle pour titre « Les solitudes » ?

....

....

2 Relevez deux informations inquiétantes et les données chiffrées correspondantes.

....

....

3 Relevez une information rassurante et la donnée chiffrée correspondante.

....

....

DOC 2 Les caractéristiques d'un problème social

Un problème social est une situation jugée intolérable qui éloigne un grand nombre de personnes des normes en vigueur dans la société. Ses caractéristiques sont : la rupture de liens sociaux au sein des groupes sociaux (liens familiaux, entre voisins, collègues…) ou au sein de la société (liens de travail, liens de solidarité, liens civiques…) et des besoins fondamentaux non assurés. Les problèmes sociaux menacent la cohésion sociale.

4 Soulignez les caractéristiques d'un problème social dans le DOC 2.

5 La solitude peut-elle être qualifiée de problème social ? Justifiez votre réponse.

....

....

DOC 3 Préoccupations des Français en 2019

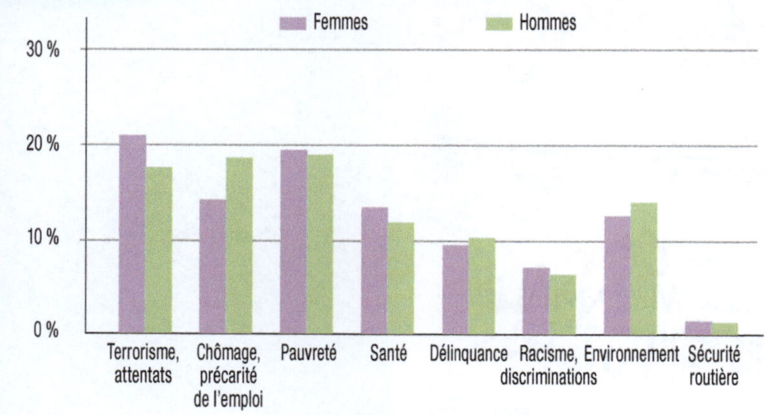

Champ : France métropolitaine, personnes de 14 ans ou plus résidant en ménage ordinaire.
Données : Insee-ONDRP-SSMSI, enquête Cadre de vie et sécurité 2019, www.insee.fr, 27 février 2020.

6 Les principales préoccupations des Français sont-elles des problèmes sociaux ? Expliquez.

....

....

....

....

....

....

....

....

2 Les inégalités, un risque pour la cohésion sociale

DOC 4 Les inégalités de revenus des Français

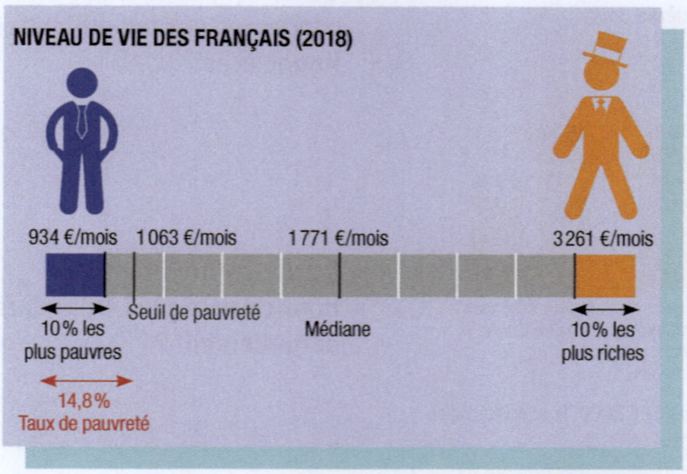

Données Insee, 2021.

7 Rédigez une phrase pour mettre en évidence l'inégalité entre les 10 % des Français les plus pauvres et les 10 % les plus riches.

....

....

....

....

....

....

8 Expliquez le calcul du taux de pauvreté.

....

DOC 5 La progression des inégalités

Laurent Simula* souligne que « **les inégalités constituent un phénomène multidimensionnel**. On peut les définir, de façon générale, comme des différences dans l'accès aux ressources sociales rares et valorisées, ces ressources étant, au sens le plus large, politiques, économiques, culturelles, sociales, etc. Le champ des inégalités économiques est lui-même très large, puisqu'au-delà des inégalités de revenu et de patrimoine, il faut également prendre en compte les inégalités de consommation et d'accès au soin, à la culture ou à l'éducation, l'inégalité des chances en raison de laquelle tous les agents ne disposent pas des mêmes opportunités […]. Une société inégalitaire se caractérise donc par une distribution des ressources considérée comme injuste au regard des principes de justice sociale qu'elle retient. » […] « La question des inégalités a reçu un écho tout particulier depuis quelques années, suite à la crise, qui a exacerbé les tendances déjà existantes, et à la prise de conscience qu'un trop grand accroissement des inégalités peut entraîner des tensions sociales importantes et avoir des conséquences économiques nuisibles pour notre société », explique Emmanuelle Taugourdeau*.

*Extraits des *Cahiers français*, La Documentation française, n° 386, mai-juin 2015.

« La mobilité sociale en France », www.ladocumentationfrancaise.fr, 6 juillet 2016.

9 Expliquez la phrase en gras dans le DOC 5 : « les inégalités constituent un phénomène multidimensionnel ».

....

....

....

10 Quelles sont les conséquences d'une société inégalitaire ?

....

3 Des situations de précarité aux ruptures

DOC 6 La précarité s'enracine en France

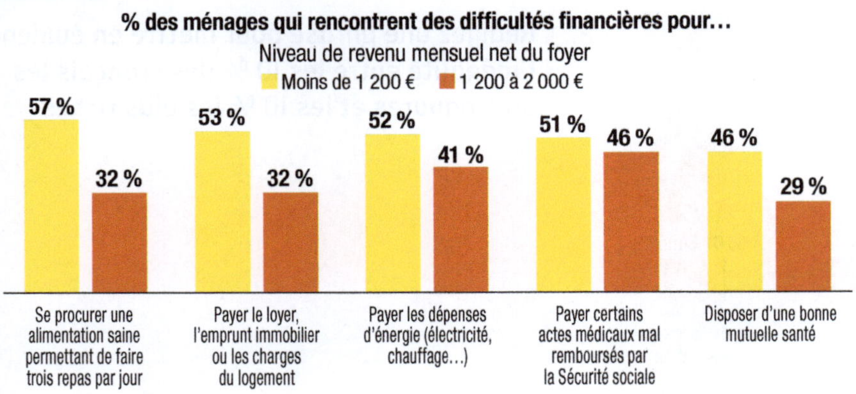

Source : Baromètre Ipsos-SPF 2020, fr.statista.com.

11 Quels sont les domaines concernés par les difficultés financières ?

12 Quelle est la difficulté financière la plus fréquente actuellement ?

DOC 7 Les caractéristiques de la précarité

La précarité définit la condition qui résulte d'« absence d'une ou de plusieurs sécurités, notamment celle de l'emploi, permettant aux personnes et aux familles d'assumer leurs obligations professionnelles, familiales et sociales et de jouir des droits fondamentaux. […] Elle conduit à la […] pauvreté quand elle affecte plusieurs domaines de l'existence, quand elle devient persistante, quand elle compromet les chances d'assumer à nouveau ses responsabilités et de reconquérir ses droits par soi-même. »

Joseph Wresinski, rapport présenté au Conseil économique et social français, *Journal officiel*, 1987.

13 À partir des DOCS 6 et 7, donnez quatre exemples de sécurités.

14 Qu'est-ce qui différencie la précarité de la pauvreté ?

DOC 8 « Ma précarité et la nécessité de travailler m'ont fait rater deux ans »

« Je suis en 6e année de médecine, je fais au moins 25 heures/semaine à l'hôpital pour 250 €/mois. Évidemment, cela ne suffit pas pour vivre alors je fais des nuits dans une maison de retraite à côté, nous confie Léa, je vous laisse imaginer que bosser ses cours, ce n'est pas toujours facile. » […] Pour certains, ces difficultés ont un impact direct sur les résultats. […] La situation se complique encore quand on est boursier. « Un des critères pour ces étudiants est de ne pas manquer de cours, au risque de perdre la bourse », détaille Amine Frager, le syndicaliste. […]
« J'ai déjà renoncé à des soins, comme le gynéco, où j'ai dû annuler », détaille Lola […]. « On réduit tout, on n'a pas de télé. […] Des fois, on a honte de refuser une soirée avec un ami, je préfère garder 4 euros pour acheter des pâtes et du gruyère et faire trois repas. »

Marius François, « Étudiants : "Ma précarité m'a fait rater deux ans de mon cursus" », www.neonmag.fr, 15 novembre 2019.

15 En vous aidant du DOC 7, soulignez les informations qui permettent d'affirmer que ces étudiants sont dans une situation précaire (DOC 8).

16 Pourquoi est-ce inquiétant ?

DOC 9 Qui sont les pauvres ?

Vidéo : Qui sont les pauvres ? – France TV Éducation liennathan.fr/ey4v32

17 Qui sont les pauvres ?

....

....

18 Quand une personne est-elle considérée comme pauvre du point de vue monétaire ?

....

....

19 Quelles sont les personnes les plus concernées par la pauvreté ?

....

....

DOC 10 Privations : la pauvreté en conditions de vie

11,7 % des ménages sont pauvres en conditions de vie en 2019, selon l'Insee. C'est-à-dire qu'ils ne parviennent pas à réaliser une partie des dépenses considérées comme nécessaires ou « normales » [...], telles que payer son loyer sans retard, partir en vacances une semaine par an, disposer d'un logement doté du confort sanitaire de base et bien chauffé. La pauvreté en conditions de vie, indicateur indépendant du niveau de vie monétaire, apporte une mesure concrète des privations matérielles qu'engendre le manque de ressources. [...] Au cours de la période 2004-2019, le taux de pauvreté en conditions de vie a régressé, passant de 14,6 % à 11,7 %. [...] Comment expliquer l'amélioration des conditions de vie perçues par la population alors que la pauvreté monétaire a augmenté* sur cette période [...] ? Les difficultés matérielles ont été amorties en partie par notre système social. D'autre part, il s'agit de déclarations : en période de forte crise, il est logique d'ajuster ses réponses et de s'estimer, finalement, « pas si mal lotis » quand on sait que le sort des plus précaires se détériore, même si l'on vit un peu moins bien.

* D'après l'Insee, le taux de pauvreté est passé de 12,6 % en 2004 à 14,5 % en 2019.

« Privations : la pauvreté en conditions de vie », www.inegalites.fr, 12 janvier 2021.

20 D'après les DOCS 9 et 10, quels sont les indicateurs qui mesurent la pauvreté ?

....

....

21 Comment ces deux mesures ont-elles évolué ?

....

....

22 Comment s'explique cette différence ?

....

....

DOC 11 Près d'un million de jeunes exclus de l'emploi et de la formation

Le calvaire des jeunes exclus du marché du travail et de la scolarité est loin de s'enrayer. Dans une étude publiée ce vendredi 7 février [2020], le service de statistiques du ministère du Travail (Dares) a recensé plus de 963 000 jeunes âgés de 16 à 25 ans qui ne sont ni en études, ni en emploi, ni en formation. Dans le langage des statisticiens européens, ils sont appelés les NEET (pour Not in Education, Employment or Training). Si leur nombre a reculé ces dernières années, ils représentent tout de même plus d'un jeune sur dix (12,9 %) de cette classe d'âge. [...] Près de la moitié (47,7 %) des jeunes NEET sont sans emploi ni formation depuis un an ou plus.

Grégoire Normand, « Près d'un million de jeunes exclus de l'emploi et de la formation », www.latribune.fr, 7 février 2020.

23 Soulignez dans le DOC 11 les domaines d'exclusion des NEET.

24 Pourquoi cette situation est-elle préoccupante ? ....

....

....

DOC 12 La naissance du concept d'exclusion

Dans les années 1960-1970, c'est un concept qui n'existe pas : on parle simplement de « retrait social » qui désigne une pauvreté essentiellement économique [...]. Depuis, la pauvreté est analysée de façon multidimensionnelle et l'exclusion sociale est mieux prise en compte. Le concept d'exclusion sociale dépasse celui de pauvreté puisqu'il correspond à la non-réalisation des droits sociaux de base garantis par la loi.

CNLE, « Exclusion sociale », www.cnle.gouv.fr, 19 septembre 2014.

25 Soulignez dans le DOC 12 ce qui différencie l'exclusion sociale de la pauvreté.

DOC 13 Le processus d'exclusion

Lycéenne le jour, sans-abri la nuit : le témoignage de Marie, 18 ans et SDF

« *Ma mère avait un travail, comme tout le monde. Mais elle a été virée. On vivait dans un logement de fonction. Ils nous ont dit de quitter le logement.* » Marie, sa mère et sa sœur sont alors hébergées chez une tante pendant onze mois. « *C'était loin : tous les jours, je me réveillais à 5 heures pour venir au lycée. J'avais deux heures de trajet [...]. En novembre, ma tante nous a dit qu'elle ne pouvait plus nous prendre en charge [...]. C'est là que tout a commencé* », raconte Marie. Toutes les trois quittent ce logement et composent le 115, le numéro d'hébergement d'urgence. « *C'était un vendredi. Ils nous ont trouvé un hébergement pour un week-end. Et après, le lundi, on a rappelé. Il n'y avait plus rien. On passait notre journée à les appeler, mais il n'y avait jamais de place.* » [...] Lycéenne le jour, sans-abri la nuit : la jeune fille mène une double vie pendant dix jours. Sans qu'au lycée personne, ou presque, n'en sache rien.

Violaine Jaussent, « Lycéenne le jour, sans-abri la nuit : le témoignage de Marie, 18 ans et SDF », www.francetvinfo.fr.

26 Soulignez les différentes étapes du processus d'exclusion en respectant le code couleur suivant :
- en bleu : la phase de fragilité suite à la perte d'une ou de plusieurs sécurités (le plus souvent le travail) ;
- en rouge : la phase de dépendance des mécanismes d'assistance (aides sociales, famille, amis...) ;
- en vert : la phase de rupture de liens sociaux suite à l'affaiblissement des mécanismes d'assistance.

4 La reconnaissance des problèmes sociaux par la collectivité

DOC 14 Salaire des hommes, salaire des femmes

Mercredi 4 novembre, 16 h 16. « À partir de ce jour, les femmes en France commencent à travailler bénévolement jusqu'à la fin de l'année, du fait des inégalités salariales », dénonce [le collectif] féministe Les Glorieuses. […] Les Glorieuses propose […] d'agir […] : signer leur pétition, interpeller les députés pour leur demander un plan de relance économique féministe, ou tout simplement partager le hashtag #4Novembre16h16 sur les réseaux sociaux.

Ces stars qui se mobilisent pour l'égalité salariale

Patricia Arquette, Emma Watson, Jennifer Lawrence, Reese Witherspoon, Bradley Cooper, Mark Wahlberg, Benedict Cumberbatch…

Ségolène Forgar, « Depuis mercredi, 16 h 16, les Françaises travaillent bénévolement », madame.lefigaro.fr, 4 novembre 2020.

27 Quel est le problème social soulevé ?

……………………………………………………………………………………………

28 Quels acteurs participent à l'émergence de ce problème social ?

……………………………………………………………………………………………

……………………………………………………………………………………………

29 Qui participe à la mise en avant de ce problème ?

……………………………………………………………………………………………

DOC 15 L'Index de l'égalité professionnelle entre les femmes et les hommes

Les entreprises d'au moins 50 salariés doivent calculer et publier sur leur site Internet la note globale de l'Index de l'égalité femmes-hommes avant le 1er mars 2021, sous peine d'une pénalité financière pouvant représenter jusqu'à 1 % de la masse salariale. […]

L'Index […] se calcule à partir de quatre à cinq indicateurs […] : l'écart de rémunération femmes-hommes, […] le nombre de salariées augmentées à leur retour de congé de maternité […].

« Index de l'égalité professionnelle : calcul et questions/réponses », travail-emploi.gouv.fr.

30 Ce problème est-il reconnu par les pouvoirs publics ? Justifiez votre réponse.

……………………………………………………………………………………………

……………………………………………………………………………………………

……………………………………………………………………………………………

……………………………………………………………………………………………

1 Expliquer comment la cohésion sociale peut être fragilisée par les inégalités sociales et territoriales

Entre 18 et 29 ans, plus d'un jeune Français sur dix est en situation de pauvreté

Certains de ces jeunes vivent encore chez leurs parents, mais ces derniers n'ont pas les moyens de subvenir à tous leurs besoins. D'autres ont pris leur autonomie, mais ne disposent pas des ressources suffisantes pour vivre dignement. Il s'agit essentiellement de jeunes peu diplômés, en recherche d'emploi. [...]

De fait, la pauvreté frappe d'abord les milieux sociaux les plus défavorisés, les employés ou les ouvriers. La fracture se situe clairement au niveau des diplômes. Tous âges confondus, le taux de pauvreté chez ceux qui n'ont pas de diplôme [...] est trois fois supérieur à celui des bac + 2. C'est chez les moins diplômés que l'on trouve la plus grosse part de jeunes travailleurs qui commencent par de longues périodes d'alternance CDD-chômage. Parce qu'ils occupent les emplois les plus précaires et les petits boulots non salariés, ces jeunes subissent plus que d'autres le mal emploi et la précarisation du travail.

[...] Les chances d'accéder rapidement à un CDI et de voir leurs revenus se stabiliser sont beaucoup moins bonnes pour ceux qui ont quitté le système scolaire prématurément. [...] En revanche, la part des jeunes issus des milieux populaires ayant accès à bac + 3 ou + 5 reste très faible. Même si l'université est gratuite, il existe une sélection sociale importante dans l'accès aux études supérieures.

Interview de Laurent Grzybowski, « En France, plus d'un jeune sur dix est en situation de pauvreté », www.lavie.fr, 14 janvier 2021.

1 Dans quels domaines se manifestent des inégalités sociales, c'est-à-dire des différences en fonction de la place socio-économique occupée ? Entre qui et qui ?

2 Mettez en évidence le lien entre les inégalités sociales et le sentiment pour une partie de la population de ne pas appartenir à la société (affaiblissement des liens sociaux, non-satisfaction des besoins fondamentaux).

2 Distinguer précarité, pauvreté et exclusion

Journal du confinement : témoignages de personnes SDF et isolées

Giò : « J'étais dans la rue depuis un bout de temps. Puis j'ai trouvé un boulot au black dans un restaurant. J'arrivais à payer ma chambre d'hôtel à 35 euros. [...] J'avais fait pas mal de démarches administratives [...]. Mais maintenant, c'est la galère, tout est bloqué ! Le restaurant a fermé, je ne touche plus rien, et toutes les démarches sont arrêtées. [...] »

Ivan : « J'ai 40 ans, je suis sans domicile depuis quatre ans. [...] Je dors dans la voiture et c'est très difficile. Tout le monde est au courant : la gendarmerie, la commune, le 115... mais rien, pas de place. [...] »

Patou : « On est les oubliés de la France. La solitude, ça rend fou ! [...] Nous aussi, dans les centres d'hébergement, on est démunis ! Je touche 0 euro par mois, mais on m'aide de temps en temps. [...] J'ai des dons alimentaires. J'ai pas de RSA parce que j'ai que 23 ans et j'y ai pas droit. »

« Journal du confinement : témoignages de personnes SDF et isolées », blog.entourage.social.

Qui de Giò, Ivan ou Patou est en situation précaire ? en situation de pauvreté ? en situation d'exclusion ?

3 Montrer que l'exclusion est le résultat d'un processus

Nico, 23 ans

Mes parents sont partis du jour au lendemain quand j'avais quinze ans. J'étais en Seconde. Je n'habitais déjà plus avec eux. Je vivais en colocation avec un ami. [...] Comme j'allais avoir 16 ans, j'ai commencé à travailler pour payer mon loyer et manger. J'ai distribué le journal Métro et promené des chiens. J'arrivais à gagner 650 euros par mois. Ça me suffisait pour vivre. Et puis, je suis tombé malade. J'ai la maladie de Crohn. J'ai eu une crise qui a duré six mois. J'étais fatigué, [...] je ne pouvais plus travailler. J'ai perdu mon appartement. [...] J'ai été SDF un an. Entre 17 et 18 ans. Je passais la nuit dans le Noctilien*. Tu peux pas vraiment y dormir. Y a tout le temps du monde, des voyous, des SDF [...]. Le matin, j'allais dans une cabine téléphonique où je pouvais finir ma nuit. Je mangeais en me servant directement dans les rayons des supermarchés. Je me débrouillais. Personne ne savait. J'ai continué à aller au lycée, même si je ratais beaucoup de cours. Mes résultats scolaires évidemment se sont mis à chuter. J'ai fini par être convoqué par la CPE, à qui j'ai expliqué ma situation. Elle m'a dirigé vers Paris ado services [...]. Grâce à eux, j'ai obtenu une place dans un foyer dans le 18ᵉ.

*Noctilien est un service de bus qui vous permet de vous déplacer toute la nuit en Île-de-France.

Samu social de Paris et ANRS, « Jeunes en errance », *La revue de l'atelier*, N° 9.

1 **Quels sont les domaines pour lesquels Nico est en situation d'exclusion ?**

2 **Relevez, dans l'ordre chronologique, les étapes de la vie de Nico qui l'ont amené à cette situation d'exclusion.**

3 **Rédigez votre réponse en mettant en évidence l'enchaînement des différentes étapes.**

4 Analyser les conditions d'émergence d'un problème social et sa reconnaissance par la collectivité

L'état du mal-logement en France en 2021

La Fondation Abbé-Pierre a le plaisir de vous inviter à la présentation de son 26ᵉ rapport sur « L'état du mal-logement en France », [...] qui sera diffusée en direct le mardi 2 février 2021, de 10 heures à midi sur le site [...] www.reml2021.fr [...] [en présence d'Emmanuelle Wargon, ministre déléguée auprès de la ministre de la Transition écologique, chargée du Logement].

www.fondation-abbe-pierre.fr et www.reml2021.fr, février 2021.

Logement. La fin de la trêve hivernale repoussée au 1ᵉʳ juin

La ministre du Logement, Emmanuelle Wargon, a annoncé le 1ᵉʳ février la prolongation de deux mois de la trêve hivernale, jusqu'au 1ᵉʳ juin. Cette annonce intervient alors que la Fondation Abbé-Pierre (FAP) vient de rendre son rapport annuel, qui alerte sur la montée des impayés de loyers, en raison de la crise, et sur les risques d'une explosion des expulsions locatives.

Camille Bauer, « Logement. La fin de la trêve hivernale repoussée au 1ᵉʳ juin », www.humanite.fr, 3 février 2021.

1 **Quel est le problème social ?**

2 **Quels sont les acteurs et les moyens qui ont permis l'émergence du problème ?**

3 **Quels sont les acteurs qui ont participé à la reconnaissance du problème et les moyens mis en œuvre ?**

SYNTHÈSE DES notions

Reconnaissance des problèmes sociaux
(situations jugées intolérables qui éloignent un grand nombre de personnes des normes en vigueur dans la société)
par les pouvoirs publics
parce que mis en avant par **la population, les médias, les associations, les personnalités**

Inégalites sociales
Différences en fonction de la place socio-économique occupée
Inégalites territoriales
Différences en fonction du lieu d'habitation

Précarité
Absence d'une ou de plusieurs sécurités : revenus, famille, travail, logement…

Pauvreté
Précarité persistante dans plusieurs domaines

dont la pauvreté monétaire (revenu < 60 % du revenu médian)

Exclusion sociale
Processus qui conduit à la mise à l'écart du groupe social avec la non-réalisation de certains droits sociaux

Affaiblissement des liens sociaux, non-satisfaction des besoins fondamentaux
→ **Cohésion sociale menacée**

SYNTHÈSE DES capacités

Expliquer comment la cohésion sociale peut être fragilisée par les inégalités sociales et territoriales

- Identifier le ou les domaines dans lesquels se manifestent des inégalités sociales et/ou territoriales, entre qui et qui
- Mettre en évidence le lien entre les inégalités et le sentiment pour une partie de la population de ne pas appartenir à la société (affaiblissement des liens sociaux, non-satisfaction des besoins fondamentaux)

Distinguer précarité, pauvreté et exclusion

- Repérer la précarité (absence passagère d'une ou de plusieurs sécurités)
- Repérer la pauvreté (précarité persistante dans plusieurs domaines ou revenu < 60 % du revenu médian)
- Repérer l'exclusion (mise à l'écart du groupe social + non-réalisation de droits sociaux)

Montrer que l'exclusion est le résultat d'un processus

- Identifier le ou les domaines concernés par l'exclusion
- Repérer dans l'ordre chronologique les étapes de la vie de la personne qui l'ont conduites à l'exclusion : fragilité suite à la perte d'une ou plusieurs sécurités, dépendance des mécanismes d'assistance, rupture de liens sociaux

Analyser les conditions d'émergence d'un problème social et sa reconnaissance par la collectivité

- Identifier le problème social
- Repérer les acteurs qui ont participé à l'émergence et les moyens mobilisés
- Repérer les acteurs qui ont participé à la reconnaissance et les moyens mis en œuvre
- Situer l'émergence et la reconnaissance dans le temps

Activité technologique

▶ Vers PIX D3.1

La précarité énergétique

Capacités mises en œuvre
- Analyser les conditions d'émergence d'un problème social et sa reconnaissance par la collectivité
- Montrer que l'exclusion est le résultat d'un processus

À partir de vos connaissances, des annexes et des outils à votre disposition, réalisez l'activité technologique suivante.

1 Analysez les conditions d'émergence et de reconnaissance de la précarité énergétique.
▶ FICHE OUTIL 3

2 Comment peut-on expliquer que la consommation énergétique représente une préoccupation pour 68 % des Français ? Illustrez votre réponse à l'aide de données chiffrées.

3 Réalisez un schéma pour montrer que la précarité énergétique peut participer au processus d'exclusion sociale.
▶ FICHE OUTIL 4

ANNEXE 1 Qu'est-ce que la précarité énergétique ?

En France, jusqu'en 2010, la précarité énergétique n'était pas généralement reconnue comme un problème social distinct de la pauvreté monétaire. Les manifestations les plus mesurables sont les difficultés des ménages à payer leurs factures d'énergie, symptôme général de la pauvreté. Par conséquent, le développement d'un cadre légal pour aider les familles à maintenir une température adéquate dans leur logement s'est fait dans le contexte de politiques larges pour combattre la pauvreté et l'exclusion sociale. […]
En juillet 2010, la loi portant engagement national pour l'environnement, dite « Grenelle 2 », a donné une définition officielle à la précarité énergétique en venant modifier la loi Besson de 1990 sur le droit au logement (article 1-1) : « Est en situation de précarité énergétique au titre de la présente loi une personne qui éprouve dans son logement des difficultés particulières à disposer de la fourniture d'énergie nécessaire à la satisfaction de ses besoins élémentaires en raison de l'inadaptation de ses ressources ou de ses conditions d'habitat ». La lutte contre précarité énergétique est devenue à partir de cette date un objet de politique publique à part entière. À la suite de la promulgation de cette loi, l'Observatoire national de la précarité énergétique est créé en 2011 pour suivre l'évolution du phénomène dans le temps.

RAPPEL, « Qu'est-ce que la précarité énergétique ? », www.precarite-energie.org.

ANNEXE 2 Le baromètre énergie

Évolution du ressenti des Français sur leurs dépenses d'énergie

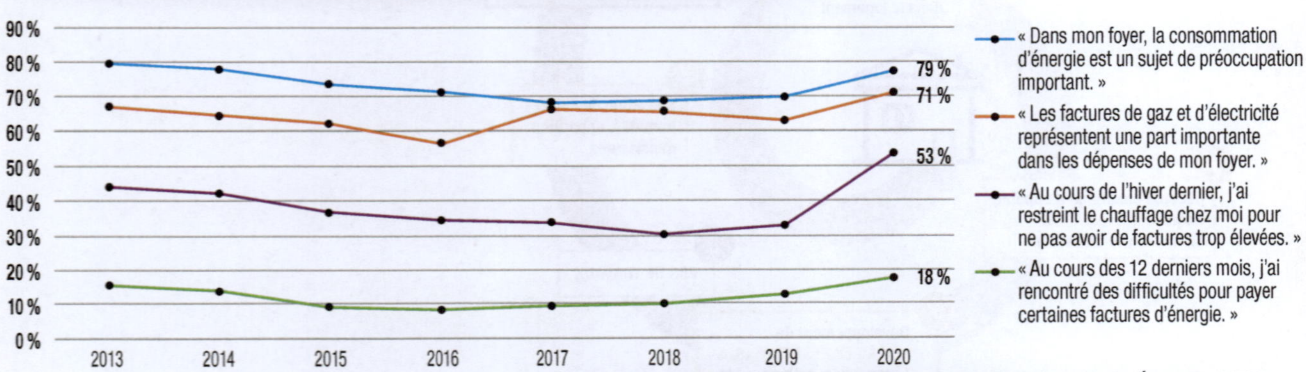

Source : Médiateur national de l'énergie, Baromètre Info-Énergie, 2020.

ANNEXE 3 Le chauffage en hiver

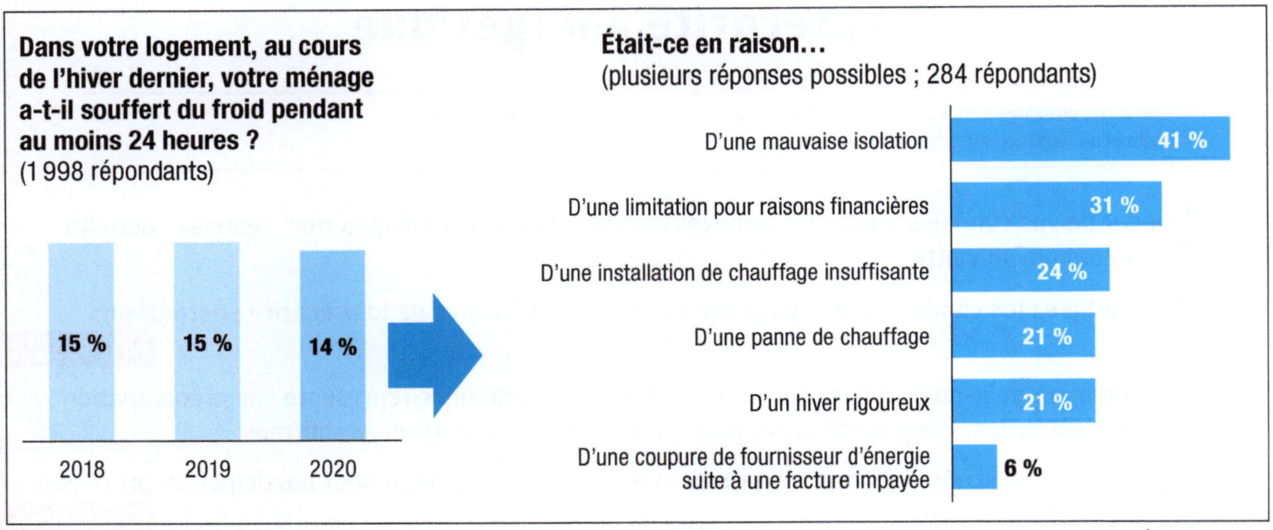

Source : Médiateur national de l'énergie, Baromètre Info-Énergie, 2020.

ANNEXE 4 Les mal chauffés

Vidéo : « "Il fait trop froid pour prendre sa douche" : quand la précarité énergétique menace la santé » – France Télévisions
liennathan.fr/76nm4k

ANNEXE 5 Quelles sont les conséquences de la précarité énergétique ?

Les conséquences de la précarité énergétique sont multiples, comme l'illustre la spirale ci-contre :

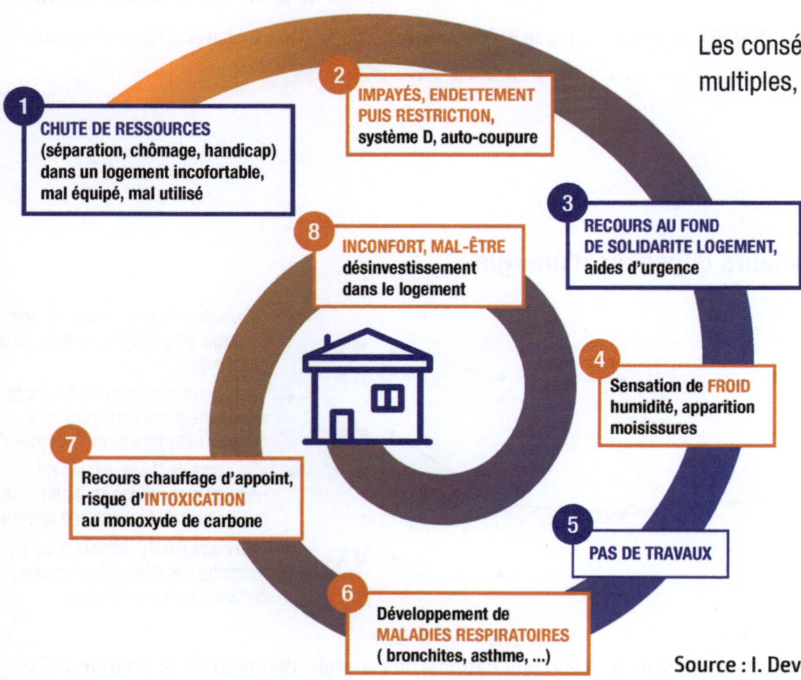

Source : I. Devalière, Centre scientifique et technique du bâtiment.

Principales notions

- Droits sociaux
- Risques sociaux
- Prestation sociale
- Accès aux droits
- Principes et techniques
- Protection individuelle, collective
- Techniques de protection sociale (assurance - assistance)

Capacités exigibles

- Montrer que la protection sociale participe de l'accès aux droits
- Caractériser le système de protection sociale français et le situer au regard d'un autre système
- Identifier un risque social et repérer les réponses de protection sociale
- Présenter les principes et les techniques dans un système de protection sociale

Vers compétences PIX

D1.1 - Mener une recherche et une veille d'information

D3.1 - Développer des documents textuels

CHAPITRE 8

Des risques sociaux à la protection sociale, un projet de société

AVANT LA CLASSE

Vidéo
liennathan.fr/ps627a

Présentez le défenseur des droits.

www.mon14juillet.fr, 2020.

→ *Comment les valeurs historiques de la République française ont-elles été adaptées ?*

→ *Pourquoi ?*

1 Les droits sociaux, les risques sociaux

DOC 1 Affiche

1 Selon vous, pour quelle raison cette affiche a-t-elle été publiée ?

....

....

....

....

....

2 Pourquoi peut-on affirmer que l'accès à ce droit concourt au bien-être de l'individu ?

....

....

....

....

....

DOC 2 Que sont des libertés et des droits fondamentaux ?

La conception des libertés et droits fondamentaux a changé selon les époques. [...]

1. Les droits individuels, des droits-libertés

[...] La caractéristique majeure [de la Déclaration des Droits de l'homme et du citoyen de 1789] est l'individualisme. Aucune référence n'est faite à des groupes [...], pas même à la famille [...]. Les droits énoncés sont des droits individuels. Ce sont aussi des droits-libertés, c'est-à-dire des droits impliquant une abstention de l'État [...].

2. Droits collectifs et droits-créances

Le préambule de la Constitution du 27 octobre 1946 donne une place importante aux droits collectifs, c'est-à-dire aux droits reconnus [à l'ensemble des individus]. [...] En outre, le préambule de 1946 énonce des droits-créances, droits qui impliquent une action effective de l'État et, dans la majeure partie des cas, un engagement important de fonds publics.

www.vie-publique.fr

Les droits inhérents à la personne humaine (« droits de »)
Exemples : liberté d'opinion, liberté d'expression, égalité de droit devant la loi, droit de propriété

Les droits sociaux, nécessitant une action positive de la collectivité (« droits à »)
Exemples : droit à l'emploi, droit à la protection de la santé, droit à la sécurité matérielle, droit à l'instruction, droit au logement, droit aux loisirs

3 Soulignez le texte juridique qui garantit les droits sociaux.

4 Relevez quatre différences entre le droit à la propriété et le droit au logement.

....

....

....

....

DOC 3 Des droits garantis par la Constitution

Articles de la Constitution (préambule de la Constitution de 1946, extraits)	Droits associés
Article 5. Chacun a le devoir de travailler et le droit d'obtenir un emploi. [...]	....
Article 11. Elle garantit à tous, notamment à l'enfant, à la mère et aux vieux travailleurs, la protection de la santé, la sécurité matérielle, le repos et les loisirs. Tout être humain qui, en raison de son âge, de son état physique ou mental, de la situation économique, se trouve dans l'incapacité de travailler a le droit d'obtenir de la collectivité des moyens convenables d'existence.	....

5 Complétez le DOC 3 en associant des droits (DOC 2) aux articles de la Constitution.

DOC 4 La notion de risque social

Le terme de « risque social » désigne un événement (dont la survenue est le plus souvent incertaine ou imprévue) provoquant une diminution du niveau de vie, soit parce que les dépenses augmentent, soit parce que les ressources diminuent. Il est dit « social » car il est pris en charge par la collectivité [c'est-à-dire par des institutions de protection sociale. [...]

Base EHESP, École des hautes études en santé publique

6 La maladie est-elle un risque social ? Justifiez votre réponse. ....

....

7 Dans l'article 11 du préambule de la Constitution (DOC 3), soulignez le ou les groupes de mots qui évoquent : un risque social (en rouge), la protection sociale (en vert).

8 À partir de vos réponses aux questions précédentes, expliquez pourquoi le risque maladie est pris en charge par la collectivité.

....

....

DOC 5 Des exemples de risques sociaux

9 Quels risques sociaux peuvent illustrer ces images ?

....

....

10 Choisissez-en deux et justifiez qu'il s'agit de risques sociaux.

....

....

DOC 6 Témoignage : Amélie, mère célibataire, raconte sa vie au RSA

Avec un enfant à gérer seule, c'est compliqué de garder un emploi. Les horaires de travail ne collent pas forcément à ceux de l'école ou de la périscolaire. [...] « Avec [le RSA] [...] et les APL[1], nous avons 692 € pour vivre avec mon fils. Je suis au point de choisir entre aller travailler ou aller chercher mes colis alimentaires. Les Restos du cœur sont ouverts de 14 h à 16 h, la Banque alimentaire de 16 h à 18 h. [...] Pour m'habiller, j'ai une voisine âgée qui adore commander chez Blanche Porte. Ce qui ne lui plaît plus, elle me les donne. [...] Quand [mon fils] a vraiment besoin de quelque chose, j'enlève la viande de mes repas. Depuis mars, je ne mange plus qu'un jour sur deux. Les autres jours, je bois du thé. [...] J'ai économisé depuis sept mois pour participer à la sortie au Parc Astérix cet été [...]. »

(1) Prestations financières versées directement aux personnes par un dispositif de protection sociale.

Marion Dubois, « Témoignage. "Je ne mange plus qu'un jour sur deux" : une mère raconte sa vie au RSA », *Ouest France*, 31 mai 2019.

11 Quels risques sociaux sont survenus dans la vie d'Amélie ?

....

12 Quels sont les droits sociaux auxquels cette mère a du mal à accéder ?

....

13 Comment et par qui l'accès à ces droits sociaux est-il facilité ? ....

....

DOC 7 Les prestations de la protection sociale

La protection sociale est un ensemble de dispositifs (Sécurité sociale, mutuelle par exemple) qui permet aux individus de faire face aux conséquences financières des risques sociaux par le biais : de prestations sociales versées directement aux ménages et individus (ex. : remboursement de soins, pensions de retraite, allocations familiales, allocations chômage, revenu de solidarité active...) ; de prestations de services complétant les prestations sociales et permettant l'accès à des services à prix réduits ou gratuits (ex. : financement des crèches, hôpitaux, services en ligne...).

14 Comment la protection sociale prend-elle en charge les risques sociaux ?

....

....

DOC 8 Accès aux droits, de quoi parle-t-on ?

L'expression « accès aux droits » [...] sert en pratique à parler des problèmes d'accès, par les populations les plus défavorisées, à un certain nombre de droits sociaux dits « droits créances », c'est-à-dire aux aides instituées par des textes pour subvenir à un certain nombre de besoins : aides financières, logement, santé, éducation, etc.

Rose-Anne Descotzia, « Accès au Droit/Accès aux droits, de quoi parle-t-on ? », *Silomag*, n° 6, mars 2018.

15 Comment la protection sociale permet-elle l'accès aux droits sociaux ?

....

....

....

....

....

2 La construction de la protection sociale en France

DOC 9 Les prémices d'une protection sociale

Depuis toujours, la solidarité familiale a offert aux individus une protection contre certains risques sociaux. À défaut, les pauvres et les indigents pouvaient compter sur la charité religieuse ou la bienfaisance publique. Cependant, ces aides restaient incertaines et incomplètes. À partir de 1789, les révolutionnaires feront de l'assistance une obligation légale. Il s'agit d'un devoir pour l'État et d'un droit pour les citoyens ; la solidarité devient nationale. Au cours du XIXe siècle, les sociétés de secours mutuel portées par les ouvriers se développent. Leur portée reste cependant limitée à quelques activités et entreprises.

16 Soulignez les formes de prise en charge des risques sociaux jusqu'au XVIIIe siècle.

17 Quelle évolution constate-t-on à partir du XVIIIe siècle ?

18 Quelles sont les limites de ces formes de prise en charge ?

DOC 10 Les interventions de l'État pour la prise en charge des risques sociaux

À partir du XXe siècle, des lois d'assistance sont successivement votées : assistance médicale gratuite (1893), assistance des enfants abandonnés (1904), assistance aux vieillards (1905), assistance aux femmes en couches et aux familles nombreuses (1913). Ces lois constituent un véritable droit au secours ; elles permettent aux citoyens dans le besoin de bénéficier d'une protection financée par les pouvoirs publics. Parallèlement, les premières assurances sociales voient le jour : assurance accident du travail (1898), assurance maladie, maternité, handicap, vieillesse, décès (1930). Elles sont la reconnaissance d'un droit à la protection sociale pour les travailleurs et leurs familles.

19 Soulignez les deux formes de prise en charge des risques sociaux.

20 Qui sont les bénéficiaires de ces prises en charge ?

DOC 11 La création de la Sécurité sociale en 1945

Au lendemain de la Seconde Guerre mondiale, le préambule de la Constitution de 1946 [...] fait écho à la forte aspiration du peuple français [...] à vivre dans une société plus juste et plus solidaire. [...] À la même époque, [la création de] la Sécurité sociale de 1945 concrétise cette ambition politique forte. [...] Il s'agit de la « garantie donnée à chacun, qu'en toutes circonstances, il disposera des moyens nécessaires pour assurer sa subsistance et celle de sa famille dans des conditions décentes ».

Y. Rayssiguier, J. Jégu et M. Laforcade, *Politiques sociales et de santé*, 2e édition, Presses de l'EHESP, 2012.

21 Soulignez les attentes de la société après la Seconde Guerre mondiale.

22 Qu'est-ce qui a apporté une réponse à ces attentes ? Justifiez votre réponse.

3 Les principes de la protection sociale

DOC 12 La solidarité entre les générations

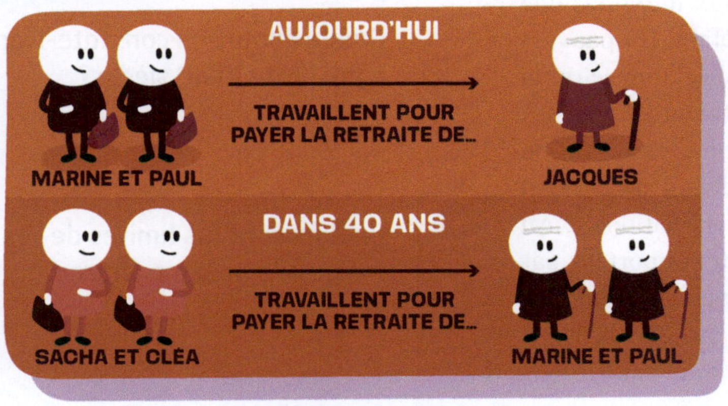

Leptitlibe.fr, n° 131, 5 au 12 décembre 2019, illustration Émilie Coquard.

23 Pourquoi parle-t-on de solidarité entre les générations ?

DOC 13 La solidarité, de quoi parle-t-on ?

La solidarité est ainsi abordée par le rapport de l'individu au groupe, la relation se traduisant par un rapport réciproque [...] de droits et de devoirs. [...] Les droits [...] sociaux, les droits créances (ou droits à...) [sont] au cœur [...] de l'instauration des systèmes de solidarité, notamment la protection sociale. [...] Aujourd'hui, la solidarité s'exprime de façon très diverse : entre les biens portants et les malades, les actifs et les inactifs, les personnes âgées et les jeunes, les familles avec enfants et celles sans enfant, etc. Elle traduit la cohésion sociale d'une nation. Pour que la protection sociale concrétise cette solidarité, le système est organisé sur trois caractéristiques fondamentales : la couverture est obligatoire pour tous [...] ; l'absence [...] de sélection des individus à couvrir [...] ; la déconnexion du montant de la cotisation avec le niveau [des] prestations potentielles à verser.

Pierre Ramon-Baldié, « Les valeurs de la protection sociale : de quoi parle-t-on ? », *Informations sociales*, 2018.

24 Soulignez les conditions nécessaires pour que la solidarité se concrétise.

DOC 14 L'universalité

L'universalité [...] plaide [...] pour une extension de la protection sociale à tous les citoyens et à tous les risques sociaux. L'universalité interdit de limiter le domaine de la protection sociale à une classe précise et à des risques sélectionnés.

Souleymane Sangare, « La Sécurité sociale et ses principes fondateurs », www.souleymane-sangare.com, 6 mai 2019.

DOC 15 La responsabilité

Obligation faite à une personne de répondre de ses actes du fait du rôle, des charges qu'elle doit assumer et d'en supporter toutes les conséquences.

Définition de « responsabilité », www.cnrtl.fr.

25 Soulignez la définition de l'universalité (DOC 14).

26 Pourquoi peut-on parler de protection collective pour le principe de solidarité (DOC 13) et de protection individuelle pour le principe de responsabilité (DOC 15) ?

4 Les techniques de protection sociale

DOC 16 Deux modèles de référence de la protection sociale

C'est en Allemagne, à la fin du XIXe siècle, que le chancelier allemand Bismarck met en place les premières assurances sociales obligatoires, avec l'instauration d'assurances contre les risques relatifs à la maladie (1883), la vieillesse (1884) et les accidents du travail (1889). Ce système de protection sociale repose sur […] l'assurance professionnelle : le travailleur cotise sur son salaire à des caisses cogérées par les employeurs et les salariés eux-mêmes. En 1942, […] Sir William Beveridge publie le rapport qui structurera le modèle de protection sociale britannique […]. Le système beveridgien repose sur […] l'assurance universelle : le citoyen, par l'impôt, finance la protection de tous ceux dans le besoin […].

Jean-Baptiste Besson, « Modèle social : assurance ou assistance ? », 31 mars 2017.

27 À partir du DOC 16, complétez le tableau comparatif des modèles de protection sociale.

Caractéristiques	Modèle bismarckien	Modèle beveridgien
Risques couverts		
Forme de solidarité		
Financement		
Bénéficiaires		

DOC 17 Les techniques mises en œuvre dans le système français

La protection sociale française repose sur la mise en œuvre de deux techniques différentes et opposées. La technique de **l'assurance** repose sur la répartition sur tous les membres d'un groupe d'un risque causé à l'un d'entre eux. Sont concernés par cette technique les dispositifs suivants : la Sécurité sociale, les mutuelles et les assurances privées. Le versement des prestations est conditionné à des prélèvements de cotisations sur les revenus du travail (assurances sociales de la Sécurité sociale) ou des versements de cotisations ou de prime (mutuelle et assurance privée) ; les prestations sociales perçues sont dites **contributives**. Cette technique ne permet pas de couvrir l'ensemble de la population, c'est pourquoi l'État garantit une protection minimale à tous, financée par l'impôt. Les individus dans le besoin perçoivent en cas de réalisation du risque des prestations dites **non contributives**. Ces deux logiques de protection se complètent pour assurer à chacun une couverture des risques sociaux selon ses moyens et sa situation.

28 À partir du DOC 17, complétez le tableau comparatif des techniques de protection sociale.

	Technique d'assurance	Technique d'assistance
Bénéficiaires potentiels		
Financement		
Conditions d'attribution		
Type de prestations		
Dispositifs concernés		
Modèle de référence		

1 Montrer que la protection sociale participe à l'accès aux droits

Pour l'année 2020-2021, alors que 2,8 millions d'étudiants ont fait leur rentrée (+ 2,1 % par rapport à 2019), le syndicat étudiant […] FAGE annonce une augmentation du coût de la rentrée de plus de 3 %. […]
Parmi les étudiants interrogés, 30 % jugent leurs ressources insuffisantes et sont contraints de travailler pour subvenir à leurs besoins primaires (alimentation, logement, transport, etc.). […] Principales ressources des étudiants, le montant des aides sociales s'élève à 5,7 milliards d'euros. Pendant l'année universitaire 2018-2019, plus de 700 000 étudiants (soit 37,5 % des étudiants) ont bénéficié de la bourse sur critères sociaux. S'ajoute l'aide personnalisée au logement (APL) qui concerne près de 800 000 étudiants.
[…] La plupart des grandes villes françaises enregistrent une hausse continue des loyers depuis plusieurs années. Pour la rentrée 2020, l'enquête annuelle réalisée par le syndicat étudiant UNEF évalue le coût moyen du loyer à 535 euros par mois (contre 522 euros à la rentrée 2019), soit plus des deux tiers du budget mensuel des étudiants. […] Les Crous font face à une forte demande de logements* sans avoir les capacités de loger l'ensemble des demandeurs.

« Étudiants : des conditions de vie précarisées ? », www.vie-publique.fr, 2 octobre 2020.

* Les logements des Crous sont des résidences universitaires dont les loyers sont fixés par l'État et qui sont destinés en priorité aux étudiants boursiers.

1 À quels droits fondamentaux certains étudiants peuvent-ils avoir du mal à accéder ?

2 Pourquoi cet accès est-il difficile ?

3 Quelles prestations sociales facilitent l'accès à ces droits ?

2 Caractériser le système de protection sociale français et le situer au regard d'un autre système

On peut encore aujourd'hui schématiquement opposer les systèmes allemand et britannique de protection sociale, héritiers directs des assurances sociales bismarckiennes et de la sécurité sociale beveridgienne. […] Les Pays-Bas ont, parallèlement aux dispositions propres aux salariés, développé des prestations de base accordées à toute la population conformément aux principes beveridgiens […], mais financées par des contributions proportionnelles aux revenus. […]
Aux Pays-Bas […], à l'exception des prestations familiales financées sur le budget de l'État, toutes les autres prestations sont financées par des cotisations sociales. Ces dernières sont partagées entre les employeurs et les salariés. […] Les assurances sociales des salariés sont gérées paritairement par des représentants des salariés et des employeurs ; les assurances nationales sont gérées par un organisme composé à égalité de représentants des organisations patronales et syndicales et de membres désignés par le ministère des affaires sociales.

Sénat, Note de synthèse, www.senat.fr

1 Quelles sont les caractéristiques des systèmes de protection sociale de la France et des Pays-Bas concernant :
- le ou les principes sur lesquels ils reposent ?
- la technique de prise en charge ?
- le mode de financement ?
- les types de prestations versées ?
- les bénéficiaires ?
- le mode de gestion ?

2 Quelles sont les ressemblances et les différences entre les deux systèmes ?

Identifier un risque social et repérer les différentes réponses de protection sociale

3

Vidéo : Vous attendez ou adoptez un enfant ? – Allocations familiales
liennathan.fr/9t5y9y

1 **Quelles sont les situations qui ont des conséquences financières pour l'individu ?**

2 **Quelles sont les prestations sociales et les prestations de services qui apportent une réponse si le risque se réalise ?**

4

Présenter les principes et les techniques mis en œuvre dans un système de protection sociale

Le système d'indemnisation du chômage en France

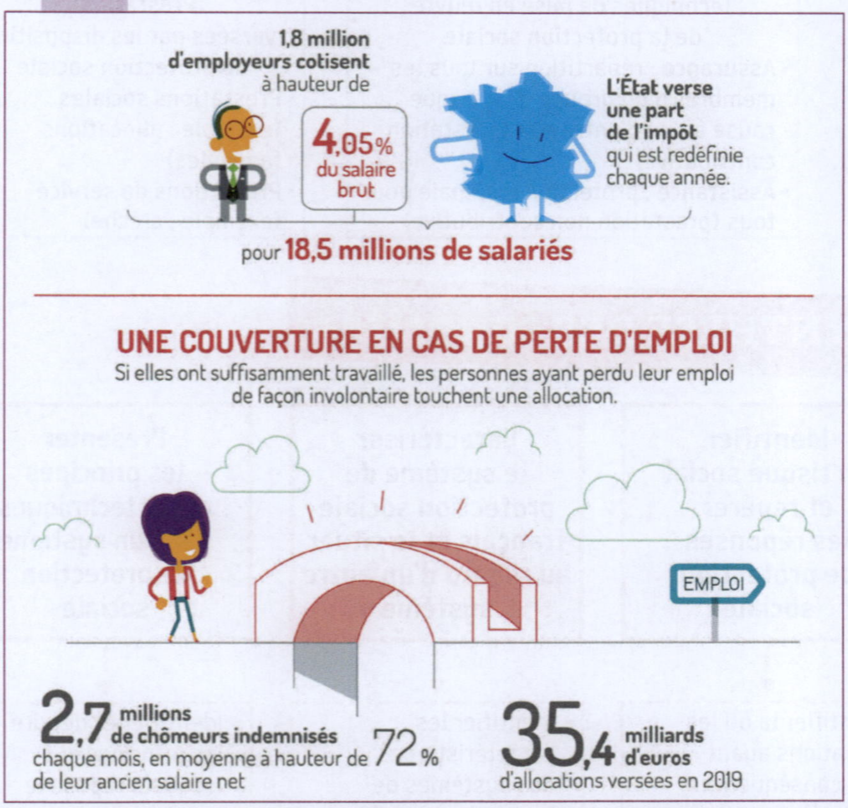

Source : « Qu'est-ce que l'assurance chômage ? », www.unedic.org, mai 2020. Infographie : BRONX.

L'Assurance chômage est une assurance obligatoire à laquelle cotisent tous les employeurs du privé ainsi que certains du public, pour protéger leurs salariés lorsqu'ils perdent leur emploi.

1 **Sur quels principes repose le système français d'indemnisation du chômage ?**

2 **Décrivez chacun de ces principes.**

3 **Quelle est la technique mise en œuvre dans ce système ?**

4 **Précisez les caractéristiques de cette technique : les bénéficiaires, le financement, les conditions d'attribution et le type de prestations.**

SYNTHÈSE DES notions

1789 : Déclaration des droits de l'homme et du citoyen

À partir de 1945 : État-providence

Charité
Solidarité familiale
Bienfaisance publique

→

Solidarité nationale et universalité
Assistance apportée aux plus démunis obligatoire pour l'État

→

Solidarité professionnelle
Création de la Sécurité sociale : système d'**assurances** sociales pour protéger les salariés contre les risques vieillesse, maladie et accidents du travail

↓

La protection sociale
Ensemble des dispositifs de prise en charge des conséquences financières de la survenue d'un **risque social** (événement imprévu provoquant une diminution des ressources)

← Participe à l'accès aux **droits sociaux** (droits qui impliquent une action effective de l'État)

Principes sur lesquels repose la protection sociale
- Solidarité : **protection collective** (décidée par la collectivité)
- Responsabilité : **protection individuelle** (protection décidée par l'individu)
- Universalité

Techniques de mise en œuvre de la protection sociale
- **Assurance** : répartition sur tous les membres d'un groupe d'un risque causé à l'un d'entre eux (prestation contributive)
- **Assistance** : protection minimale pour tous (prestation non contributive)

Prestations versées par les dispositifs de protection sociale
- **Prestations sociales** (exemple : allocations familiales)
- **Prestations de service** (exemple : crèche)

SYNTHÈSE DES capacités

Montrer que la protection sociale participe de l'accès aux droits
- Identifier le ou les droits fondamentaux
- Préciser pourquoi son accès est difficile
- Identifier la ou les prestations sociales qui facilitent l'accès à ce(s) droit(s)

Identifier un risque social et repérer les réponses de protection sociale
- Identifier la ou les situations ayant des conséquences financières pour l'individu
- Repérer les prestations sociales et/ou les prestations de services qui apportent une réponse

Caractériser le système de protection sociale français et le situer au regard d'un autre système
- Identifier les caractéristiques des systèmes de protection sociale : le ou les principes de prise en charge, la ou les techniques, le mode de financement, le(s) type(s) de prestations versées, les bénéficiaires, le mode de gestion
- Repérer les ressemblances et les différences entre les deux systèmes

Présenter les principes et les techniques dans un système de protection sociale
- Identifier et décrire les principes sur lesquels repose le système de protection sociale : solidarité (professionnelle/nationale), responsabilité, universalité
- Identifier et préciser les caractéristiques de la ou des techniques (assurance, assistance) mise en œuvre

Activité technologique

Vers PIX D1.1 et D3.1

La protection sociale et l'accès aux droits sociaux

Capacités mises en œuvre

- Identifier un risque social et repérer les réponses de protection sociale
- Montrer que la protection sociale participe à l'accès aux droits

À partir de vos connaissances, des annexes et des outils à votre disposition, réalisez l'activité technologique suivante.

1 Montrez que la famille est un risque social. FICHE OUTIL 4

2 Présentez les inégalités face à ce risque. FICHE OUTIL 3

3 Pour deux prestations sociales (une prestation sociale et une prestation de service) concernant le risque famille, recherchez les informations suivantes : le nom, la dépense concernée, l'objectif visé.

4 Analysez l'impact de la redistribution sur la pauvreté des familles.

5 Par groupe de trois à quatre élèves, recherchez des informations sur le dispositif de la CAF « Les rendez-vous des droits », pour :
- le présenter en quelques lignes ;
- préciser l'intérêt et les limites du dispositif ;
- réaliser un flyer pour motiver les parents à utiliser ce dispositif.

ANNEXE 1 Les familles nombreuses, des difficultés budgétaires spécifiques

Le budget représente la première difficulté ressentie par les familles nombreuses : comme les familles de deux enfants, elles sont environ deux tiers à avouer avoir du mal à boucler leur fin de mois. Cette difficulté s'accentue avec le nombre d'enfants : ainsi, ce sont 73 % des familles de quatre enfants et plus qui se sentent concernées.
[…] Pour les dépenses affectées aux vacances et au loisir, les familles interrogées estiment qu'elles n'ont plus de marge de manœuvre. Ces dépenses apparaissent comme des variables d'ajustement des budgets des familles. Les dépenses incompressibles, qui ne peuvent faire l'objet d'économies d'échelle, comme la restauration scolaire des enfants et les frais liés à leurs études, ou encore la nourriture, font aussi apparaître des différences très marquées selon le nombre d'enfants. La restauration scolaire est un point de tension pour 24 % des familles ayant quatre enfants et plus contre seulement 16 % des parents de deux enfants ; les frais liés aux études supérieures ne constituent un problème majeur que pour 16 % des parents de deux enfants contre 32 % des parents de quatre enfants et plus. […]
Si l'arrivée d'un enfant pèse sur le niveau de vie, c'est certes par les dépenses additionnelles qu'elle suppose, mais plus encore parce qu'elle s'accompagne bien souvent d'une baisse contrainte de l'intensité d'emploi des parents et donc des revenus du foyer. […] Le taux d'emploi des mères de famille nombreuses (59 %) est ainsi très inférieur à celui des mères de deux enfants (77 %) et la part de mères en emploi à temps partiel est plus élevée : 44 % contre 34 %. Du fait de ces moindres taux d'activité, et en dépit des prestations familiales, le niveau de vie des familles nombreuses est très inférieur à celui des familles d'un ou deux enfants. […] Les couples ayant deux enfants à charge « perdent » ainsi 5 % de niveau de vie médian par rapport à ceux qui n'en ont qu'un seul. Ceux ayant exactement trois enfants à charge en perdent 14 % par rapport à ceux qui n'en ont que deux. L'absence d'activité professionnelle étant la principale cause de pauvreté, il n'est donc pas étonnant qu'un quart de la population vivant en famille nombreuse vive au-dessous du seuil de pauvreté.

Morgane Lenain, « Les familles nombreuses, des consommatrices comme les autres ? », *Réalités Familiales*, n° 126/127, 18 juillet 2019.

ANNEXE 2 Effet de la redistribution sur le taux de pauvreté* en 2017 selon le type de ménage

Selon le type de ménage des personnes		Avant redistribution (en %)	Après redistribution (en %)	Effet de la redistribution en niveau (en points)	Effet de la redistribution en termes relatifs (en %)
Personne seule		23,7	16,7	– 7,0	– 30
Famille monoparentale	avec 1 enfant	38,1	21,5	– 16,6	– 44
	avec 2 enfants ou plus	61,3	40,4	– 20,9	– 34
Couple	sans enfant	7,6	5,7	– 1,9	– 25
	avec 1 enfant	12,9	8,9	– 4,0	– 31
	avec 2 enfants	14,6	9,0	– 5,6	– 38
	avec 3 enfants	33,0	17,3	– 15,7	– 48
	avec 4 enfants ou plus	62,3	38,1	– 24,2	– 39
Ménage complexe	sans enfant	28,5	20,3	– 8,2	– 29
	avec enfant(s)	41,2	23,1	– 18,1	– 44

* En 2017, le seuil de pauvreté monétaire (60 % du niveau de vie médian de la population) s'établit à 1 041 € mensuels.

DREES, *Minima sociaux et prestations sociales*, édition 2020.

ANNEXE 3 Les rendez-vous des droits des Caisses d'allocations familiales

Depuis 2014, la Caisse nationale des allocations familiales (Cnaf) s'est engagée dans une action ambitieuse pour réduire le non-recours aux prestations sociales à travers un nouveau dispositif : le « rendez-vous des droits ». Selon la logique du guichet unique, les caisses d'allocations familiales (Caf) proposent à leurs allocataires les plus vulnérables un entretien personnalisé pour faire le point sur un grand nombre de droits sociaux, gérés ou non par les Caf.

Une enquête [...] réalisée en 2016 [...] [a montré que] 63 % des personnes informées qu'elles pouvaient bénéficier d'au moins un droit lors du rendez-vous en ont ouvert un dans les trois mois. [...] Ce dispositif a été étendu à titre expérimental à des demandeurs d'emploi en début ou fin de droits avec des ressources faibles [...]. Plus de 25 000 invitations ont été envoyées et près de 5 500 « rendez-vous des droits » ont été réalisés. Parmi les personnes invitées, la participation au rendez-vous a été de 21 %. Elle dépend du coût, matériel ou psychologique, d'accès aux Caf. Ainsi, les personnes à qui un rendez-vous téléphonique a été proposé ont été 10 % plus nombreuses à participer au rendez-vous, et ces rendez-vous téléphoniques ont été aussi efficaces que les rendez-vous en présentiel en termes d'ouverture de droits. [...] Les personnes qui habitent loin de leur Caf ou qui n'ont jamais eu de contact avec les Caf ont été moins enclines à participer au rendez-vous.

DREES, « Le non-recours aux prestations sociales », Dossier n° 57, www.drees.solidarite-sante.gouv.fr, juin 2020.

Principales notions

- Composantes du système de protection sociale
- Aide sociale
- Protection universelle
- Protection complémentaire
- Régimes de Sécurité sociale
- Caractère subsidiaire

Capacités exigibles

- Illustrer le caractère complémentaire, subsidiaire ou supplémentaire des différentes composantes du système de protection sociale
- Repérer la complémentarité entre les prestations d'assurance maladie de Sécurité sociale et les prestations des organismes complémentaires de l'assurance maladie
- Illustrer le principe d'universalité de l'assurance maladie
- Présenter l'organisation du principal régime de Sécurité sociale

Vers compétences PIX

D3.1 - Développer des documents textuels

CHAPITRE 9 L'organisation générale du système de protection sociale

AVANT LA CLASSE

Image
liennathan.fr/mey684

Regardez l'image et répondez à la question suivante :
Que représentent les neuf vignettes et le parapluie ?

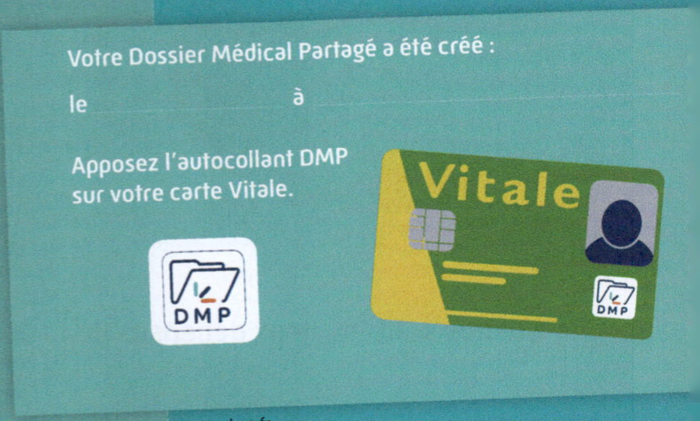

www.dmp.fr

→ À quoi servent le Dossier Médical Partagé et la carte Vitale ?

1 Les composantes du système de la protection sociale

DOC 1 Les différents dispositifs de prise en charge des risques sociaux

La protection sociale est organisée selon différents niveaux. La Sécurité sociale fournit une couverture de base des risques maladie, maternité, invalidité, décès, accidents du travail, maladies professionnelles, vieillesse et famille. Le risque chômage est géré par l'UNEDIC (Union nationale pour l'emploi dans l'industrie et le commerce) et le Pôle emploi. Une couverture complémentaire facultative est proposée par les mutuelles, les sociétés d'assurance privées et les institutions de prévoyance. De plus, l'aide sociale de l'État et l'aide sociale du département contribuent à la satisfaction des besoins des personnes les plus démunies.

1 Soulignez les différents dispositifs du système de protection sociale.

2 À partir du DOC 1, identifiez les acteurs de ces dispositifs (complétez le tableau).

Risques sociaux	Dispositif de base	Dispositif complémentaire facultatif	Dispositif d'aide sociale
Maladie, maternité, invalidité, décès			
Acccidents du travail, maladies professionelles			
Vieillesse			
Famille			
Chômage			

DOC 2 Le budget de la protection sociale en 2019

Répartition des dépenses de protection sociale en France en milliards d'euros

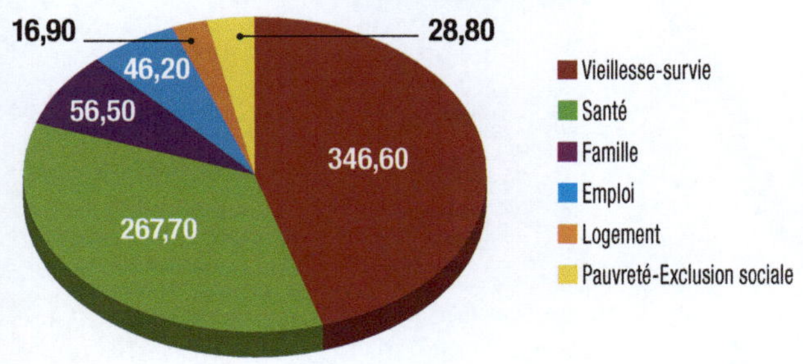

Ressources de la protection sociale en milliards d'euros

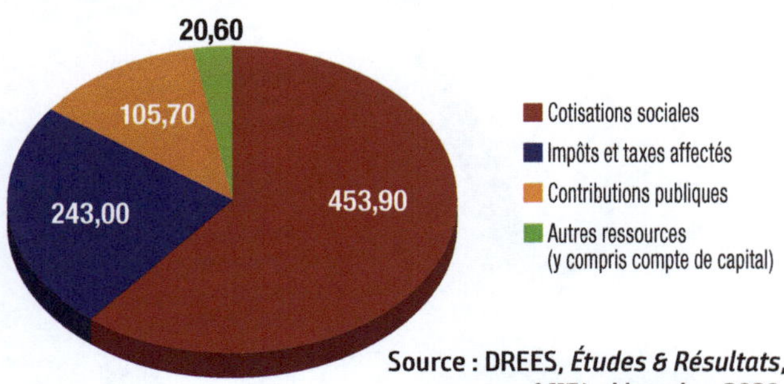

Source : DREES, *Études & Résultats*, n° 1174, décembre 2020.

3 Quelles sont les deux dépenses de la protection sociale les plus importantes ?

....

4 Quelles sont les deux sources de financement les plus importantes pour couvrir ces dépenses ?

....

2 La couverture de base : la Sécurité sociale

DOC 3 Les différents régimes de la Sécurité sociale

LE RÉGIME GÉNÉRAL DE LA SÉCURITÉ SOCIALE		
	**88 %** de la population couverte	Il concerne les salariés du secteur privé, les artisans, les commerçants et les professions libérales.
LE RÉGIME AGRICOLE		
	**5 %** de la population couverte	Il accompagne les exploitants, les salariés agricoles et les entreprises agricoles.
LES RÉGIMES SPÉCIAUX		
	**7 %** de la population couverte	Ils regroupent les fonctionnaires (civils et militaires), la SNCF, EDF, les employés et clercs de notaires, les employés des cultes, etc.

5 De quel régime dépend un professeur de BPH ? ....

DOC 4 L'organisation du régime général

La branche famille est pilotée par la Caisse nationale d'allocations familiales (Cnaf) et est mise en œuvre au niveau local par les caisses d'allocations familiales présentes sur tout le territoire. La branche retraite est gérée par la Caisse nationale d'assurance vieillesse et sur le terrain par les caisses d'assurance retraite et de la santé au travail (Carsat). Elle verse les pensions aux retraités. La branche maladie est gérée par la Caisse nationale de l'assurance maladie et son réseau de caisses primaires d'assurance maladie (CPAM). Elle assure la prise en charge des dépenses de santé. Elle recouvre les risques maladie, maternité, invalidité et décès. La branche accidents du travail est gérée par la Caisse nationale d'assurance maladie et par les caisses d'assurance retraite et de la santé au travail (Carsat). Elle gère les risques professionnels auxquels sont confrontés les travailleurs. La branche recouvrement est gérée par l'Agence centrale des organismes de sécurité sociale (Acoss) et par l'Union de recouvrement des cotisations de sécurité sociale et d'allocations familiales (Urssaf). Elle collecte les cotisations et contributions sociales pour les redistribuer au bénéfice des autres branches.

6 Soulignez les différentes branches du régime général de la Sécurité sociale.

7 Comment sont partagées les missions entre les caisses nationales et les caisses locales ?

....

....

8 Où s'adresse l'usager :

- pour faire une demande d'allocation logement ? ....
- pour obtenir une demande de retraite ? ....
- pour le remboursement des frais pharmaceutiques ? ....
- pour déclarer un accident du travail ? : ....
- pour déclarer un employé ? ....

3 La couverture complémentaire : mutuelles, assurances privées et institutions de prévoyance

DOC 5 Le remboursement des risques sociaux par les acteurs privés

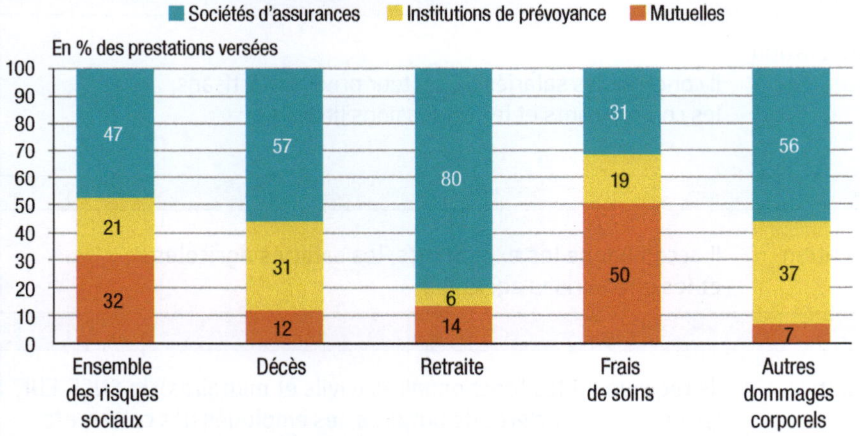

Sources : Données ACPR et DREES, 2018 ; calculs DREES, 2019.

9 Quel est l'acteur de la couverture complémentaire le plus concerné par le remboursement :

– des risques sociaux ?

....

– des frais de soins ?

....

– de la retraite ?

....

DOC 6 Les différences entre les mutuelles et les assurances privées

Régies par le Code de la mutualité, les **mutuelles** fonctionnent grâce à la solidarité et l'entraide de tous. Dans une mutuelle, les coûts sont répartis de manière solidaire : chacun paie selon ses moyens et reçoit selon ses besoins. Les mutuelles ne peuvent réaliser aucun bénéfice, contrairement aux sociétés d'assurances. Les excédents peuvent servir à développer de nouvelles garanties, prendre en charge de nouveaux traitements plus efficaces. Les **sociétés d'assurances privées** sont des sociétés de capitaux à but commercial, leur objectif est la réalisation de bénéfices et la redistribution par la suite aux actionnaires. Elles sont régies par le Code des assurances. Elles proposent des tarifs différenciés qui peuvent d'une part varier en fonction des risques présentés par une personne, de son âge, son sexe, son lieu d'habitation, son état de santé ou en fonction du niveau de remboursement souhaité par l'assuré (plus la prime d'assurance est élevée, plus le montant des remboursements le sera aussi). Quant aux **sociétés de prévoyance**, comme les mutuelles, ce sont des structures à but non lucratif dont le fonctionnement repose sur la solidarité.

10 Pour l'usager, quelle est la principale différence entre une mutuelle, une société de prévoyance et une assurance privée ?

....

....

....

11 Comment peut-on expliquer cette différence de traitement ?

....

....

....

4 La couverture subsidiaire : le dispositif d'aide sociale

DOC 7 Les prestations de l'aide sociale en France

Il [...] existe des dizaines de prestations dans des sphères différentes : les aides à la santé, à la famille, à l'achat d'énergie, à l'emploi, aux agriculteurs, aux personnes en situation de handicap, aux demandeurs d'asile, les bourses étudiantes... Certaines prestations consistent en des sommes versées chaque mois aux bénéficiaires ou ponctuellement, d'autres prennent d'autres formes (par exemple, la prime pour l'emploi est un crédit d'impôt). Il faut également préciser que ces aides sont versées par une multitude d'organismes, et qu'il existe aussi bien des aides nationales que locales. [...]. On peut néanmoins distinguer [...] dans ce débat : les dix minima sociaux (revenu de solidarité active (RSA), allocation aux adultes handicapés (AAH), allocation de solidarité aux personnes âgées (ASPA), etc.), c'est-à-dire le plancher des ressources garanties à chacun [...].

Adrien Sénécat, « Quatre questions sur les aides sociales en France », www.lemonde.fr, 4 juin 2018.

12 Pourquoi existe-t-il autant de prestations sociales en France ?

....

....

....

13 Qui gère ces aides sociales ?

....

DOC 8 L'aide sociale

L'aide sociale est [...] un ensemble de prestations [...] attribuées sans contribution préalable des bénéficiaires. Il s'agit d'un ensemble de prestations en nature ou monétaires constituant une obligation mise à la charge des collectivités publiques par la loi, et qui sont destinées à faire face à un état de besoin pour les bénéficiaires dans l'impossibilité d'y pourvoir [...] Le bénéfice des prestations d'aide sociale est conditionné par l'absence de ressources personnelles provenant soit de son activité, soit de ses biens. Il est impératif que le demandeur ne puisse satisfaire lui-même le besoin. [...] L'aide sociale a donc un caractère subsidiaire par rapport à la Sécurité sociale : elle n'intervient qu'à condition que les droits acquis auprès des divers régimes sont épuisés. Qui plus est, la solidarité de la société ne peut jouer que si le recours à la solidarité familiale a été épuisé.

Céline Leborgne-Ingelaere, « Aide et actions sociales », www.wikiterritorial.cnfpt.fr, juillet 2018.

14 Qu'est-ce que l'aide sociale ? Quelle(s) forme(s) peut-elle prendre ?

....

....

....

....

15 Quelles sont les conditions pour bénéficier de ces prestations ?

....

....

....

....

16 Que signifie leur « caractère subsidiaire » ?

....

....

....

5 La prise en charge du risque maladie

DOC 9 Les secteurs 1 et 2

Le secteur 1 regroupe les médecins qui appliquent le tarif conventionnel, c'est-à-dire le tarif fixé par la Sécurité sociale. Pour un médecin généraliste ou spécialiste, il est de 25 euros sur lesquels vous êtes remboursé à 70 %, c'est-à-dire 17,50 euros (moins 1 euro de participation forfaitaire, soit 16,50 euros). Le secteur 2, ou secteur conventionné à honoraires libres, regroupe les médecins généralistes ou spécialistes qui sont autorisés à appliquer des honoraires libres. Ces dépassements ne sont pas pris en charge par la Sécurité sociale, et le remboursement se fait sur une base de 23 euros (toujours à hauteur de 70 % et moins 1 euro de participation forfaitaire). Pour une consultation chez un médecin généraliste ou spécialiste du secteur 2, vous serez donc remboursé 15,10 euros. C'est alors votre complémentaire santé qui, selon les garanties de votre contrat, pourra prendre en charge le dépassement.

17 Qu'est-ce qui différencie un médecin du secteur 1 et un médecin du secteur 2 ?

....

....

DOC 10 Dépassement d'honoraires, combien serez-vous remboursé ?

Vidéo : Les dépassements d'honoraires, comment ça marche ? – MAAF
liennathan.fr/3ta76r

18 Visionnez la vidéo et cochez les bonnes réponses.

Affirmations	VRAI	FAUX
La couverture de base des risque se fait par l'assurance maladie.	❏	❏
La participation forfaitaire peut être remboursée par la complémentaire.	❏	❏
Le ticket modérateur est la part des dépenses de santé qu'il reste à payer une fois que l'assurance maladie a remboursé sa part.	❏	❏
Le ticket modérateur reste toujours à la charge du patient.	❏	❏
Le dépassement d'honoraires peut être pris en charge par la complémentaire.	❏	❏
Le remboursement de la Sécurité sociale est de 70 %.	❏	❏

19 En vous aidant des DOCS 9 et 10, calculez les montants du remboursement de la Sécurité sociale et de la mutuelle d'une consultation chez un spécialiste.

Secteur	Prix de la consultation	Remboursement de la Sécurité sociale	Remboursement de la complémentaire santé
Secteur 1	25 €		
Secteur 2	50 €		

DOC 11 L'assurance maladie, un principe d'universalité ?

Vidéo : Qui va bénéficier de la protection universelle maladie ? – LCP
liennathan.fr/793pmk

20 Quels sont les problèmes rencontrés par Sophie ?

....

....

21 Comment peut-on être privé d'assurance santé ?

....

....

....

....

22 Quelle est la solution proposée pour pallier ce problème ?

....

....

DOC 12 Le « reste à charge 0 »

Certaines lunettes, prothèses dentaires et appareils auditifs [sont] pris en charge à 100 % par la Sécurité sociale et les complémentaires santé, donc sans reste à payer pour les patients. L'objectif de ce « reste à charge zéro », baptisé « 100 % santé », est de favoriser l'accès aux soins, notamment pour les assurés sociaux les plus démunis, et faire reculer les inégalités de santé.

Valérie Mazuir, « Santé : ce que prévoit le reste à charge zéro », LesEchos.fr, 2 janvier 2020.

Verres toutes corrections

Traitement
- amincissement
- anti-reflets
- anti-rayures

Prix maximal
- entre 32,50 € et 170 € par verre en fonction de la correction

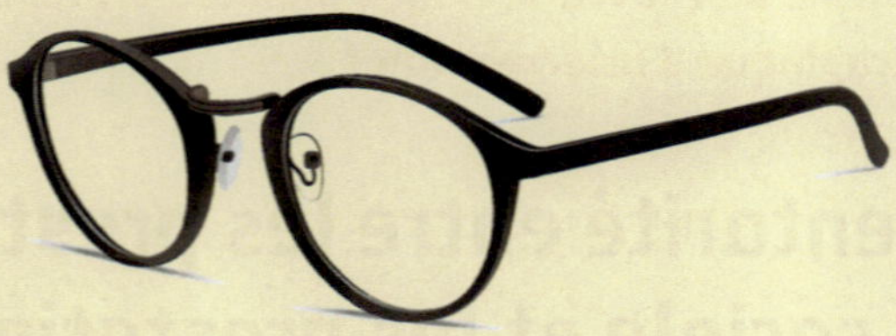

Montures
à 30 € au maximum
10 modèles adultes
17 modèles enfants en 2 couleurs

NE SONT PAS ÉLIGIBLES AU 100 % SANTÉ :
- les lentilles de contact
- la chirurgie réfractive
- certains traitements des verres : l'anti-lumière bleue et l'anti-buée

23 Qu'est-ce que le « reste à charge 0 » ?

....

....

24 Soulignez l'objectif de ce dispositif.

25 Que doit-on respecter pour bénéficier du « reste à charge 0 » sur de nouvelles lunettes ?

....

....

26 Pourquoi est-il nécessaire d'avoir une complémentaire santé pour en bénéficier ?

....

Être capable de

1 Présenter l'organisation du principal régime de Sécurité sociale

* Prise en charge des risques maladie/maternité et accident du travail/maladie professionnelle.

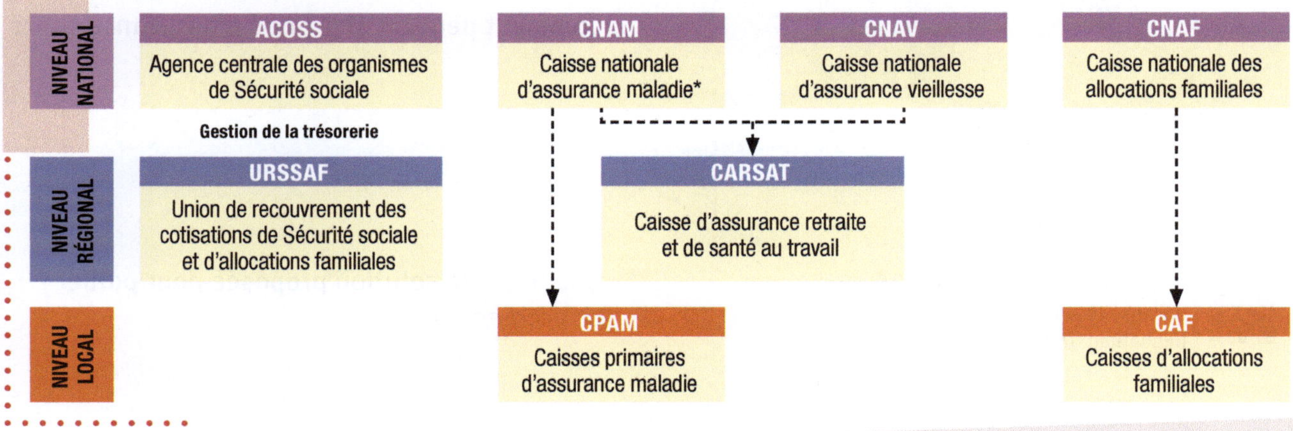

1. **Quels dispositifs du régime général de Sécurité sociale ont pour rôle de couvrir le risque maladie ? Quel est le niveau géographique d'intervention de chacun d'entre eux ?**
2. **Quels dispositifs ont pour rôle de couvrir le risque famille ? Quel est leur niveau géographique d'intervention ?**
3. **Quels dispositifs ont pour rôle de couvrir le risque vieillesse ? Quel est leur niveau géographique d'intervention ?**
4. **Quels dispositifs ont pour rôle de couvrir le risque maladie professionnelle/accident du travail ? Quel est leur niveau géographique d'intervention ?**

2 Repérer la complémentarité entre les prestations d'assurance maladie de Sécurité sociale et les prestations des organismes complémentaires

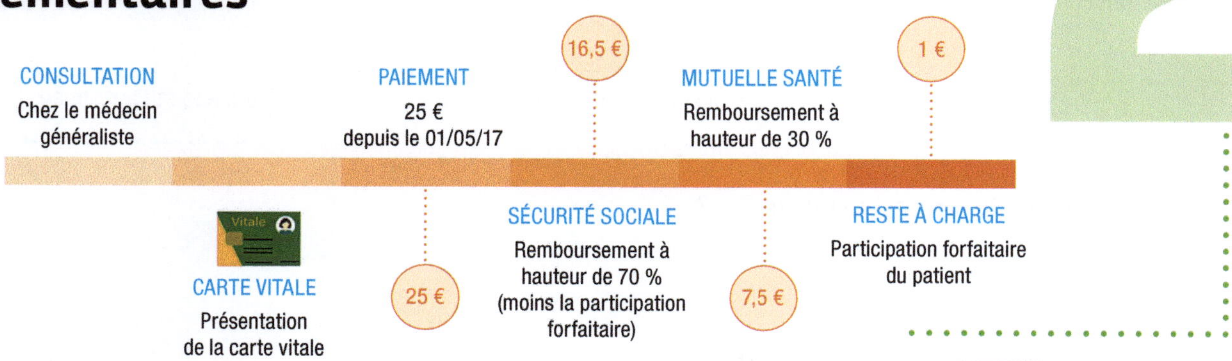

1. **À combien s'élève une consultation chez un médecin généraliste ?**
2. **À combien s'élève le remboursement par la Sécurité sociale ?**
3. **À combien s'élève le remboursement par les organismes complémentaires ?**
4. **Combien paie l'usager après tous les remboursements ?**
5. **Pourquoi a-t-on besoin de plusieurs organismes pour rembourser une consultation ?**

3 Illustrer le principe d'universalité de l'assurance maladie

La complémentaire santé solidaire

La complémentaire santé solidaire vous donne droit à la prise en charge de la part complémentaire de vos dépenses de santé (y compris à l'hôpital). Vos dépenses de santé sont donc prises en charge à hauteur de 100 % des tarifs de la Sécurité sociale. La complémentaire santé solidaire inclut aussi des forfaits de prise en charge pour vos prothèses dentaires, vos lunettes, vos aides auditives…
De plus, pour faciliter votre accès aux soins, vous ne payez pas directement vos dépenses de santé. Il s'agit de la dispense d'avance des frais ou tiers payant.

Exemple d'une consultation chez votre médecin traitant

25 €	Montant total de la consultation
17,50 €	Part remboursée par la Sécurité sociale
7,50 €	Part complémentaire
~~1 €~~	~~Participation forfaitaire~~

Montant pris en charge par la complémentaire santé solidaire (→ Part complémentaire)

Exonération pour les bénéficiaires de la complémentaire santé solidaire (→ Participation forfaitaire)

La consultation est directement réglée par l'assurance maladie et, le cas échéant, par la complémentaire santé solidaire.
La complémentaire santé solidaire est gérée par l'assurance maladie.

www.complementaire-sante-solidaire.gouv.fr

1 **Quel dispositif mis en œuvre par l'assurance maladie prend en charge les frais de santé ?**

2 **Ce dispositif permet-il de couvrir toute la population ? Justifiez votre réponse.**

4 Illustrer le caractère complémentaire, subsidiaire et supplémentaire des différentes composantes du système de protection sociale

La prise en charge des frais liés à l'hospitalisation

Les frais liés à l'hospitalisation sont pris en charge à 80 % par l'assurance maladie. […] À votre sortie d'hôpital, vous aurez à régler :
– **le ticket modérateur**, c'est-à-dire la partie des dépenses de santé qui reste à votre charge après le remboursement de l'assurance maladie […] (20 % des frais), ainsi que le forfait journalier* ;
– **les éventuels suppléments pour confort personnel** (chambre individuelle, téléphone, télévision…) ;
– **les dépassements d'honoraires médicaux**.
Toutefois, si vous avez une mutuelle ou une complémentaire santé, ces frais peuvent être remboursés en partie ou en totalité […]. Si vous n'avez pas de mutuelle ou de complémentaire santé et que vos ressources sont insuffisantes […], [vous pouvez] déposer une demande de complémentaire santé solidaire auprès de votre caisse d'assurance maladie.

* Participation du patient aux frais d'hébergement et d'entretien : 20 €/jour.

« Hospitalisation : votre prise en charge », www.ameli.fr.

1 **En cas d'hospitalisation, quelles composantes du système de protection sociale prennent en charge les frais du patient ?**

2 **Pour cette prise en charge :**
– quelle composante intervient en premier ? Comment ?
– qui complète ce remboursement ? Quels sont les frais concernés ?
– qui peut intervenir s'il reste des frais non remboursés ?

SYNTHÈSE DES notions

La protection sociale en France
protège les individus contre tous les risques sociaux

Couverture de base
obligatoire pour les individus

- Pôle emploi
- Sécurité sociale
- PUMa : prise en charge des frais de santé pour tout individu quelle que soit sa situation ; c'est le principe d'universalité

Couverture complémentaire
facultative pour les individus

- Mutuelles
- Assurances privées
- Institutions de prévoyance

Couverture subsidiaire
obligatoire pour l'État et le département

- Aide sociale de l'État ou du département (*exemple :* le RSA ou revenu de solidarité active)

Le régime général de Sécurité sociale + régime agricole + régimes spéciaux

- **Branche maladie** (CNAM, CPAM)
- **Branche maladie professionnelle/accident du travail** (CNAM, CARSAT)
- **Branche vieillesse** (CNAV, CARSAT)
- **Branche famille** (CNAF, CAF)
- **Branche recouvrement** (ACOSS, URSSAF)

SYNTHÈSE DES capacités

Illustrer le principe d'universalité de l'assurance maladie

- Préciser le dispositif mis en œuvre par l'assurance maladie
- Mettre en évidence le fait que ce dispositif permet de couvrir toute la population

Illustrer le caractère complémentaire, subsidiaire ou supplémentaire des différentes composantes du système de protection sociale

- Identifier les composantes impliquées dans la mise en œuvre des prestations sociales
- Repérer qui intervient et pour quelles prestations :
  – en premier
  – en complément
  – en cas de besoin

Repérer la complémentarité entre les prestations d'assurance maladie et des organismes complémentaires

- Repérer la prestation d'assurance maladie
- Identifier les montants ou les pourcentages de remboursement appliqués par l'assurance maladie et par l'organisme complémentaire

Présenter l'organisation du principal régime de Sécurité sociale

- Identifier les différents dispositifs du régime général de Sécurité sociale en fonction du niveau géographique d'intervention et de la branche concernée
- Préciser le mode de financement

Vers PIX D3.1

L'impact du vieillissement de la population sur la protection sociale

Capacités mises en œuvre

- Mobiliser les indicateurs adaptés pour évaluer l'état de santé, de bien-être ou de cohésion sociale d'une population
- Identifier un risque social et repérer les différentes réponses de protection sociale
- Présenter l'organisation du principal régime de Sécurité sociale

À partir de vos connaissances, des annexes et des outils à votre disposition, réalisez l'activité technologique suivante.

1. Présentez les différents besoins en santé des personnes âgées en France.
2. Caractérisez les impacts du vieillissement sur le système de protection sociale. FICHE OUTIL 3
3. Présentez les diverses aides proposées pour prendre en charge le risque vieillesse.
4. À quels problèmes sera confrontée la protection sociale au niveau du risque vieillesse ?
5. Quelles seront les solutions envisagées ?
6. Par groupe de deux ou trois, concevez un quiz sur le thème du vieillissement de la population et de la protection sociale. Utilisez le logiciel de votre choix. Administrez ensuite le quiz à vos camarades.

ANNEXE 1 Grand âge et autonomie, les chiffres clés

Démographie

4,8 millions de personnes de 85 ans et plus en 2050.

x3,2 augmentation du nombre de personnes de 85 ans et plus entre 2017 et 2050.

Perte d'autonomie

2,2 millions de personnes en perte d'autonomie en 2050, contre 1,3 million en 2017.

40% des personnes qui décèdent en France ont connu la perte d'autonomie.

Dépenses publiques

30 Mds € consacrés à la prise en charge de la perte d'autonomie en 2014, dont 80% de dépenses publiques.

Hôpital

33 % des patients hospitalisés pendant l'année 2017 ont plus de 65 ans.

40 % des personnes de plus de 80 ans ont connu au moins un séjour hospitalier en 2017.

Accompagnement à domicile

760 000 personnes âgées bénéficient de l'allocation personnalisée d'autonomie (APA) à domicile.

60 % des bénéficiaires de l'APA vivent à leur domicile.

Aidants

3,9 millions de personnes apportent une aide régulière à un proche de 60 ans ou plus vivant à domicile en raison de son âge ou d'un problème de santé.

Manque d'informations

72,5 % des Français jugent qu'ils sont mal informés des dispositifs d'aide et de prise en charge des personnes âgées en perte d'autonomie.

Isolement

50 % des personnes de plus de 75 ans n'ont plus de réseau amical actif.

Ministère des Solidarités et de la Santé, « Concertation Grand âge et autonomie », Dossier de presse, 28 mars 2019.

ANNEXE 2 Les dépenses de prestations sociales

l'Assurance Maladie

Podcast : En France, 81 % des dépenses en prestations sociales sont des dépenses de santé et de vieillesse – Fanny Guinochet, France Info
liennathan.fr/xp7c98

ANNEXE 3 Le remboursement des soins par tranche d'âge

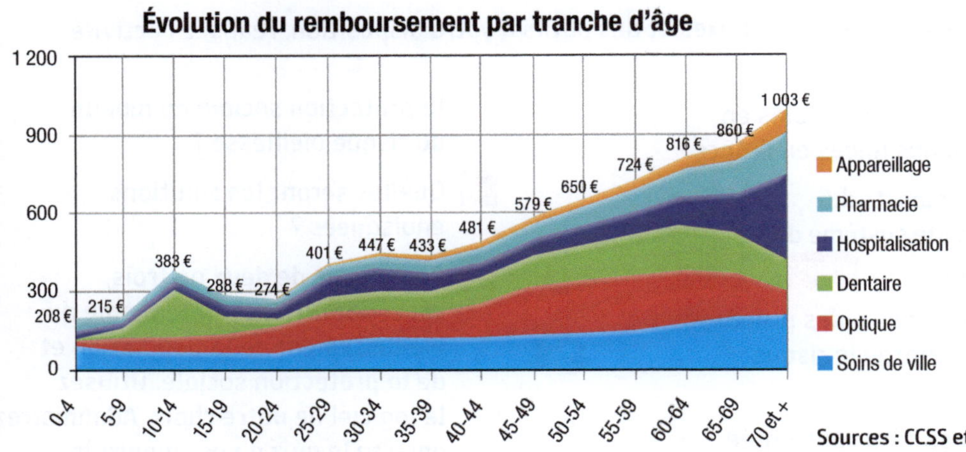

Sources : CCSS et DREES, 2016.

ANNEXE 4 Dépendance, il est temps d'agir

Le Parlement a acté cet été la création d'une cinquième branche de la Sécurité sociale, consacrée à la perte d'autonomie pour les personnes âgées et les personnes handicapées, qui se trouve ainsi reconnue comme un risque social à part entière. [...] Malgré les progrès de la médecine, le nombre de personnes en perte d'autonomie ira croissant. Le défi de la dépendance est devant nous. Ce défi doit être relevé d'autant plus vite que le modèle actuel est, selon l'expression consacrée, à bout de souffle. Si le nombre d'Ehpad a augmenté depuis dix ans (de 500 000 à 600 000 places), les professionnels sont insuffisamment formés pour faire face à la perte d'autonomie et le reste à charge est élevé, 1 800 euros en moyenne. [...] Le financement de la dépendance est l'un des enjeux à trancher dans les mois et années qui viennent. La création d'un cinquième risque de la Sécurité sociale a été actée l'été dernier et plusieurs pistes de financement ont été proposées dans le rapport Vachey remis mi-septembre. Le gouvernement a promis 1 milliard d'euros supplémentaire dès 2021, auquel pourrait contribuer le Fonds de réserve pour les retraites. Doivent s'y ajouter 2,3 milliards d'euros à partir de 2024, venus de la CSG. Mais cela sera trop peu pour répondre aux besoins, chiffrés à 6,2 milliards par an d'ici à 2024 et 9,2 milliards d'ici à 2030 dans le rapport Libault de 2019.

Céline Mouzon, « Dépendance, il est urgent d'agir », www.alternatives-economiques.fr, 6 octobre 2020.

Principales notions

- Veille sanitaire
- Sécurité sanitaire
- Restauration de la santé
- Éducation à la santé
- Prévention
- Promotion de la santé

Capacités exigibles

- Caractériser les modes d'intervention en santé
- Mettre en relation une action de santé avec la question de santé qui en est à l'origine
- Repérer le lien entre des actions de santé et les déterminants sociaux et territoriaux de santé
- Illustrer l'apport de la protection sociale à la santé des populations

Vers compétences PIX

D3.1 - Développer des documents textuels

Les différents modes d'intervention en santé

CHAPITRE 10

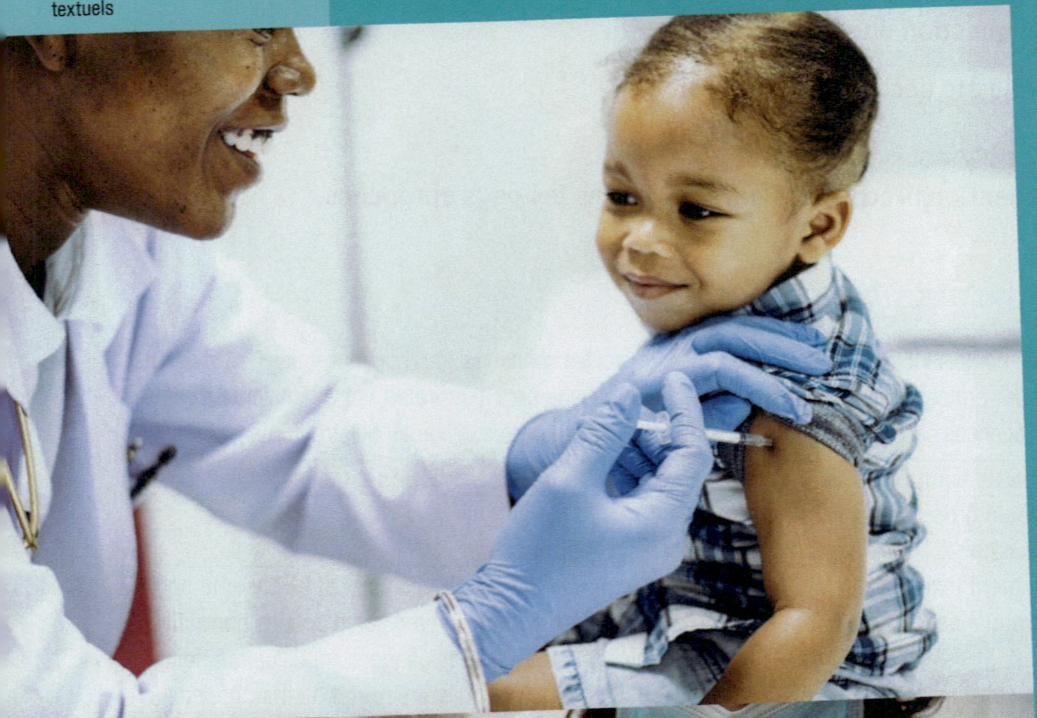

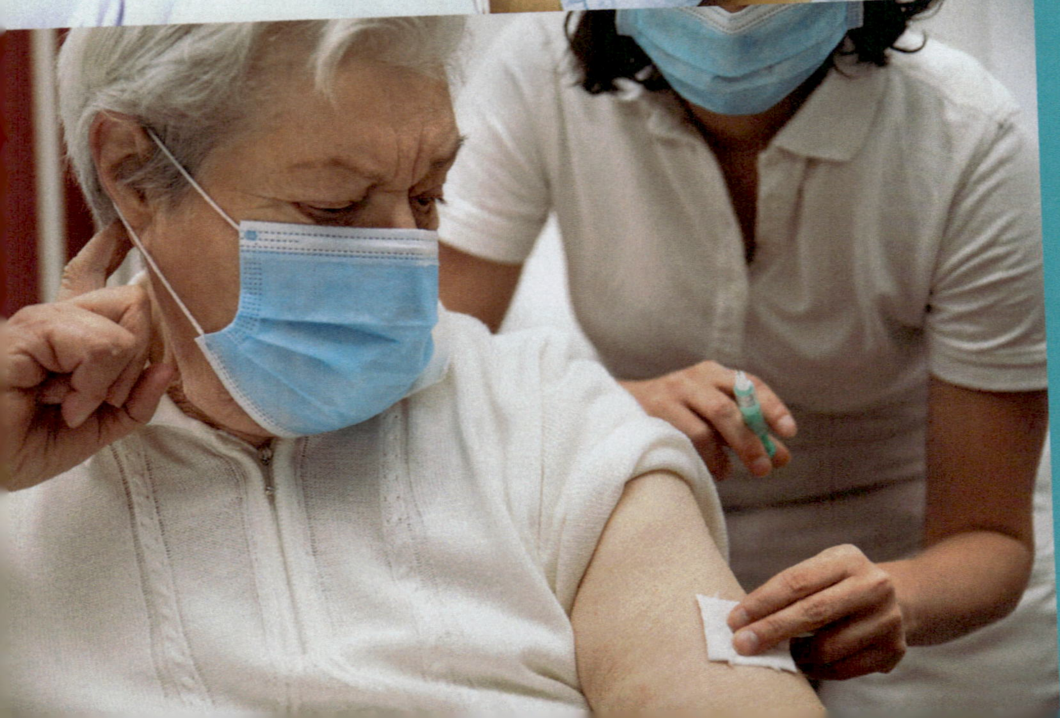

AVANT LA CLASSE

Image liennathan.fr/3f8cn3

Regardez l'image et répondez à la question suivante :
Ce jeu vous semble-t-il utile pour améliorer la santé de la population ?

→ *De quelle action de santé publique s'agit-il ?*

→ *Quel lien pouvez-vous faire avec l'approche globale de la santé ?*

1 La veille et la sécurité sanitaire

DOC 1 Déclaration du Dr Kluge, directeur régional de l'OMS pour l'Europe

Le docteur Kluge a déclaré que le nombre de cas devrait encore augmenter. Il a exhorté les pays à poursuivre [...] leurs efforts pour lutter contre la maladie. [...] La réunion fait suite à la déclaration effectuée hier par le [...] directeur général de l'OMS, à savoir que la Covid-19 peut être qualifiée de pandémie [...]. « Bien qu'il incombe à chaque pays de déterminer la nature des interventions à mener afin de prévenir ou de ralentir la transmission du virus [...], l'OMS/Europe considère que [...] les pays peuvent envisager [...] : la fermeture des écoles et des universités, [...] [le] télétravail, la réduction [...] des transports publics [...]. »

« L'OMS déclare que la flambée de Covid-19 constitue une pandémie », www.euro.who.int, 12 mars 2020.

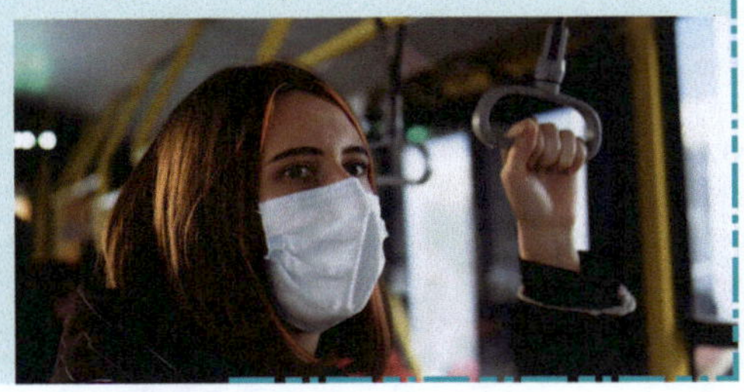

1 De quel risque sanitaire est-il question dans le DOC 1 ?

2 Quand l'alerte sanitaire a-t-elle été déclenchée et par qui ?

3 Soulignez les mesures de prévention préconisées par l'OMS dans les pays européens.

DOC 2 Signaler un risque pour la santé publique

Professionnels de santé, [...] vos signalements sont essentiels pour faire progresser les connaissances sur les risques [...] et assurer la sécurité des patients, des usagers et des professionnels [...]. Selon la nature de l'événement indésirable, votre signalement est [...] transmis aux structures compétentes : agences sanitaires nationales, ARS [agences régionales de santé] ou structures [...] d'appui.

Quels événements sanitaires indésirables signaler aux autorités sanitaires ?	
▸ Tout événement indésirable associé à des soins [...]	
▸ Tout effet sanitaire indésirable suspecté d'être lié à des produits de consommation	
• Produits ou substances potentiellement toxiques [...] : produits d'entretien, cosmétiques, tatouages, compléments alimentaires, pesticides, etc. • Substances psychoactives : produits, substances, plantes, etc.	**Objectifs :** renforcer la sécurité d'emploi et favoriser le bon usage des produits par la mise en place d'actions correctives ou préventives (information des usagers, modification de la notice, restriction d'utilisation, voire retrait du marché, etc).
▸ Les maladies nécessitant [...] une surveillance continue	
• 34 maladies à déclaration obligatoire : rougeole, tuberculose, méningite, saturnisme, dengue, légionellose, listériose, etc. • Maladies infectieuses en collectivité : infections respiratoires aiguës, gastro-entérites aiguës, etc.	**Objectifs :** mettre rapidement en place des mesures pour limiter notamment les risques d'épidémie ; permettre une surveillance de ces maladies afin de mieux cibler les actions de prévention et de contrôle [...].

« Le professionnel de santé au cœur de la sécurité sanitaire », fiche pratique, solidarites-sante.gouv.fr.

4 Quels sont les trois types d'événements indésirables à signaler aux autorités sanitaires ?

5 Pourquoi certaines maladies nécessitent-elles une « *surveillance continue* » ?

DOC 3 Covid-19, les chiffres clés en France au 16/12/2020

Santé publique France

Santé publique France, dans le cadre de ses missions de surveillance, de vigilance et d'alerte dans les domaines de la santé publique, analyse les données de la Covid issues de son réseau de partenaires et publie un tableau de bord quotidien avec les indicateurs clés de suivi de l'épidémie.

2 409 062
CAS CONFIRMÉS
(+ 17 615 DEPUIS LA VEILLE)

Sources : données issues des laboratoires partenaires

8 979
NOUVELLES HOSPITALISATIONS SUR LES 7 DERNIERS JOURS DONT
1 205 EN RÉANIMATION

Sources : données remontées par les centres hospitaliers

59 361
DÉCÈS DONT
40 942 À L'HOPITAL
(+ 292 en 24 heures)

Sources : données remontées par les centres hospitaliers et par les établissements et services médico-sociaux

« Coronavirus : chiffres clés et évolution de la Covid-19 en France et dans le monde », www.santepubliquefrance.fr, 16 décembre 2020, chiffres arrêtés à 14 heures (mis en ligne en fin de journée).

6 À quelle fréquence sont transmises les informations épidémiologiques ? Pourquoi ce choix ?

....

....

DOC 4 Veille sanitaire, sécurité sanitaire

Veille sanitaire : collecte et analyse, en continu, par les structures de veille et/ou de santé publique de signaux évoquant un risque pour la santé publique, dans une perspective d'alerte, d'anticipation et d'action précoces.

Sécurité sanitaire : ensemble de décisions et d'actions qui visent à anticiper et prévenir l'apparition des risques sanitaires et, en cas de survenue, à les gérer efficacement pour limiter l'impact sur les populations.

solidarites-sante.gouv.fr.

DOC 5 La restauration de la santé des patients Covid-19

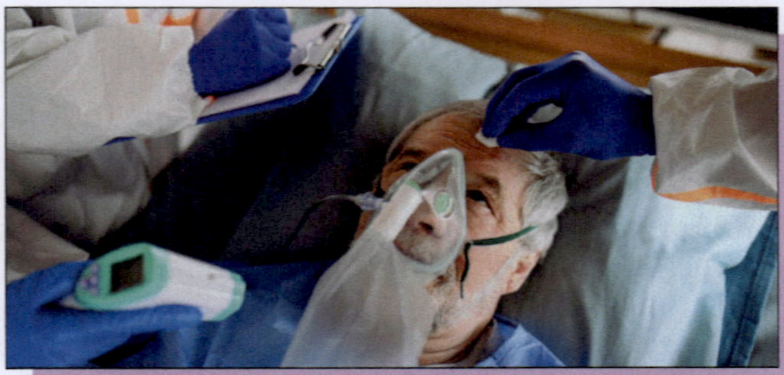

Vidéo : Covid-19 : réorganisation d'un service de réanimation pour une meilleure prise en charge des patients – AP-HP
liennathan.fr/53qhi2

7 Repérez les acteurs de la veille épidémiologique sur la Covid (DOC 3) :

– qui collecte les données ?

....

– qui analyse les données ?

....

8 Pourquoi peut-on dire que la veille sanitaire de l'OMS a influencé la mise en place de mesures de sécurité sanitaire en Europe ?

....

....

....

9 Quels sont les actes et les traitements médicaux de la prise en charge d'un patient Covid-19 ?

....

....

10 Quel est l'objectif de la restauration de la santé ?

....

....

2 La prévention

DOC 6 Données sur les hépatites en France

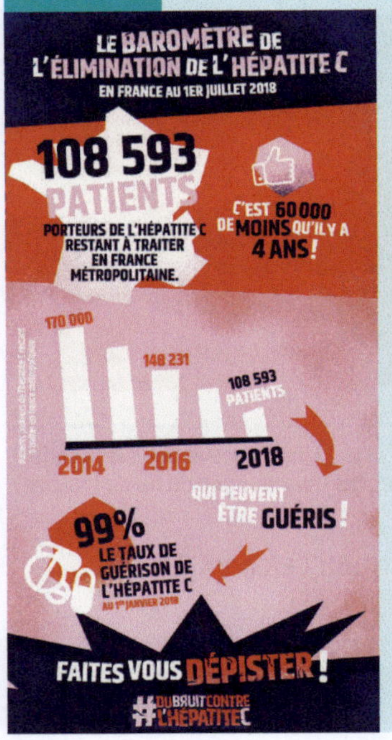

Hépatite B - Évolution 2006-2018

	Couverture vaccinale	Nbre de cas déclarés
2006	39,3 %	185
2007	41,9 %	163
2008	47,0 %	143
2009	51,0 %	111
2010	64,6 %	98
2011	74,2 %	95
2012	78,1 %	96
2013	81,5 %	80
2014	83,1 %	83
2015	88,1 %	95
2018	96,8 %	59

Sources : www.soshepatites.org et Santé publique France.

11 Quel est le message de l'affiche ?

12 Que nous apprend le tableau sur l'évolution de l'hépatite B ?

DOC 7 L'hépatite, une maladie méconnue

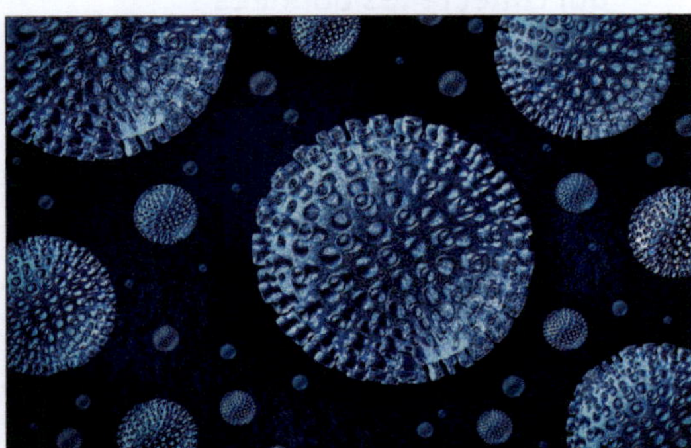

Vidéo : Journée mondiale contre l'hépatite – OMS
liennathan.fr/g653kd

13 Pourquoi l'hépatite est-elle considérée comme un grave problème de santé publique ?

14 Quelles actions sont préconisées pour se protéger de l'hépatite ?

DOC 8 La prévention

La notion de prévention décrit l'ensemble des actions, des attitudes et comportements qui tendent à éviter la survenue de maladies ou de traumatismes ou à maintenir et à améliorer la santé.

Bourdillon, Brücker, Tabuteau, *Traité de santé publique*, Lavoisier, 2016.

15 Soulignez les objectifs de la prévention (DOC 8).

16 Pourquoi peut-on dire que les mesures pour se protéger de l'hépatite (DOC 7) sont des mesures de prévention ?

DOC 9 La prévention aux différents stades de la maladie

Niveaux de prévention	Caractéristiques	Exemples de mesures
Prévention primaire	Elle intervient avant l'apparition de toute perturbation de la santé en agissant sur les facteurs de risque. Elle diminue l'incidence.	Campagne d'information, vaccination, texte juridique (port de la ceinture de sécurité…), spot télévisé.
Prévention secondaire	Elle intervient au début de la maladie pour ralentir sa progression : dépistage, diagnostic et traitement des premiers signes. Elle diminue la prévalence.	Mammographie, analyse biologique, contrôle de la vue, défibrillateur dans l'espace public.
Prévention tertiaire	Elle intervient après la maladie pour réduire les complications (médicales, sociales et psychologiques) et les rechutes.	Séance de kinésithérapie, adaptation du poste de travail, groupe de parole.

17 Soulignez en bleu le moment où intervient chaque type de prévention et en rouge l'objectif.

DOC 10 Exemples de mesures de prévention

Vidéo : Du bruit contre l'hépatite C – AFEF
liennathan.fr/4q63cn

Le 21e Forum national SOS hépatites aura lieu les 14 et 15 novembre 2019 à Montpellier […] !
Nous vous invitons à ce rendez-vous annuel d'échange et de formation entre personnes concernées, hépatologues, addictologues et professionnels engagés dans l'accompagnement et le soin.

soshepatites.org

Réseau ESPAS -a ccueil et soutien psychologique VIH et sida, hépatites

ESPAS est un réseau animé par des professionnels de santé pour répondre à la demande croissante de soutien psychologique ou psychiatrique des personnes concernées par le sida et les hépatites, et de leur entourage. […] Ces services sont entièrement gratuits.

www.ch-maison-blanche.fr

Des actions de prévention contre l'hépatite C

- des règles d'asepsie strictes lors des soins médicaux et dentaires,
- la réduction des risques chez les usagers de drogues : pas de partage de matériel […],
- l'utilisation d'aiguilles neuves, à usage unique […] lors des tatouages, piercings […],
- pas de partage d'objets de toilette (rasoir, brosse à dents, coupe-ongles, etc.) […].

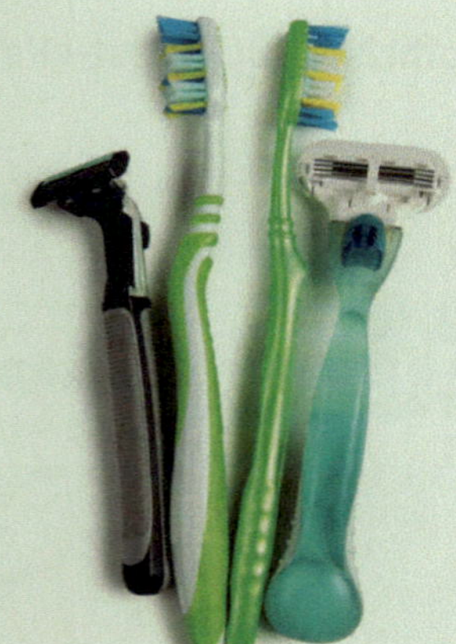

Santé publique France.

18 Pour chacune des mesures de prévention présentées, citez la ou les actions mises en œuvre ainsi que le niveau de prévention auquel elles correspondent.

....

....

....

....

3 L'éducation à la santé

DOC 11 La semaine nationale de prévention du diabète (2019)

19 De quels problèmes de santé est-il question dans cette affiche ?

....

....

....

....

20 Quelles sont les mesures de prévention proposées ?

....

DOC 12 L'éducation à la santé, une mesure de prévention

L'éducation pour la santé est la composante des soins de santé qui vise à encourager l'adoption de comportements favorables à la santé. [...] On aide les gens à élucider leur propre comportement et à voir comment ce comportement influence leur état de santé. On les encourage à faire leurs propres choix pour une vie plus saine. On ne les force pas à changer.

OMS, *Manuel d'éducation pour la santé dans l'optique des soins de santé primaires*, 1990.

21 Soulignez l'objectif de l'éducation à la santé.

22 L'affiche (DOC 11) est-elle un outil d'éducation à la santé ? Justifiez votre réponse.

....

....

DOC 13 L'éducation thérapeutique du patient

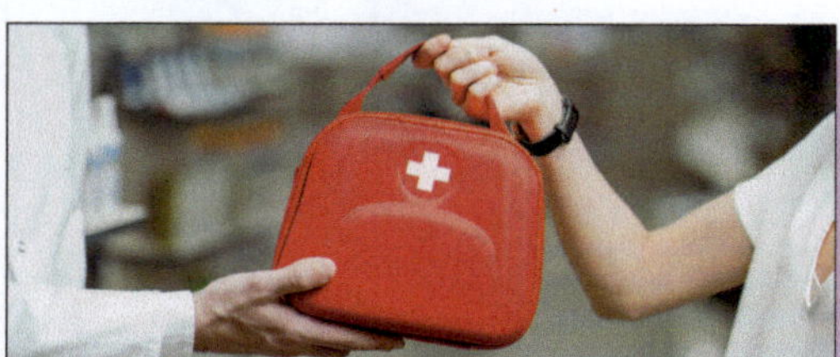

Vidéo : L'éducation thérapeutique du patient (ETP) : comment ça marche ? – Association Actions Traitements – liennathan.fr/kg264t

23 Présentez l'éducation thérapeutique :

– public visé : ....

– objectif : ....

24 Quel est le point commun entre l'éducation thérapeutique et l'éducation pour la santé ?

....

....

25 Reliez les deux types d'éducation au niveau de prévention correspondant (DOC 9).

Éducation thérapeutique •	• Prévention primaire
	• Prévention secondaire
Éducation pour la santé •	• Prévention tertiaire

4 La promotion de la santé

DOC 14 Ensemble autour d'une soupe à Brest

La 15e édition du Festival de la soupe a eu lieu en octobre 2019 dans le quartier Saint-Marc. Organisé par le conseil consultatif de quartier, il regroupe chaque année de nombreux habitants et professionnels autour d'ateliers visant à développer la consommation de légumes mais également à favoriser le vivre ensemble et les rencontres intergénérationnelles.

Réunis pour participer au concours de la meilleure soupe, les participants sont très variés : simples voisins, adhérents d'associations dans différents domaines (écologie, solidarité, culture bretonne, insertion) ou usagers de structures scolaires, d'hébergement, sociales ou médico-sociales, tous concourent à créer une atmosphère festive et conviviale.

Des spectacles, des concerts ou des activités ludiques (jeux anciens, expression artistique ou déambulations poétiques dans les jardins partagés voisins) viennent animer cette manifestation. La production d'un recueil de recettes de soupe est mise en ligne après chaque édition.

26 Soulignez les personnes et les groupes qui participent au Festival de la soupe.

27 Quels sont les différents domaines d'intervention de ce festival ?

....

....

DOC 15 La promotion de la santé

La promotion de la santé représente un processus social et politique global, qui comprend non seulement des actions visant à renforcer les aptitudes et les capacités des individus mais également des mesures visant à changer la situation sociale, environnementale et économique, de façon à réduire ses effets négatifs sur la santé publique et sur la santé des personnes.

OMS, « Glossaire de la promotion de la santé », 1999.

Dans une approche de promotion de la santé, la santé est envisagée de façon **globale** à travers ses différents déterminants et **positive** en termes de bien-être et de qualité de vie et non en termes de risques ou de pathologies.

Instance régionale d'éducation et de promotion santé Grand Est, « La démarche de projet et ses critères de qualité », www.ireps-grandest.fr.

28 Soulignez l'objectif de la promotion de la santé.

29 Pourquoi est-il important que la société investisse dans la promotion de la santé ?

....

....

30 Expliquez pourquoi la promotion de la santé est une notion plus large que la prévention.

....

....

31 À partir des DOCS 14 et 15, pensez-vous que le Festival de la soupe soit une action de promotion de la santé ?

....

....

5 La prise en compte des déterminants de santé

DOC 16 Le dispositif PRECCOSS à Strasbourg

Vidéo : PRECCOSS pour les enfants en surpoids – Strasbourg Eurométropole liennathan.fr/nrn732

32 Quel est l'objectif du dispositif ?

....

33 Quelles sont les actions proposées ?

....

....

34 Pourquoi ce dispositif a-t-il été mis en place à Strasbourg ?

....

....

....

DOC 17 Obésité, pourquoi les plus défavorisés sont aussi les plus touchés ?

Comment expliquer un tel écart ? La Drees met en avant des « habitudes de vie différenciées selon le milieu social », qui se traduisent notamment dans l'assiette mais aussi en termes d'activité sportive ou de temps passé devant les écrans.

Lucile Descamps, fr.news.yahoo.com, 28 août 2019.

35 Comment le dispositif PRECCOSS prend-il en compte les déterminants sociaux de santé ?

....

....

DOC 18 Surmortalité préoccupante dans l'agglomération nazairienne

En effet, il existe une surmortalité de 28 % chez les moins de 65 ans, 41 % de celle-ci étant due à des cancers. [...] Se côtoient dans ce secteur différentes industries [...]. Est-ce [...] les rejets de ces activités dans l'atmosphère qui expliquent cette surmortalité ? Nul ne le sait. C'est pourquoi une enquête épidémiologique de grande envergure est indispensable pour en connaître précisément les origines, ainsi qu'une étude [...] sur les causes de mortalité. [...] Sans attendre les résultats, [...] des programmes de prévention ont été mis en œuvre [...] dans le champ des addictions – tabac, alcool, etc. –, causes importantes de cancers, ainsi que dans ceux de la nutrition-alimentation, de l'hygiène bucco-dentaire et de l'hygiène de vie. L'ARS et l'Assurance maladie financent également des actions de dépistage du cancer du sein et du cancer colorectal.

Réponse du Secrétariat d'État auprès de la ministre des solidarités et de la santé, www.senat.fr, 16 octobre 2019.

36 Quel est le constat fait sur le territoire de l'agglomération de Saint-Nazaire ?

....

37 Soulignez les actions de santé mises en place.

38 À partir des DOCS 17 et 18, expliquez le lien entre le territoire et les actions choisies.

....

....

6 L'apport de la protection sociale à la santé

DOC 19 M'T dents

Vidéo : M'T dents – CPAM d'Indre-et-Loire
liennathan.fr/z45ud8

39 Qu'est-ce que le programme M'T dents ?

....

....

40 Quel est le mode d'intervention mis en œuvre ?

....

41 Quel est l'intérêt de ce programme pour la santé ?

....

....

DOC 20 Les mutuelles, c'est solidaire

Source : adapté de « C'est quoi une mutuelle ? », Mutualité Française.

DOC 21 Assurance maladie : une campagne pour le mal de dos

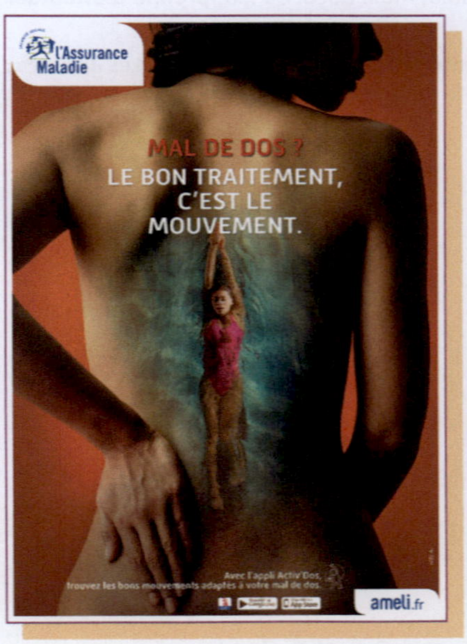

42 Quels sont les organismes de protection sociale qui mettent en œuvre des actions de santé (DOCS 19 à 21) ?

....

43 Comment les mutuelles participent-elles au maintien de la santé (DOC 20) ?

....

....

44 Quel est le mode d'intervention mis en œuvre dans le DOC 21 ? Justifiez votre réponse.

....

....

....

Être capable de

1 Caractériser les modes d'intervention en santé

La prise en charge des addictions comportementales

Le trouble du jeu vidéo [...] [est] « un comportement lié à la pratique des jeux vidéo ou des jeux numériques, qui se caractérise par une perte de contrôle sur le jeu [...] et par la poursuite ou la pratique croissante du jeu en dépit de répercussions dommageables. [...] De plus en plus de services d'addictologie proposent des prises en charge spécialisées pour l'usage excessif de jeux vidéo. Il s'agit généralement d'une prise en charge [...] médicale et psychothérapeutique, ainsi qu'un accompagnement social et familial. [...] L'espace Barbara (CHU de Nantes) propose également un groupe de paroles. [...] Enfin, dans le but de prévenir les conduites problématiques et d'informer la population des risques liés à un usage excessif des écrans, des organismes [...] proposent des outils (sites Internet, flyers...) pour informer les joueurs et leur entourage.

Institut fédératif des addictions comportementales, « Le jeu vidéo pathologique », Ifac-addiction.chu-nantes.fr.

1 **Quel est le problème de santé ?**

2 **Quelles sont les actions mises en place ?**

3 **Précisez pour chaque action le mode d'intervention mis en œuvre. Justifiez votre réponse.**

2 Mettre en relation une action de santé avec la question de santé qui en est à l'origine

Le patient : acteur central de la prise en charge de la maladie

Quel que soit son type, le diabète est une maladie chronique qui nécessite une forte implication du patient dans la prise en charge. Le patient atteint de diabète de type 1 doit mesurer sa glycémie plusieurs fois par jour et s'injecter l'insuline en conséquence. [...] Le patient atteint de diabète de type 2 doit adapter son régime alimentaire et être attentif à son hygiène de vie [...]. Cette participation active nécessite non seulement que le patient accepte l'aspect chronique de la maladie, mais aussi qu'il apprenne à effectuer les gestes appropriés.

Conférence du Pr Patrice Rodien, « Les diabètes : le patient, la maladie, le soignant », www.chu-angers.fr.

Le service d'accompagnement Sophia

Vidéo : Découvrez Sophia, le service d'accompagnement des personnes diabétiques – Assurance maladie
liennathan.fr/57rx4i

1 **Quelle est la question de santé ?**

2 **Quel est le dispositif mis en place ? Quelles sont ses caractéristiques (public, objectif, déterminants concernés) ?**

3 **Quels sont les liens entre la question de santé et les caractéristiques du dispositif ?**

3 Illustrer l'apport de la protection sociale à la santé des populations

1 **Quel organisme de protection sociale est à l'origine du dispositif Sophia ?**

2 **Quel est l'impact de ce dispositif sur la santé de la population ?**

4

Repérer le lien entre des actions de santé et les déterminants sociaux et territoriaux de santé

Mayotte : promouvoir la santé de la mère et de l'enfant

À Mayotte, l'indice de fécondité est de 4,79 enfants par femme (1,87 en France métropolitaine [INSEE, 2019]). Une large partie de la population en grande précarité [...] s'efforce de satisfaire en premier lieu ses besoins physiologiques, ce qui relègue la santé au second plan. En d'autres termes, en 2019, la santé [reproductive et sexuelle] et la planification familiale ne sont pas des préoccupations prioritaires pour les habitants de l'île. La prévention primaire à Mayotte est compliquée en raison du changement régulier des professionnels de santé et de leur pénurie, et également de l'isolement géographique des patients vis-à-vis des structures de soins. De surcroît, ces structures sont débordées par les soins curatifs. [...] C'est dans l'optique d'aller vers la population et d'encourager les usagers à être acteurs de leur propre santé que l'antenne mobile est née en 2011 : ce camion aménagé en salle de consultation et financé par l'agence régionale de santé (ARS) a pour mission principale d'encourager le suivi précoce de la grossesse. [...] L'antenne mobile parcourt une à deux fois par semaine toutes les communes de l'île et accueille les femmes et les jeunes filles tout au long de leur vie affective et sexuelle. Une sage-femme et une intervenante sociale-interprète assurent l'accueil des femmes et aussi parfois des hommes qui souhaitent avoir des conseils en rapport avec la santé sexuelle. [...]

Une échographie de datation et un test de grossesse peuvent être réalisés afin de mieux orienter les femmes. Des outils pédagogiques créés par le réseau de périnatalité et adaptés au contexte mahorais servent de supports explicatifs : mallette contraceptive, jeux, planches anatomiques... L'intervenante sociale parle les trois langues les plus répandues sur le territoire : français, shimahorais, shibushi, ce qui facilite les échanges. [...] En 2019, 300 consultations individuelles ont été réalisées – majoritairement de femmes –, avec des demandes très variées. 176 femmes ont bénéficié d'une consultation avec un examen gynécologique et 51 formulaient des demandes concernant la prise en charge de l'infertilité. [...]

Depuis septembre 2019, le réseau de périnatalité s'est doté d'une nouvelle antenne mobile offrant plus de confort et plus de possibilités en matière de prévention. Il s'agit d'un véhicule plus grand, répondant à des critères qui semblaient importants aux professionnels : répondre à des normes sanitaires, de confort (eau courante et climatisation, car la température peut avoisiner 40 °C pendant la saison des pluies) ; accueillir d'autres partenaires ; faire des animations par petits groupes ; proposer certains dépistages, comme celui du cancer du col de l'utérus.

Anne-Sophie Bonnin et Houssounaïni Halosson, « Mayotte : un camion itinérant de consultation médico-sociale et de prévention en santé sexuelle », *La Santé en action*, n° 452, juin 2020.

1 **Quelle est la situation sanitaire qui pose problème ?**

2 **Quels sont les déterminants sociaux et territoriaux à l'origine de cette situation sanitaire ?**

3 **Quelle action de santé a été mise en place pour apporter une réponse à cette situation : objectif, public et territoire concernés, modalités de mise en œuvre (activités, acteurs, principe) ?**

4 **Quels sont les liens entre les caractéristiques de l'action de santé et les déterminants sociaux et territoriaux ?**

SYNTHÈSE DES notions

La lutte contre les pathologies ou événements pouvant avoir un impact sur la santé de la population

La recherche du bien-être (santé physique, mentale et sociale) et d'une meilleure qualité de vie pour tous

Veille sanitaire
Recueil de données et d'informations en continu, permettant de détecter des menaces sanitaires. En cas de besoin, une alerte est déclenchée.

Sécurité sanitaire
Actions pour anticiper et prévenir l'apparition des risques sanitaires et, en cas de survenue, pour les gérer efficacement.

Prévention
Actions et comportements pour éviter l'apparition, le développement ou l'aggravation de maladies, en tenant compte des déterminants sociaux et territoriaux.

Restauration de la santé
Actions (soins) et moyens (établissements de santé, matériel…) pour prendre en charge une pathologie.

Promotion de la santé
Actions et pratiques pour donner aux populations un plus grand contrôle sur leur santé, en agissant notamment sur les déterminants sociaux et environnementaux.

Prévention primaire
Actions pour éviter une maladie : vaccination, information, **éducation à la santé** (actions qui visent à faire adopter de bons comportements).

Prévention secondaire
Actions pour éviter le développement d'une maladie : dépistage, traitement des premiers signes.

Prévention tertiaire
Actions pour limiter l'impact d'une maladie : rééducation, **éducation thérapeutique**, groupe de paroles.

Objectif : maintien et amélioration de la santé de la population

SYNTHÈSE DES capacités

Caractériser les modes d'intervention en santé
- Préciser le problème de santé
- Relever les actions mises en place
- Préciser pour chaque action le mode d'intervention mis en œuvre et justifier la réponse

Mettre en relation une action de santé avec la question de santé qui en est à l'origine
- Préciser la question de santé
- Repérer l'action de santé mise en place
- Mettre en évidence les liens entre la question de santé et l'action : public, objectif, déterminants concernés…

Illustrer l'apport de la protection sociale à la santé des populations
- Identifier ce qui est mis en œuvre pour la santé de la population : action ou dispositif, organisme de protection sociale qui en est l'auteur, public visé, objectif
- Préciser l'impact sur la santé de la population

Repérer le lien entre des actions de santé et les déterminants sociaux et territoriaux de santé
- Repérer le problème de santé ou la situation sanitaire
- Rechercher ses déterminants sociaux et territoriaux
- Relever et décrire les actions de santé qui apportent une réponse : objectif, public et territoire concerné, modalités de mise en œuvre
- Établir une correspondance entre les caractéristiques des actions et les déterminants sociaux et territoriaux

Activité technologique

Vers PIX D3.1

La lutte contre le saturnisme en Seine-Saint-Denis

Capacités mises en œuvre

- Caractériser les modes d'intervention en santé
- Mobiliser les différents déterminants pour explorer une question de santé
- Présenter l'impact des déterminants sociaux sur l'état de santé d'une personne, d'un groupe
- Repérer le lien entre des actions de santé et les déterminants sociaux et territoriaux de santé
- Mobiliser les indicateurs adaptés pour évaluer l'état de santé, de bien-être ou de cohésion sociale d'une population

À partir de vos connaissances, des annexes et des outils à votre disposition, réalisez l'activité technologique suivante.

1 Présentez les caractéristiques du saturnisme (risque sanitaire, conséquences). ▸ FICHE OUTIL 3

2 Présentez les déterminants sociaux et environnementaux de cette pathologie ainsi que leurs facteurs de risque sous forme de carte mentale.

3 Quelle est la situation du département de la Seine-Saint-Denis (93) au regard de cette pathologie ?

4 Listez les différentes actions de santé mises en place sur le territoire de Saint-Denis. Caractérisez chacune d'elles en précisant le mode d'intervention dont il s'agit.

5 Présentez le lien entre les actions de santé et les déterminants sociaux et territoriaux de santé. Rédigez votre réponse. ▸ FICHE OUTIL 6

ANNEXE 1 Le saturnisme infantile

Le saturnisme infantile est l'intoxication d'un enfant par le plomb. Toujours présent en France, le saturnisme infantile peut avoir de lourdes conséquences pour les enfants. Ainsi, le saturnisme infantile est une maladie à déclaration obligatoire. [...]

Le plomb n'a aucun rôle physiologique connu chez l'homme. Sa présence dans l'organisme témoigne donc systématiquement d'une contamination. [...] La plombémie (taux de plomb dans le sang) mesurée sur sang veineux est l'indicateur retenu pour évaluer l'imprégnation par le plomb. [...]

Les enfants en bas âge sont une cible particulière de l'intoxication parce qu'ils ingèrent plus souvent du plomb du fait de leur activité main-bouche, que leur coefficient d'absorption digestive est élevé et que leur système nerveux est en développement. [...] Pour Santé publique France, les enjeux sont de surveiller les données épidémiologiques du saturnisme de l'enfant et de son dépistage, afin d'identifier et de réduire les risques d'exposition au plomb.

Les chiffres-clés du saturnisme de l'enfant

620
NOUVEAUX CAS DE SATURNISME (AU SEUIL de 50 µg/L) NOTIFIÉS EN 2018

≈ 4 500
ENFANTS ONT BÉNÉFICIÉ D'UN 1ER DOSAGE DE LA PLOMBÉMIE EN 2018

« Saturnisme de l'enfant : la maladie », www.santepubliquefrance.fr, 27 avril 2020.

ANNEXE 2 Les sources d'exposition au plomb

Les principales expositions à risque de saturnisme chez l'enfant sont :
- les poussières et les écailles de peinture au plomb [...] présentes dans les logements construits avant 1975 et surtout ceux antérieurs à 1949 ;
- l'eau du robinet contaminée par des canalisations en plomb ;
- les activités professionnelles ou de loisirs [...] : restauration de vitraux, fonderie, fabrication de céramiques, d'objets émaillés, [...] pratique du tir sportif, etc. ;
- les vaisselles artisanales (plats à tajine, céramiques, cristal, étain), les cosmétiques traditionnels (khôl, surma) ou les remèdes traditionnels [...] (azarcon, greta) [...] ;
- les sols contaminés par des activités industrielles ou minières actuelles ou passées (fonderie, lieu de stockage, casse automobile, installation de recyclage de batteries) ;
- l'exposition au tabac dans le logement (tabagisme passif) ;
- l'exposition in utero, dans le cas d'une femme enceinte intoxiquée par le plomb [...].

« Saturnisme de l'enfant : la maladie », www.santepubliquefrance.fr, 27 avril 2020.

ANNEXE 3 État des lieux du saturnisme chez l'enfant

- Entre 2015 et 2018, 2 511 cas incidents de saturnisme ont été recensés, soit de 500 à 722 par an.
- [...] Parmi les enfants intoxiqués, un tiers résidaient en Guyane (33 %) et quasiment un autre tiers habitaient en Île-de-France (31 %). La région Provence-Alpes-Côte d'Azur regroupait quant à elle près de 16 % des cas [...].
- Sur la période 2015-2018, le taux annuel de cas incidents de saturnisme pour la France entière était de 4,3 pour 100 000 enfants âgés de moins de 18 ans. En Île-de-France, région dans laquelle étaient domiciliés 786 des nouveaux cas identifiés entre 2015 et 2018, le taux moyen annuel de nouveaux cas de saturnisme était de 6,9 pour 100 000 enfants de moins de 18 ans. La Guyane présentait le taux [...] le plus important atteignant 192,7 nouveaux cas pour 100 000 enfants mineurs. [...]

Facteurs de risque présents dans la fiche* chez les cas incidents ayant au moins un des onze facteurs de risque, France 2015-2018**

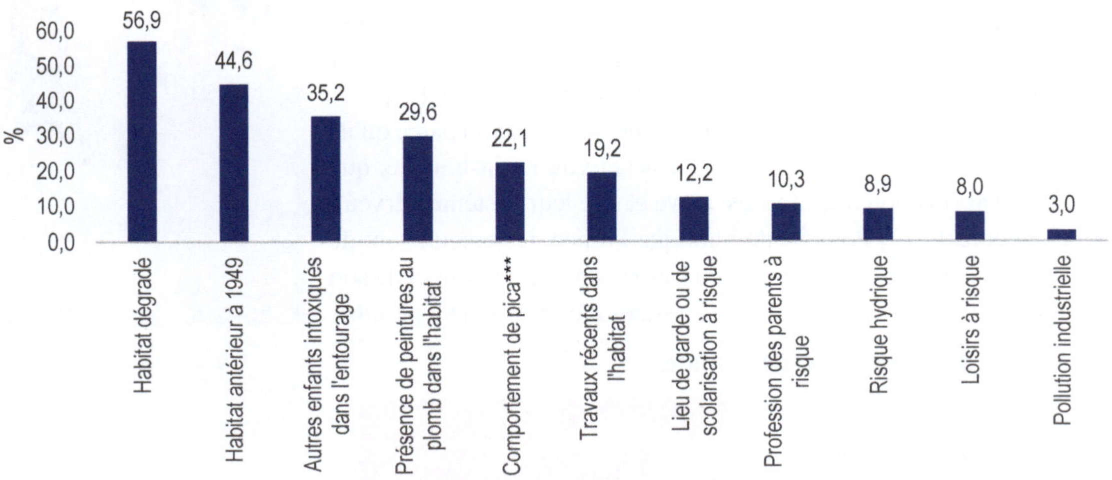

* Plusieurs facteurs peuvent avoir été notés sur une même fiche de surveillance des plombémies.

** Cas incidents : enfants dont la plombémie était supérieure ou égale au seuil de déclaration obligatoire pour la première fois sur la période 2015-2018.

*** Comportement de pica : trouble du comportement alimentaire caractérisé par l'ingestion durable de substances non nutritives et non comestibles : terre, craie, sable, papier...

Santé publique France, « Évolution du saturnisme chez l'enfant (0-17 ans) – Bilan 2015-2018 », *Le Point épidémiologique*, 13 janvier 2020.

ANNEXE 4 Une maladie aux symptômes peu spécifiques

L'intoxication à bas bruit ne se traduit pas par des symptômes ou des signes cliniques spécifiques et passe souvent inaperçue. Seule une action volontariste de recherche des facteurs de risque d'exposition de l'enfant puis la prescription d'une plombémie (dosage sanguin) en cas de facteurs identifiés permet de détecter les enfants intoxiqués. Les effets de l'intoxication par le plomb sur la santé, proportionnels à l'exposition, sont variables et tardifs. Toutefois, à de faibles concentrations, l'exposition au plomb a déjà des conséquences graves sur le développement psychomoteur de l'enfant. Des taux de plomb sanguin inférieurs à 50 µg/L peuvent engendrer des atteintes du système nerveux central, dont la baisse de certaines performances cognitives ou des capacités d'apprentissage, qui sont irréversibles. Chez la femme enceinte intoxiquée par le plomb, il existe des risques d'avortement, d'accouchement prématuré ou d'hypertension artérielle gravidique.

« Saturnisme de l'enfant : la maladie », www.santepubliquefrance.fr, 27 avril 2020.

ANNEXE 5 L'habitat indigne et dégradé en Île-de-France

Le repérage du saturnisme en Île-de-France

Avec 130 cas en 2015, 138 cas en 2016 et 144 cas en 2017, le nombre de nouveaux mineurs atteints de saturnisme signalés aux unités de l'ARS franciliennes est en nette progression après le creux de 2014 où seuls 44 cas avaient été signalés. Le nombre de contaminations détectées est ainsi de nouveau en hausse suite à l'abaissement des seuils obligatoires de signalement. De fortes inégalités infrarégionales persistent cependant. La capitale concentre un grand nombre de cas, mais celui-ci a baissé ces dernières années (26 cas en 2017). En revanche, la situation de la Seine-Saint-Denis se distingue toujours plus du reste de la région, avec 50 % des nouveaux cas déclarés dans la région en 2017 (63 cas). Ce sont ensuite les Yvelines qui ont été le plus concernées en 2017, avec 18 nouveaux cas détectés, suivies des Hauts-de-Seine et de la Seine-et-Marne, avec 11 cas chacun, puis du Val-de-Marne avec 8 nouveaux cas en 2017 (3 et 4 cas dans le Val-d'Oise et en Essonne). Les nouvelles contaminations restent en majorité liées à la présence de peintures au plomb, malgré un poids non négligeable d'autres sources de contamination.

ARS Île-de-France.

La Seine-Saint-Denis, département massivement touché par l'habitat indigne

[...] La coexistence d'un parc [immobilier] ancien très dégradé avec la présence de nombreuses familles avec jeunes enfants, en situation de grande précarité, fait que le risque saturnin reste très élevé en Seine-Saint-Denis. C'est d'ailleurs le département qui enregistre le plus grand nombre de dépistages de plombémies et de suivis du saturnisme en France.

IAU IdF-DRIHL, « L'habitat indigne en Île-de-France, enjeux et politiques », novembre 2018.

ANNEXE 6 Revenu de solidarité active et dépendance aux prestations en 2016

	Allocataires du RSA en 2016	Part de la population couverte par le RSA en 2016	Taux de ménages bénéficiaires de minima sociaux en 2014	Taux d'allocataires « dépendants » des prestations Caf en 2016
Paris	63 196	5,8 %	11,4 %	26,3 %
Hauts-de-Seine	29 742	8,3 %	9,6 %	20,0 %
Seine-Saint-Denis	**81 283**	**10,8 %**	**23,5 %**	**34,2 %**
Val-de-Marne	39 557	9,6 %	13,5 %	25,4 %
Île-de-France	321 253	10,0 %	12,7 %	24,5 %
France métropolitaine	**1 621 422**	**11,6 %**	**13,6 %**	**24,3 %**

CAF ; Service de l'Observatoire départemental, Direction de la stratégie, de l'organisation et de l'évaluation, « Portrait de territoire – Seine-Saint-Denis », septembre 2018.

ANNEXE 7 L'action des pouvoirs publics en Île-de-France

L'habitat indigne désigne « les locaux et installations utilisés aux fins d'habitation et impropres par nature à cet usage ainsi que les logements dont l'état, ou celui du bâtiment dans lequel ils sont situés, expose les occupants à des risques manifestes pouvant porter atteinte à leur sécurité physique ou à leur santé » (loi n° 2009-323 du 25 mars 2009 de mobilisation pour le logement et la lutte contre l'exclusion). [...]

■ L'insalubrité

[...] Environ 1 000 procédures de police de l'insalubrité sont prises en moyenne chaque année [...]. Parmi ces mesures, 36 % concernent les mesures de traitement d'urgence d'un danger sanitaire ponctuel ou d'un danger imminent, 27 % les locaux impropres à l'habitation et 27 % l'insalubrité « classique ». Trois quarts des procédures concernent Paris et la petite couronne. [...]

■ La lutte contre le saturnisme

Le traitement du risque lié à l'accessibilité du plomb dans les logements a conduit l'État à engager 2,1 millions d'euros en 2018 pour la réalisation de 793 diagnostics, de 647 contrôles et de 149 travaux d'office en substitution et aux frais des propriétaires défaillants. [...] 90 % des procédures de traitement du saturnisme concernent Paris et la petite couronne.

DRIHL Île-de-France, « Lutte contre l'habitat indigne », 26 novembre 2019.

ANNEXE 8 Comment lutter contre le saturnisme au niveau régional ?

INFORMER LE GRAND PUBLIC ET PROMOUVOIR LE DÉPISTAGE DU SATURNISME INFANTILE

• Réaliser un état des lieux régional : identifier les acteurs et actions (existant, nouveaux acteurs mobilisables), besoins de formation et zones prioritaires

• Diffuser différents supports d'information (plaquettes, films, etc.) *via* les centres de protection maternelle et infantile, les professionnels de santé, etc. pour sensibiliser et informer le public cible sur l'ensemble des sources d'exposition au plomb

• Construire des formations auprès des professionnels du bâtiment et des maîtres de stage d'apprentis des métiers du plomb

Les formations porteront sur :

– L'amélioration des conditions de travaux lors des chantiers de retrait du plomb (travaux engagés lors des procédures liées à l'insalubrité et/ou au saturnisme)

– Les risques sanitaires liés afin de protéger la population

• Favoriser la relance du dépistage

– POURSUIVRE l'information et la sensibilisation des prescripteurs prioritairement en zone à fort déficit en dépistage :

– Les INCITER à inscrire les épisodes d'exposition au plomb dans le carnet de santé

– RECHERCHER les éventuelles expositions au plomb lors d'une consultation préconceptionnelle

– QUESTIONNER sur l'exposition au plomb lors des enquêtes périnatales

– RENFORCER la vigilance et le suivi des mineurs exposés à des sources d'exposition au plomb hors du logement

• Promouvoir les guides nationaux (Guide de dépistage et de prise en charge de l'enfant et de la femme enceinte en cas d'intoxication au plomb, Direction Générale de la Santé, 2009 ; Guide d'investigation environnementale des cas de saturnisme de l'enfant, InVS, 2006)

« Plan Régional Santé Environnement 3, Île-de-France 2017-2021 », www.iledefrance.ars.sante.fr.

Principales notions

- Parcours de santé
- Acteurs en santé
- Droits de la personne

Capacités exigibles

- Présenter le rôle des différents acteurs dans une intervention en santé
- Analyser la participation de la personne dans une action de santé

Vers compétences PIX

D1.1 - Mener une recherche et une veille d'information

D3.1 - Développer des documents textuels

Les acteurs du domaine de la santé

CHAPITRE 11

AVANT LA CLASSE

Vidéo
liennathan.fr/va47i6

Regardez la vidéo du Rire Médecin et répondez à la question suivante : ***Qui est impliqué dans ces animations ?***

→ *Quel est le message de cette affiche ?*

→ *Qui est l'auteur de cette campagne ?*

1 La diversité des acteurs de santé

DOC 1 Le Mois sans tabac

Ce challenge collectif revient tous les ans au mois de novembre. Il invite tous ceux qui le souhaitent à relever le défi d'arrêter la cigarette pendant 30 jours. [...] Pendant un mois, Tabac info service* vous accompagne pour arrêter de fumer. Kit d'aide à l'arrêt, affiches d'encouragement, événements partout en France, application personnalisée, groupes Facebook de soutien ou consultations téléphoniques gratuites avec des tabacologues...

* Site Web de Santé publique France et du ministère chargé de la Santé.

www.tabac-info-service.fr, 14 septembre 2020.

1 Qu'est-ce que le « Mois sans tabac » ?

2 Soulignez les outils et les dispositifs mis en œuvre pendant le « Mois sans tabac ».

3 Quel est le mode d'intervention mis en œuvre ? Justifiez votre réponse.

DOC 2 La diversité des acteurs en santé

Les acteurs en santé sont des personnes et des structures qui interviennent pour améliorer la santé de la population. Ils sont différents les uns des autres du fait de leur rôle, de leur territoire d'action : les pouvoirs publics et leurs services (permettent d'administrer la France ou les territoires : État, collectivités locales, agences régionales de santé...) ; les organismes de protection sociale ; les structures de l'offre de soins (les établissements de santé, les professionnels de santé, les services de prévention) ; les associations.

4 Soulignez les éléments qui sont à l'origine de la diversité des acteurs.

DOC 3 Les acteurs du Mois sans tabac

L'opération est pilotée sur le plan national par l'Agence nationale de santé publique Santé publique France [...], avec l'appui du ministère de la Santé et de l'assurance maladie. [...] Sur le plan régional, le pilotage de Moi(s) sans tabac a été confié aux ARS qui s'appuient dans chaque région sur [...] les partenaires de la lutte contre le tabagisme [...] : [...] la Ligue contre le cancer, [...] les médecins, [...] les communes, la médecine préventive universitaire, [...] les centres hospitaliers [...].

« Moi(s) sans tabac : le dispositif et les acteurs », www.cres-paca.org.

5 Dans le DOC 3, soulignez les différents acteurs : les pouvoirs publics en rouge, les associations en bleu, l'offre de soins en vert, la protection sociale en noir.

6 À l'aide des DOCS 1, 2 et 3, illustrez la diversité des acteurs de l'action.

DOC 4 Campagne contre le VIH

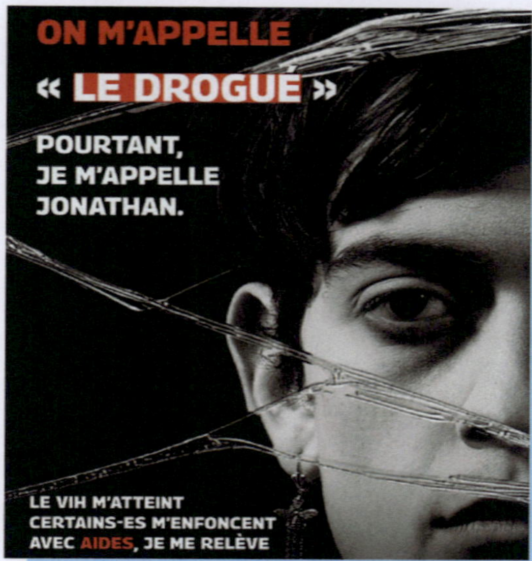

AIDES, « Pourtant, je m'appelle », novembre 2020.

7 Qui est à l'origine de cette nouvelle campagne contre le VIH ?

....

8 Quel est l'objectif de cette campagne ?

....

....

9 Quel est le mode d'intervention sociale sur lequel repose cette campagne ? Justifiez votre réponse.

....

....

....

....

DOC 5 Qui fait quoi contre le sida ?

La politique de lutte contre le sida repose sur [...] les administrateurs de la santé, les soignants et les chercheurs, et les associations de personnes vivant avec le VIH et de lutte contre le sida. Chacun contribuant à une prise en charge globale. [...] À son sommet, le ministère de la Santé [...] définit les programmes nationaux. [...] La qualité et la pertinence des médicaments sont validées par la Haute autorité de santé (HAS) ou l'Agence française de la sécurité du médicament et des produits de santé (ANSM). [...] L'organisation des campagnes nationales [...] repose sur [Santé publique France]. Son financement et celui des dépenses de santé sont assurés par les caisses d'assurance maladie. [...] Très diversifiées, les associations [...] assurent des actions de prévention et d'accompagnement social [...].

« Acteurs de la lutte contre le sida », www.sidaction.org.

10 Soulignez les acteurs de la lutte contre le sida.

11 Mettez en évidence la diversité des acteurs qui luttent contre le sida à l'aide d'exemples.

....

....

12 Pourquoi peut-on dire que ces différents acteurs sont complémentaires ?

....

DOC 6 Comité de coordination régionale de la lutte contre les infections sexuellement transmissibles et le virus de l'immunodéficience humaine

Coordonner [...] les acteurs œuvrant dans les domaines du soin, de l'expertise clinique et thérapeutique, du dépistage, de la prévention et de l'éducation pour la santé, de la recherche clinique et épidémiologique, de la formation, de l'action sociale et médico-sociale, ainsi que des associations de malades ou d'usagers du système de santé.

Rapport d'activités « Les chiffres clés 2019 », www.corevih-sud.org, 14 décembre 2020.

13 Quel est le rôle des COREVIH ?

....

2 Le parcours de santé

DOC 7 Le parcours de santé des aînés, PAERPA

Vidéo : PAERPA – Socoform
liennathan.fr/8ew5k3

14 Que signifie PAERPA ?

15 Quels sont les enjeux de ce dispositif pour la société ?

16 Que reproche-t-on à la prise en charge des personnes âgées ?

17 Comment peut-on caractériser ce nouveau dispositif ?

18 Quelles sont les différentes activités proposées par les professionnels ?

DOC 8 Le parcours de santé : une prise en charge globale de l'individu

Le parcours, c'est la prise en charge globale et continue des usagers du système de santé, c'est-à-dire prévenir, soigner, accompagner. Organiser les parcours, c'est coordonner les interventions des acteurs de la prévention, du système de soins (médecins, pharmaciens, hôpitaux…), des services et établissements médico-sociaux et sociaux (pour les personnes âgées ou handicapées), des collectivités locales (mairies…), des autres services de l'État et des organismes de protection sociale. L'organisation en parcours permet notamment de répondre au développement croissant des maladies chroniques et aux situations de perte d'autonomie qui impactent la vie quotidienne du patient.

ARS, « L'organisation des parcours de soins, de santé, de vie », www.ars.sante.fr, 2 octobre 2018.

19 Les acteurs qui interviennent dans le parcours de santé sont-ils uniquement des professionnels de santé ? Illustrez votre réponse.

20 Comment le parcours de santé permet-il une prise en charge globale de l'usager ?

21 Quels sont les publics particulièrement visés par le parcours de santé ?

3 Le patient, acteur de sa santé

DOC 9 Le « Tomate social club », par et pour les usagers

Le projet est issu d'une co-construction avec les personnes accueillies au centre (souffrant ou ayant souffert de troubles addictifs, en situation d'exclusion, d'isolement social ou en voie de réinsertion), présentant certaines difficultés (absence de perspective, isolement, mésestime de soi). Concrètement, ces personnes s'impliquent dans un atelier thérapeutique consistant à cultiver un potager et à en exploiter les produits pour se forger une autre identité que celle de « patient » ou « ex-toxicomane ».

« Création du "Tomate social club" CEID CSAPA de la ferme Merlet, Nouvelle-Aquitaine », solidarites-sante.gouv.fr, 23 avril 2018.

22 Quels sont les principes de cette action ?

....

....

....

23 Pourquoi la personne est-elle encouragée à participer ?

....

....

DOC 10 Loi du 4 mars 2002, un texte fondateur

Les réformes législatives en matière de santé, telles la loi du 4 mars 2002 relative aux droits des malades et à la qualité du système de santé et la loi du 22 avril 2005 relative aux droits des malades et à la fin de vie, ont fait évoluer la relation médecin/patient en rendant ce dernier plus acteur de son parcours de soins et en formalisant ses droits. Plus récemment, la loi du 2 février 2016 renforce encore les droits des malades.

« Lois et charte de la personne hospitalisée », www.e-cancer.fr, 19 mars 2018.

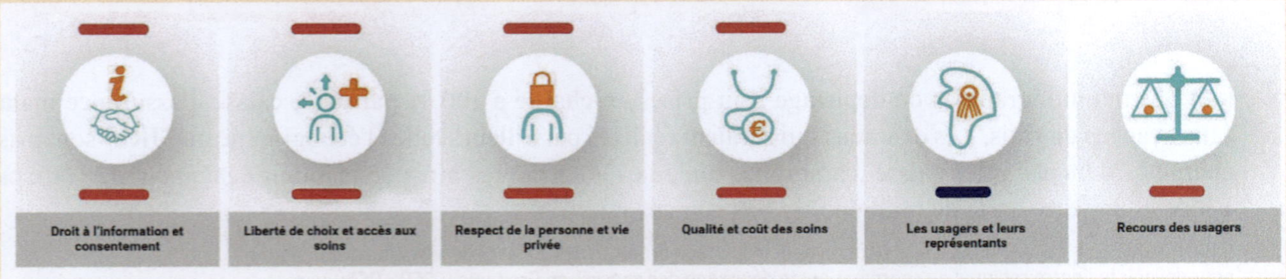

« Parcours de santé, vos droits », solidarites-sante.gouv.fr, 10 avril 2019.

24 Quels sont les objectifs de ces droits ?

....

....

....

Être **capable** de

1 Présenter le rôle des différents acteurs sur une intervention en santé

Le dépistage organisé du cancer du sein en Occitanie

Dépistage des cancers Occitanie invite, sur une période de deux ans, correspondant à une campagne de dépistage, toutes les femmes de 50 à 74 ans résidant en Occitanie. [...] Selon le cahier des charges national du dépistage organisé des cancers, les caisses d'assurance maladie nous transmettent les coordonnées (données strictement administratives) de toutes les femmes résidant en Occitanie qui ont entre 50 ans et 74 ans. [...]

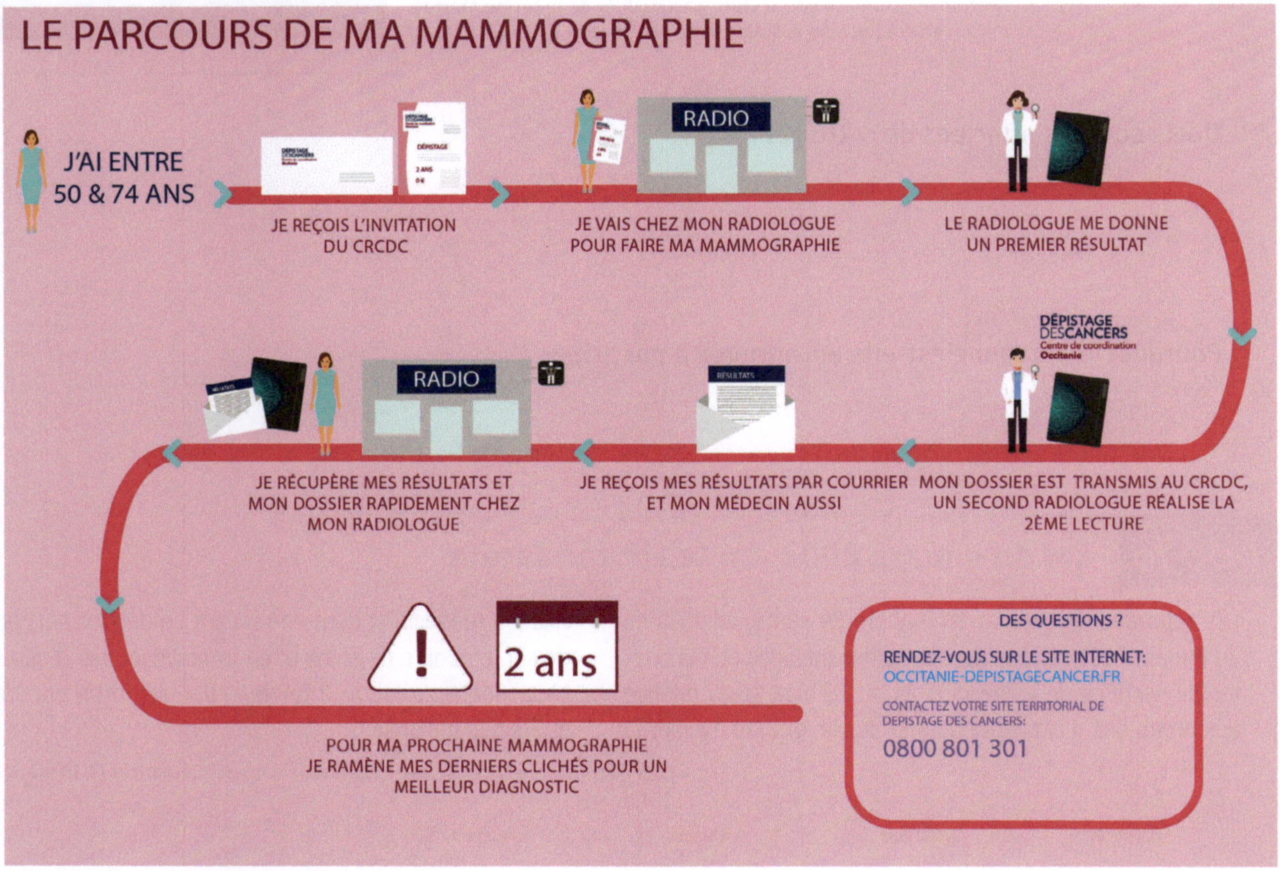

[...] Les mammographies de dépistage sont prises en charge à 100 % par votre caisse d'assurance maladie sans avances de frais. Les examens qui seraient réalisés par ailleurs telles l'échographie ou l'IRM sont pris en charge à 70 % par votre caisse d'assurance maladie. Vous devrez ainsi vous munir également de votre carte Vitale et de votre carte de mutuelle si vous en avez une.

CRDC : Depuis le 1er janvier 2019, les 12 structures de dépistage organisé des cancers de la région ont fusionné pour devenir le Centre regional de coordination de dépistage des cancers en Occitanie (CRCDC-OC).

« Le dépistage du cancer du sein en pratique », occitanie-depistagecancer.fr.

1 **Quelle est l'intervention en santé (action, mode d'intervention, objectif, public) ?**

2 **Quels sont les différents acteurs de cette intervention ?**

3 **Quel est le rôle de chacun des acteurs ?**

Analyser la participation de la personne dans une action en santé

Les ateliers ouverts à tous types de cancer

- **Chimiothérapie :** « Mieux qu'Internet, parlons-en en live »
- **Radiothérapie :** « Mon rayon à moi »
- **Diététique :** « Charlotte aux fraises »
- **Groupe de paroles :** « J'ai un cancer, et si on en parlait ?»
- **Activité physique :** « Le sport vous accompagne... »
- **Socio-esthétique :** « Un temps pour ELLE et un temps pour LUI »
- **Oncogénétique :** « Moi, mes gênes, mon risque, mon choix »
- **Traitements oraux :** « Toujours avec mon traitement »
- **Patients âgés :** « Le cancer, et l'âge dans tout ça ? »

Les ateliers thérapeutiques Lacassagne

Vidéo : Suivi du cancer du sein, les ateliers d'éducation thérapeutique – Centre Antoine Lacassagne liennathan.fr/5g4cx7

Difficultés globales inhérentes à l'éducation thérapeutique du patient

De nombreux soignants font le constat que les patients [...] ne viennent pas le jour prévu, ou qu'ils refusent d'emblée la proposition. Plusieurs facteurs peuvent être à l'origine de cette situation. [...]

– Manque de compréhension des modalités et des finalités de l'ETP : [...] le patient ne peut pas se faire une opinion sur l'utilité de ces séances. [...]

– Pas d'attente vis-à-vis du programme : pour certaines hormonothérapies bien tolérées par exemple, [...] certains patients sont déjà bien informés, ont une vie bien adaptée et organisée par rapport à leur maladie et à leur traitement et n'éprouvent pas le besoin d'une aide extérieure.

– Manque de conviction de l'équipe soignante sur l'utilité de l'ETP pour certains patients et leur potentialité à apprendre. [...]

– Résistance au changement, conditionnée par le stade d'acceptation de la maladie par le patient : l'ETP nécessite de parler de soi, d'analyser différemment certaines situations, de changer des habitudes de santé ou d'en intégrer de nouvelles [...].

– Appréhension d'une visite supplémentaire à l'hôpital : [...] l'hôpital représente pour ces patients leur maladie et leurs inquiétudes, et chaque visite à l'hôpital les y confronte.

– Difficultés du terrain : l'étendue du territoire concerné et la large répartition géographique des patients, corrélée à la question financière, les transports étant à la charge du patient. En outre, pour la plupart des patients en fonction de leur âge et des facteurs associés à leur maladie (fatigue, douleur), leur mobilité est réduite et rend difficiles leurs déplacements.

Delphine Regnault, « Programme d'éducation thérapeutique CONEcT, destiné aux patients sous chimiothérapie orale », mémoire de thèse en sciences pharmaceutiques, université de Rouen, 2018. Lien : dumas.ccsd.cnrs.fr/dumas-01813390.

1 **Quelle est l'action en santé : description, objectif, public visé ?**

2 **Quelle est la place de l'usager dans cette action ? Quels sont ses droits ?**

3 **Qu'est-ce qui a été mis en œuvre pour que les personnes adhèrent à l'action et y participent ?**

4 **Qu'est-ce qui peut freiner l'adhésion ou la participation des personnes ?**

SYNTHÈSE DES **notions**

Les acteurs de la prévention, de l'éducation à la santé et de la promotion de la santé

- Santé publique France
- Agences régionales de santé (ARS)
- Conseils départemental, communal
- Dispositifs de protection sociale
- Associations, fédérations

Les acteurs de la veille sanitaire et de la sécurité sanitaire

- Santé publique France
- Agences de sécurité sanitaires
- Agences régionales de santé (ARS)

Les acteurs de la restauration de la santé

- Médecins généralistes et spécialisés libéraux
- Professionnels paramédicaux libéraux
- Centres hospitaliers, cliniques

→ Une diversité d'acteurs complémentaires qui doivent être coordonnés (ARS, structures spécifiques)

→ Prise en charge globale de la santé

L'usager placé au « centre » de sa santé

- Participation à des actions le concernant →
- ← Attribution de droits depuis la loi du 4 mars 2002 : il devient acteur de sa santé
- ↑ **Parcours de santé** : Prise en charge globale et continue par un ensemble coordonné de professionnels du domaine sanitaire et social

SYNTHÈSE DES **capacités**

Illustrer l'apport de la protection sociale à la santé des populations

- Repérer le problème et ses conséquences sur la santé
- Identifier les aides apportées (nature, organisme, type de public)
- Établir un lien entre le problème et les mesures
- Expliquer l'impact de ces mesures sur la santé

Présenter le rôle des différents acteurs sur une intervention en santé

- Préciser l'intervention en santé (action, mode d'intervention, objectif, public visé)
- Lister les différents acteurs
- Indiquer leur rôle

Analyser la participation de la personne sur une action de santé

- Repérer l'action en santé, son objectif et le public visé
- Identifier la place de l'usager dans l'action et ses droits
- Préciser ce qui a été mis en œuvre pour l'adhésion et la participation des personnes
- Rechercher les freins à la participation des personnes

Activité technologique

Vers PIX D1.1 et D3.1

Les réseaux de santé

Capacités mises en œuvre
- Présenter le rôle des différents acteurs sur une intervention en santé
- Analyser la participation de la personne sur une action de santé
- Caractériser les modes d'intervention en santé

À partir de vos connaissances, des annexes et des outils à votre disposition, réalisez l'activité technologique suivante.

1 À partir de la vidéo et du site Internet du réseau de santé de Colmar (annexe 2), présentez :
- les raisons de sa création ;
- la mission de ce réseau ;
- les formalités pour adhérer au réseau ;
- les différentes activités en précisant le mode d'intervention correspondant et l'objectif poursuivi.

2 Réalisez un schéma pour présenter les acteurs du réseau de santé de Colmar : leur(s) rôle(s), le type (pouvoirs publics, organismes de protection sociale, structures de l'offre de soins, associations).

3 Quels sont les intérêts d'un réseau de santé pour les personnes atteintes de diabète ?

4 Pourquoi peut-on dire que les personnes prises en charge par un réseau de santé deviennent acteurs de leur santé ? Vous illustrerez votre réponse.

▸ FICHE OUTIL 4

5 Quelle est la différence et quel est le point commun entre un parcours de santé et un réseau de santé ?

6 Listez les réseaux de santé présents dans votre département. Que pensez-vous de l'offre faite sur votre territoire ?

ANNEXE 1 Qu'est-ce qu'un réseau de santé ?

Les réseaux de santé sont des regroupements pluridisciplinaires de professionnels de santé (médecins, infirmières) et d'autres professionnels (travailleurs sociaux, personnel administratif, etc.).
Constitués en majorité sous forme d'association loi 1901, les réseaux de santé ont pour objet de favoriser l'accès aux soins, la coordination, la continuité ou l'interdisciplinarité des prises en charge.
Ils assurent une prise en charge adaptée aux besoins de la personne tant sur le plan de l'éducation à la santé, de la prévention, du diagnostic que des soins. Inscrits dans la loi depuis 2002, les réseaux constituent également l'un des principaux dispositifs de coordination des acteurs (sanitaire, médico-social et social) intervenant sur le parcours des patients.

Ministères des Solidarités et de la Santé, « Les réseaux de santé », solidarites-sante.gouv.fr, 21 septembre 2016.

ANNEXE 2 Le réseau de santé de Colmar

Vidéo : Réseau Santé Colmar – TLB
liennathan.fr/u9e36s

Site Web : Réseau Santé Colmar
liennathan.fr/6f4ad8

ANNEXE 3 Éducation thérapeutique : comment peut-elle favoriser l'autonomie des patients ?

En matière de diabète, la plupart des professionnels reconnaissent que les simples informations ne suffisent pas : l'éducation thérapeutique permet d'améliorer la gestion de la maladie par le patient, de façon personnalisée, et en prenant en compte ses contraintes quotidiennes.

L'objectif est notamment de donner confiance au patient en sa capacité à s'occuper de sa maladie et avoir la conviction que cela en vaut la peine. La maladie et ses traitements mettent en jeu des connaissances, des croyances et des représentations qui peuvent faire obstacle à l'adoption de comportements rationnels. Interview de Marc Popelier, praticien hospitalier dans le service de diabétologie de l'hôpital de la Pitié-Salpêtrière.

En quoi consiste l'éducation thérapeutique pour les patients diabétiques ?

L'éducation thérapeutique vise à favoriser l'expression du patient sur sa maladie pour qu'il en fasse une analyse et qu'il s'engage pour mieux se soigner. Nous cherchons à améliorer les aptitudes du patient à vivre avec la maladie, à mieux se débrouiller avec et mieux gérer les traitements et outils à disposition.

On va ainsi prendre en compte le patient, sa vie, ses goûts, son projet, ses conditions de vie quotidienne, ses croyances, ses représentations de la maladie.

L'éducation thérapeutique ne se résume pas à faire un cours sur le diabète, ce n'est pas qu'un apprentissage cognitif. Il y a un aspect pédagogique, c'est sûr, d'apprentissage de l'auto-soin, pour gérer certaines situations particulières (que dois-je faire quand ma glycémie est trop basse, etc.), mais il y a un deuxième aspect qui est plus de l'ordre de la psychologie, pour savoir comment vivre avec sa maladie. Ce sont ces deux aspects qui permettent d'appréhender le patient dans sa globalité.

Est-ce que cette démarche aide les patients à être plus autonomes ?

L'autonomisation des patients est bien sûr un objectif important de l'éducation thérapeutique. Nous visons en revanche une autonomie choisie : on ne peut rien faire contre la volonté du malade, cela implique donc forcément des décisions qui se prennent à deux. Et certains patients ne peuvent pas être autonomes sur tous les points, il y a donc des degrés d'autonomie différents selon les personnes.

Comment se mettent en place les programmes d'éducation thérapeutique ?

Dans une éducation thérapeutique, il y a toujours un temps appelé le « Bilan éducatif partagé », qui aide à faire émerger la situation actuelle de la personne avec sa maladie, quels sont ses besoins, ses attentes.

Ce bilan commence par une « vraie » rencontre avec la personne pour savoir où la personne en est de sa vie avec la maladie.

Propos recueillis par Antoine Bonvoisin, « Éducation thérapeutique : comment peut-elle favoriser l'autonomie des patients ? », www.diabete.fr, 14 janvier 2019.

Principales notions

- Diagnostic social
- Intervention sociale
- Développement social local
- Accompagnement social
- Insertion sociale

Capacités exigibles

- Caractériser les modes d'intervention sociale
- Mettre en relation une intervention sociale avec la question sociale qui en est à l'origine
- Illustrer le rôle de la protection sociale dans la lutte contre l'exclusion, les inégalités sociales

Vers compétences PIX

D1.1 - Mener une recherche et une veille d'information

D3.1 - Développer des documents textuels

CHAPITRE 12

Les différents modes d'intervention sociale

Sendra, « Café des Aidants du pays de Fayence », 2020.

AVANT LA CLASSE

Vidéo
liennathan.fr/495edz

Quel est le métier de Wandis ? Que cherche-t-il et comment s'y prend-il ?

→ *Quel est l'intérêt d'une telle action ?*

1 L'intervention sociale

DOC 1 Les maraudes de Paris

La mission des maraudes d'intervention sociale d'Emmaüs Solidarité est avant tout d'aller à la rencontre des personnes installées dans la rue [...]. L'objectif est de lutter contre l'isolement et de tisser un lien social basé sur l'écoute et le dialogue. La relation de confiance ainsi créée permet aux travailleurs sociaux de proposer aux personnes de les accompagner dans la construction de leur projet personnel. Il s'agit d'informer et de sensibiliser les personnes rencontrées sur les dispositifs parisiens d'accueil et d'orientation.

« Maraudes », www.emmaus-solidarite.org.

1 Qui réalise ces maraudes ?

....

2 Soulignez en bleu les actions et en rouge les objectifs des maraudes.

3 Qu'est-ce qui permet aux travailleurs sociaux d'atteindre les objectifs ?

....

DOC 2 L'intervention sociale fondée sur les capacités des personnes

[...] Intervenir, c'est « prendre part à une action, à une affaire en cours dans l'intention d'influer sur son déroulement ». En effet, face aux processus d'exclusion, le travailleur social cherche bien à y prendre part pour en modifier le cours, voire inverser le sens. C'est pourquoi, le terme intervention se conjugue bien avec aide, puisque l'intervention du travailleur social consiste à permettre à la personne de développer ses capacités, à l'aider à modifier sa situation et à résoudre les problèmes qu'elle rencontre. Cette intervention fait place à la personne, puisque le travail social postule que les personnes ont en elles-mêmes les capacités et que l'intervention sociale consiste moins à agir sur la personne que sur les conditions qui permettent à cette personne de mettre en œuvre ses propres capacités.

Sous la direction du Conseil supérieur du travail social, « L'intervention sociale fondée sur les capacités des personnes », dans *L'Intervention sociale d'aide à la personne*, Presses de l'EHESP, 2014.

4 Soulignez les objectifs de l'intervention sociale.

5 À qui s'adresse l'intervention sociale ?

....

6 Pourquoi la personne à aider joue-t-elle un rôle central dans l'intervention sociale ?

....

....

7 Expliquez pourquoi on parle de « maraudes d'intervention sociale » dans le DOC 1.

....

....

....

2 La place du diagnostic dans l'intervention sociale

DOC 3 Un diagnostic des besoins au Pôle emploi

Que ce soit pour une première inscription ou pour une réinscription, toute personne doit à présent compléter un formulaire en ligne pour donner différentes informations (état civil, motif d'inscription, emplois exercés, salaires...) [...]. Le diagnostic des besoins du demandeur d'emploi est facilité par la consultation des informations [...] remplies au moment de son inscription en ligne (expériences professionnelles, formations [...]...), informations que 86 % des conseillers déclarent utiliser pendant l'entretien de situation. [...] Deux tiers des demandeurs d'emploi déclarent que l'accompagnement de Pôle emploi répond à leurs besoins. [...] Ils mettent en avant [...] une meilleure orientation [...].

Pôle emploi, « La dématérialisation de l'inscription à Pôle emploi », *Éclairages et synthèses*, n° 36, septembre 2017.

8 Qui réalise l'entretien de situation avec le demandeur d'emploi ?

....

9 Soulignez des exemples d'informations collectées lors de l'inscription du demandeur.

DOC 4 Le diagnostic social individuel

Le diagnostic social est [...] la collecte des informations sur la personne, sa situation, ses problèmes et la définition d'un projet [...]. Ce diagnostic permet de définir les objectifs de changement et d'apprécier [...] les potentialités tant individuelles que de l'environnement social et familial susceptibles d'intervenir en faveur de la personne concernée. [...] Sans diagnostic social, il ne peut y avoir élaboration d'une intervention [...].

Cristina de Robertis, « L'accompagnement : une fonction du travail social », *Revue Française de Service Social*, n° 219, décembre 2005.

10 Soulignez les objectifs du diagnostic social individuel.

11 Pourquoi peut-on affirmer que le conseiller Pôle emploi réalise un diagnostic social individuel lors de la première rencontre avec un demandeur d'emploi ?

....

....

DOC 5 Les marches exploratoires

Vidéo : Dispositif Marches exploratoires – Ville de Rouen
liennathan.fr/2vw87d

12 Comment les problèmes et améliorations possibles dans le quartier de Rouen Lombardie sont-ils repérés ?

....

....

....

13 À l'aide des DOCS 4 et 5, expliquez pourquoi les marches exploratoires correspondent à un diagnostic social collectif.

....

....

....

....

3 Les caractéristiques d'une intervention sociale

DOC 6 Le parcours de Julie

« Quand j'ai un problème je vais la voir. Elle connaît ma situation, elle sait tout. Je l'appelle, elle m'aide dans mes papiers, elle m'aide dans tout quoi... Elle s'occupe de plein de choses, c'est ma référente à la CAF. C'est quelqu'un qui me dit ce qu'il faut faire, elle me guide sans jugement. Elle m'écoute, je lui raconte ma vie, [...] j'ai déjà pleuré dans son bureau. Elle m'épaule beaucoup. C'est la seule sur qui je peux compter [...]. »

Secrétariat d'État chargé de l'égalité entre les femmes et les hommes, Planning familial 62, « Femmes en situation de monoparentalité », www.planningfamilial62.org.

DOC 7 Violences conjugales, quand des hommes témoignent

« C'est comme si on lâchait une soupape d'une cocotte-minute, la pression saute en nous. » Ces groupes de paroles pour auteurs de violences conjugales, c'est comme cela que cet homme de 45 ans les décrit. [...] Depuis maintenant deux ans, il participe à un groupe organisé à Dijon par l'association Althéa.

Lui a été violent avec sa femme il y a deux ans. Puis il a suivi un groupe de paroles. « On parle de violences, on parle de choses dures », témoigne-t-il. Dans ce groupe organisé à Dijon, il y a une dizaine de participants à chaque séance. « On a toujours un peu tendance à mieux voir le problème chez les autres. Quand on écoute les autres, on trouve des solutions par effet de miroir. Et aussi grâce aux thérapeutes. »

Valentin Chatelier, « Violences conjugales, quand des hommes témoignent : "ça m'a totalement vacciné, c'est fini !" », www.francetvinfo.fr, 9 décembre 2019.

DOC 8 Renforcer la sécurité sur la ligne de bus C25

Le projet consiste en la réalisation d'un véritable diagnostic de terrain. [...] Les utilisatrices volontaires du réseau [...] effectuent leur trajet habituel dans le but d'identifier des contextes et éléments à l'origine d'un sentiment d'insécurité (manque d'éclairage, d'aménagement, etc.). [...] La restitution des observations [...] devant les partenaires* et autorités locales décisionnelles permet d'échanger sur les possibilités d'amélioration. [...] De nombreuses réalisations ont ainsi été mises en œuvre par le SYTRAL et ses partenaires : [...] des agents et médiateurs [...] mobilisés pour renforcer la sécurité [...], une campagne spécifique sur le thème du respect des femmes dans les transports publics.

* Acteurs de sécurité et de prévention de la délinquance, institutionnels, associatifs et privés

« Sytral / Ligne C25 », newsestlyonnais.fr, 21 octobre 2020.

14 Soulignez en bleu le point de départ des différentes actions, en rouge qui en est à l'origine, en noir le ou les objectifs.

15 Quels sont les acteurs des différentes actions ?

DOC 6 : ....

....

DOC 7 : ....

....

DOC 8 : ....

....

....

....

....

16 Quel(s) est (sont) les rôles des personnes dans chacune des actions ?

DOC 6 : ....

....

DOC 7 : ....

....

DOC 8 : ....

....

17 Repérez les caractéristiques de chaque action (cochez les cases).

	DOC 6	DOC 7	DOC 8
Action centrée sur la personne (action individuelle)			
Action centrée sur un groupe de personnes d'un territoire précis (action collective)			
Action mise en place après un diagnostic social individuel			
Action mise en place après un diagnostic social collectif			
Action où l'usager est accompagné			
Action où la participation de l'usager est active			
Action organisée par de nombreux acteurs (partenaires)			
Action pour lutter contre les inégalités et l'exclusion sociale			

DOC 9 La parole des habitants

Le Jardin de la MOSI

Christine […] témoigne de son expérience […] : « Les difficultés, la douleur, la terrible souffrance, m'ont amenée un jour à rencontrer des assistantes sociales, puis une rencontre en particulier et une proposition : "Et si vous veniez au Jardin de Saint Caprais ?" J'y suis allée […], presque honteuse. Et puis, petit à petit, j'y ai fait des découvertes. Tous ont des parcours différents […]. On y est à l'écoute les uns des autres, participants et travailleurs sociaux "mélangés". […] Les liens se forment […]. Et lentement, […] on revit […]. On jardine, […] on récolte. […] Et cela a […] un impact positif sur notre vie familiale, sur nos relations amicales et notre entourage. »

« Développement social et travail social collectif », solidarites-sante.gouv.fr.

18 Repérez les deux actions mises en œuvre pour Christine.

....

....

19 Quelles sont les caractéristiques de chacune de ces actions ? Aidez-vous du tableau de la question 17.

....

....

....

....

....

20 À l'aide des réponses aux questions 14, 15, 16 et 17, synthétisez ce qu'est l'intervention sociale : quoi, par qui, pour qui, dans quel but.

....

....

....

4 La diversité des modes d'intervention sociale

DOC 10 M. X et l'assistante de service social (ASS)

M. X est âgé de 75 ans et vit seul, dans un studio transformé en taudis [...]. Un voisin finit par signaler la situation aux services sociaux. M. X accepte la visite d'une assistante de service social (ASS) [...]. L'ASS commence par régler les problèmes qui relèvent des besoins élémentaires : réouverture de l'eau, de l'EDF, livraison des repas à domicile [...]. Puis, l'ASS engage avec M. X un accompagnement budgétaire [...]. Compte tenu du grave état de désocialisation de M. X [...], ce n'est qu'au bout de six mois que M. X [...] réussit [...] à [...] construire un nouveau projet de vie avec le soutien régulier de l'ASS.

Circulaire DGAS/4A n° 2008-392 relative à la formation et à la certification du diplôme d'État d'assistant de service social, www.solidarites-sante.gouv.fr.

21 Repérez les différentes étapes de l'intervention de l'ASS auprès de M. X.

....

22 Soulignez la phrase montrant que l'adhésion de l'usager est nécessaire.

DOC 11 Un mode d'intervention sociale : l'accompagnement social

L'accompagnement social – étymologiquement « aller avec » – est [...] une modalité d'intervention se caractérisant par une relation, individuelle ou collective, entre un accompagnant et un ou plusieurs accompagnés, avec pour finalité l'amélioration de la situation de la ou des personnes accompagnées.

Inspection générale des affaires sociales, « L'accompagnement social – Rapport de capitalisation », www.ladocumentationfrancaise.fr, 2018.

23 Soulignez en bleu les acteurs et en rouge l'objectif de l'accompagnement social.

24 Montrez que l'intervention auprès de M. X (DOC 10) repose sur l'accompagnement social.

....

....

DOC 12 À Charantonnay, un K-fé pour créer du lien en milieu rural

Conférence-débat, atelier cuisine, soirées chansons, jeux de société... [...] Bien plus qu'un simple bistrot, ce « café associatif et culturel » est né de la volonté d'un collectif d'habitants [...]. Autour d'un constat partagé : le réseau associatif local s'essouffle, l'isolement se généralise. Il touche en priorité les personnes les plus vulnérables : les jeunes [...], les personnes âgées ou précaires [...]. Leur idée : créer un lieu « qui favorise le vivre-ensemble [...], qui encourage les échanges [...] ». Ouvert en 2019 [dans des locaux mis à disposition par la commune], le K-fé du lien rassemble aujourd'hui une centaine d'habitants [...].

« Contre toutes les solitudes, des solidarités de proximité », www.fondationdefrance.org, 2 décembre 2020.

25 Soulignez les questions sociales qui sont à l'origine de cette action.

26 Le K-fé du lien est-il une réponse efficace à ces questions ? Justifiez votre réponse.

....

....

DOC 13 Un mode d'intervention sociale : le développement social local

Le développement social local (DSL) est une démarche globale d'intervention sur un territoire mobilisant collectivement les acteurs (bénéficiaires, citoyens, élus, partenaires, institutions) et les ressources, afin d'organiser les conditions d'une évolution sociale positive et d'améliorer globalement et individuellement les conditions de vie des habitants.

« Le développement social local, une démarche en 23 principes d'action », lenord.fr.

27 Soulignez en bleu les acteurs et en rouge les objectifs du développement social local.

28 Montrez que la mise en place du K-fé du lien repose sur le DSL.

....

....

DOC 14 L'accueil de jour des Restos du Cœur

Vidéo : Au cœur des Restos du Cœur – Accueil de jour
liennathan.fr/5a4ys9

DOC 15 Un mode d'intervention sociale : l'insertion sociale

C'est, d'une part, le résultat des mécanismes d'intégration, telle la socialisation, par lesquels chaque individu tout au long de sa vie assimile les éléments lui permettant d'occuper une place dans les échanges sociaux. Dans notre société, l'axe le plus intégrateur [...] est le travail. D'autre part, l'insertion désigne les interventions menées au moyen de dispositifs publics [...] auprès de populations dont la situation d'exclusion est révélatrice de défaillances des mécanismes d'intégration. Ces interventions consistent [...] à renforcer les processus de socialisation et le développement des liens sociaux [...] [et] à assurer un accueil des personnes (mises) en marge.

CNLE, « Insertion sociale, intégration sociale », www.cnle.gouv.fr, 19 septembre 2014.

29 Qu'est-ce que l'accueil de jour ?

....

30 Soulignez en rouge les objectifs de l'insertion sociale.

31 Montrez que l'accueil de jour des Restos du Cœur repose sur l'insertion sociale.

....

DOC 16 La MSA* lutte contre les inégalités et l'exclusion sociales

Outre l'accompagnement individuel [...], [...] plusieurs formes d'intervention sur les territoires ruraux [...] :
– des actions collectives visent à renforcer l'autonomie et le développement des personnes (information, formation dans différents domaines : santé, logement, parentalité...) et à favoriser leur participation [...] dans la vie sociale ;
– [...] la création ou le développement de services ou structures [...] (modes de garde, hébergement des personnes âgées, insertion...) ; [...]
– une démarche de développement social local : [...] la MSA suscite l'élaboration de réponses à des besoins sociaux sur des territoires [...].

* Mutualité sociale agricole : régime de Sécurité sociale du secteur agricole.

Franck Darty, « L'action sociale en direction des retraités du régime agricole », *Gérontologie et société*, vol. 36/146, n° 3, 2013.

32 Soulignez les différentes interventions mises en œuvre par la Mutualité sociale agricole.

LES BONS CLICS

1 Caractériser les modes d'intervention sociale

Les Bons Clics

[...] Alors que la numérisation des [...] démarches administratives simplifie le quotidien [...], les professionnels du [...] social assistent à une hausse des demandes d'accompagnement [...]. Le département [du Morbihan] a alors mené [...] une étude des publics qui fréquentent les [...] services sociaux sur le territoire. [...] Sur les 1 250 personnes interrogées, 56 % étaient autonomes, 31 % avaient un niveau de compétences insuffisant pour réaliser seules des démarches administratives en ligne, et 13 % n'utilisaient jamais Internet. Le diagnostic a aussi mis en avant l'importance des freins liés à la peur de se tromper ou au manque de maîtrise du langage administratif.

« Morbihan : construire un réseau d'inclusion numérique », *Les Cahiers de l'inclusion numérique*, n° 4, avril 2018.

Comment répondre à l'inquiétude grandissante suscitée par la dématérialisation des démarches administratives [...]. Les élus du Morbihan ont pris le sujet à bras-le-corps. En avril 2016, le département lance une démarche d'inclusion numérique [...], en décidant de tester une plateforme web [...], les Bons Clics. [...] L'ambition de cette plateforme d'apprentissage des usages de base du numérique est d'aider les publics les plus en difficulté – avec l'appui des acteurs sociaux – à aller vers davantage d'autonomie pour les démarches administratives sur le web. [...] Cette plateforme [...] intègre un outil d'évaluation des savoir-faire numériques, une cartographie des acteurs [...] et des pages web factices pour s'exercer à l'utilisation des sites administratifs. Chaque partenaire du réseau [CAF, CPAM, CCAS, Pôle emploi...] choisit le rôle qu'il souhaite jouer. À chacun de détecter les personnes en difficulté, soit pour les former aux usages du numérique ou proposer une assistance aux personnes les plus éloignées du web ; soit pour les orienter vers une autre structure du réseau.

WeTechCare, « Les Bons Clics accompagne les usagers du Morbihan », wetechcare.org, 15 janvier 2018.

1. **Quelle est l'action mise en place ?**
2. **Quelles sont ses caractéristiques : collective ou individuelle, objectif(s), acteurs (dont partenaires), population, territoire, type de participation de l'usager ?**
3. **Sur quel mode d'intervention repose cette action ? Justifiez votre réponse à partir des caractéristiques.**

2 Mettre en relation une intervention sociale avec la question sociale qui en est à l'origine

Joséphine : un salon de beauté solidaire !

Vidéo : Le premier réseau de salons de beauté solidaires en France – Groupe SOS liennathan.fr/2y74hz

1. **Quelle est la question sociale à l'origine de cette intervention ?**
2. **Quelle est l'action mise en place et quelles sont ses caractéristiques (collective ou individuelle, objectifs, acteurs dont partenaires, population, territoire, participation de l'usager) ?**
3. **Quels liens pouvez-vous faire entre la question sociale et les caractéristiques de l'action ?**

3

Illustrer le rôle de la protection sociale dans la lutte contre l'exclusion, les inégalités sociales

Plateforme d'intervention départementale pour l'accès aux soins et à la santé (PFIDASS)

Selon une enquête menée en 2018 par la CPAM auprès de 2 085 assurés Côte-d'Oriens, près d'un assuré sur quatre déclare avoir déjà renoncé à des soins. Face à ce constat, une cellule spécialisée a été mise en place par l'Assurance maladie dans chaque CPAM, pour détecter les personnes les plus fragiles et les accompagner dans leur retour aux soins. En tant que professionnel de la santé, vous avez un rôle à jouer pour détecter ces patients en difficulté. Vous pouvez désormais les orienter vers le dispositif d'accompagnement de l'Assurance maladie.

Le renoncement auxs oins, c'est quoi ?

« Le non-recours renvoie aux personnes qui, en tout état de cause, ne bénéficient pas des droits ou des services auxquels elles peuvent prétendre […].

Le renoncement aux soins renvoie au fait que des personnes déclarent avoir des besoins de soins mais ne pas pouvoir les satisfaire, pour différentes raisons. »

Odenore

Les principales causes du renoncement

- Raisons financières
- Délais de rendez-vous trop longs
- Éloignement géographique

Les soins concernés par le renoncement

- Soins dentaires
- Consultations ophtalmo
- Lunettes

« Accès aux soins – PFIDASS », www.cpam21.fr, 17 janvier 2019.

1 **Quelle est la prestation de services proposée par cet organisme de protection sociale ?**

2 **Quelles sont les caractéristiques de cette prestation (composante de la protection sociale impliquée, public, objectif) ?**

3 **Quel est lien entre l'objectif poursuivi par la prestation et la lutte contre l'exclusion et/ou les inégalités sociales ?**

SYNTHÈSE DES notions

Problèmes sociaux/Questions sociales
Inégalités, précarité, pauvreté, exclusion, difficultés d'accès aux droits (formation, emploi, logement, santé…), etc.

↓

Diagnostic social
Recueil d'informations en amont de l'intervention sociale dans le but d'identifier les forces, les faiblesses, les ressources, les problèmes… d'un individu (**diagnostic social individuel**) ou d'une population sur un territoire (**diagnostic social collectif**)

↓

Interventions sociales
Ensemble d'actions organisées auprès de personnes ayant des difficultés d'intégration sociale.

Accompagnement social
Mise en place d'une relation d'écoute, d'aide, de soutien entre un professionnel et un usager (ou un groupe de personnes) afin de leur permettre d'améliorer sa (leur) situation

Développement social local (DSL)
Mobilisation des acteurs d'un territoire (bénéficiaires, élus, partenaires…) pour organiser une ou des actions afin d'améliorer les conditions de vie de la population

Insertion sociale
Mise en place de dispositifs publics auprès des populations en situation d'exclusion pour favoriser les liens sociaux ou accueillir les personnes

Protection sociale
Prise en charge des conséquences financières de la survenue d'un risque social : versement de prestations sociales et offre de prestations de services (crèche, établissements pour personnes handicapées …)
+
DSL, accompagnement social, insertion sociale

↕

Lutter contre les inégalités sociales et favoriser la cohésion sociale

SYNTHÈSE DES capacités

Caractériser les modes d'intervention sociale

- Repérer la ou les actions mises en place
- Préciser les caractéristiques de la ou des actions : collectives ou individuelles, objectifs, acteurs, population, territoire, participation de l'usager
- Citer le ou les modes d'intervention mis en œuvre (DSL, accompagnement social, insertion sociale). Justifier la réponse à partir des caractéristiques de l'action.

Mettre en relation une intervention sociale avec la question sociale qui en est à l'origine

- Repérer la question sociale de départ
- Relever les caractéristiques de la ou des actions : collectives ou individuelles, objectifs, acteurs, population, territoire, participation de l'usager
- Établir des liens entre les caractéristiques de la ou des actions et la question sociale

Illustrer le rôle de la protection sociale dans la lutte contre l'exclusion, les inégalités sociales

- Repérer la ou les actions ; la ou les prestations
- Préciser les caractéristiques de la ou des actions ; de la ou des prestations : composante de la protection sociale impliquée, public, objectif
- Faire le lien entre cet objectif et l'exclusion et/ou les inégalités sociales

Activité technologique

Vers PIX D1.1 et D3.1

Jeunes NEET : quelle intervention sociale ?

Capacités mises en œuvre

- Mobiliser les indicateurs adaptés pour évaluer l'état de santé, de bien-être ou de cohésion sociale d'une population
- Distinguer précarité, pauvreté et exclusion
- Caractériser les modes d'intervention sociale

À partir de vos connaissances, des annexes et des outils à votre disposition, réalisez l'activité technologique suivante.

1 En vous appuyant sur la définition d'Eurostat (annexe 1), montrez la diversité des profils des jeunes NEET. Illustrez votre réponse à l'aide de données statistiques.

2 Relevez et classez par catégorie de déterminants les facteurs de risque d'entrer dans la catégorie des NEET. ► FICHE OUTIL 5

3 Montrez que les NEET sont dans une situation précaire. ► FICHE OUTIL 4

4 Choisissez un dispositif de soutien ciblant les jeunes (annexe 4), puis effectuez une recherche documentaire sur Internet afin de :
– décrire le dispositif : action(s), public, objectif ;
– préciser le mode d'intervention sociale du dispositif.
Réalisez un support visuel pour présenter vos réponses.

5 Présentez le dispositif oralement à l'ensemble de la classe à l'aide de votre support visuel.

ANNEXE 1 Les jeunes NEET

Les jeunes considérés comme NEET [*Not in Education, Employment or Training*] […] sont, selon la définition d'Eurostat, les jeunes qui ne sont ni en emploi, ni en études, ni en formation, que cette dernière soit formelle (formation conduisant à un diplôme […]) ou non formelle, suivie pour des raisons professionnelles ou personnelles (stage, formation […], conférence, […] cours de sport ou cours lié à une activité culturelle ou de loisirs).

DARES, « Les jeunes ni en études, ni en emploi, ni en formation (NEET) : quels profils et quels parcours ? », dares.travail-emploi.gouv.fr, février 2020

ANNEXE 2 Jeunes NEET, quels profils ?

En 2018, 963 000 jeunes âgés de 16 à 25 ans ne sont ni en études, ni en emploi, ni en formation […]. Ce nombre a baissé ces dernières années : il s'élevait à 1 025 000 jeunes NEET en 2015. En 2018, ils représentent 12,9 % des jeunes de cette classe d'âge et 27,9 % des jeunes qui ont terminé leur formation initiale, contre respectivement 13,7 % et 29,4 % en 2015.

Les jeunes NEET sont moins diplômés, vivent plus souvent chez leurs parents et ont plus fréquemment un handicap reconnu que les autres jeunes.

63 % des jeunes NEET sont en contact avec le service public de l'emploi. Ces jeunes ayant entrepris une démarche d'insertion ont plus souvent été en emploi au cours des douze mois précédents, tandis que les autres étaient plus souvent en études.

48 % des jeunes NEET sont sans emploi ni formation depuis un an ou plus. Ces jeunes NEET de longue durée sont moins diplômés que la moyenne des NEET et cumulent les difficultés socio-économiques. Ils sont 56 % à être en contact avec le service public de l'emploi.

En 2018, 53 % des jeunes NEET sont chômeurs au sens du BIT, c'est-à-dire qu'ils souhaitent et recherchent activement un travail et sont prêts à l'occuper dans un court délai. Les autres sont inactifs. Parmi les jeunes NEET inactifs, deux tiers ne souhaitent pas travailler, pour une partie d'entre eux pour des raisons de garde d'enfant ou d'aide auprès d'une personne dépendante, ou d'un état de santé dégradé.

DARES, « Les jeunes ni en études, ni en emploi, ni en formation (NEET) : quels profils et quels parcours ? », dares.travail-emploi.gouv.fr, février 2020.

ANNEXE 3 Sept facteurs ayant un impact sur la probabilité de devenir NEET

La Fondation européenne pour l'amélioration des conditions de vie et de travail a identifié sept facteurs, liés à l'individu et à son histoire familiale, ayant un impact sur la probabilité de devenir NEET, auxquels il faut ajouter des facteurs propres à la société et à l'économie.

Éducation
Jeunes dont le niveau d'éducation est faible : trois fois plus de probabilité que les jeunes diplômés de l'enseignement supérieur

Immigration
Jeunes issus de l'immigration : + 70 % de probabilité par rapport aux ressortissants nationaux

Handicap
Jeunes faisant état d'une forme de handicap : + 40 % de probabilité que les autres

Divorce
Jeunes dont les parents sont divorcés : + 30 % de probabilité que les autres

Chômage
Jeunes dont les parents ont connu le chômage : + 17 % de probabilité que les autres

Revenus familiaux
Jeunes issus de ménage à faible revenu : + susceptibles que ceux bénéficiant d'un revenu moyen

Résidence
Jeunes vivant dans une région reculée : 1,5 fois plus de probabilité que les autres

Eurofound, traduction CESER Champagne-Ardenne, dans « L'inclusion socio-professionnelle des jeunes NEET », auxcouleursdudeba.u.a.f.unblog.fr, 16 octobre 2015.

ANNEXE 4 Exemples de dispositifs ciblant les jeunes

AIJ : Accompagnement intensif des jeunes
Site Web : ministère de l'Économie, des Finances et de la Relance
liennathan.fr/37j3kk

PACEA : Parcours d'accompagnement vers l'emploi et l'autonomie
Site Web : ministère du Travail, de l'Emploi et de l'Insertion
liennathan.fr/9gr99d

PEC : Parcours emploi compétences
Site Web : ministère du Travail, de l'Emploi et de l'Insertion
liennathan.fr/qn636k

SMA : Service militaire adapté
Site Web : ministère des Outre-mer
liennathan.fr/6k64re

Principales notions

- Acteurs en social
- Droits de la personne

Capacités exigibles

- Présenter le rôle des différents acteurs dans une intervention sociale
- Analyser la participation de la personne, du groupe dans une intervention sociale

Vers compétences PIX

D1.1 - Mener une recherche et une veille d'information

D3.1 - Développer des documents textuels

Les acteurs du domaine social

CHAPITRE 13

AVANT LA CLASSE

Vidéo
liennathan.fr/74iaj5

Regardez la vidéo et répondez à la question suivante :
Qui est impliqué dans ces actions ?

→ *Quelles sont les caractéristiques de cette action sociale ?*

1 La diversité des acteurs

DOC 1 Différentes interventions sociales du conseil départemental du Morbihan

EN BREF

Chef de file de l'action sociale, le Département est responsable de l'accompagnement des familles rencontrant des difficultés dans leur vie quotidienne. [...]

Le Département du Morbihan consacre près de 60 % de son budget de fonctionnement aux solidarités, à l'action sociale et à la santé, dont environ 30 % à l'insertion et l'emploi.

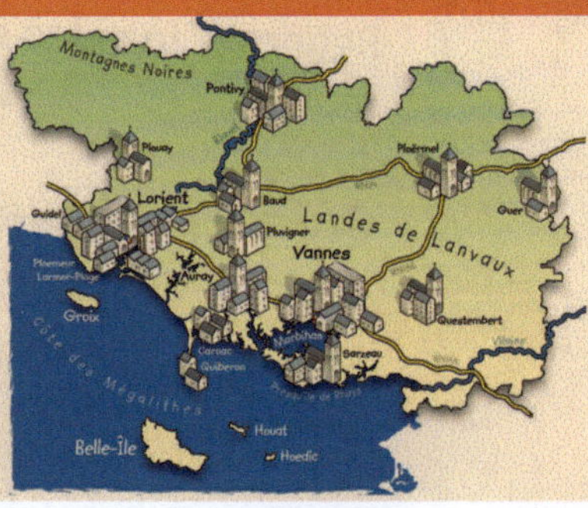

EN BREF

Le Département consacre près de 60 % de son budget de fonctionnement aux solidarités et à l'action sociale, dont 50 % en faveur des personnes âgées et handicapées.

Morbihan

Que fait le Département du Morbihan pour le développement social et l'insertion ?

NOS COMPÉTENCES...

RSA

FINANCER ET ORGANISER l'accès au rSa en lien avec la Caisse d'allocations familiales, la Mutualité Sociale Agricole et organiser l'accompagnement des allocataires en lien avec le service public de l'emploi. [...]

ACCOMPAGNEMENT

ORGANISER l'accompagnement social et socio-professionnel de tous les Morbihannais rencontrant des difficultés pour les aider à améliorer leur situation (difficultés familiales, accès à l'emploi, au logement, à la santé...).

ACTIONS COLLECTIVES ET ACTIONS D'INSERTION

LE DÉPARTEMENT FINANCE des actions pour favoriser l'insertion et lutter contre la pauvreté. Il gère, en plus de ses fonds propres, des crédits européens (FSE) pour soutenir des porteurs de projet sur son territoire (actions en faveur de la mobilité, chantiers d'insertion...).

Que fait le département du Morbihan pour les personnes âgées ?

NOS COMPÉTENCES...

- Verser des prestationsindividuelles (APA, ASH, PCH...) sous conditions
- Autoriser et financer la construction des établissements et structures spécialisés
- Garantir l'autonomie des personnes et préserver le lien social
- Coordonner l'action sociale et médicosociale des différents acteurs

Source : Département du Morbihan, www.morbihan.fr, 2020

1 Soulignez les publics concernés par ces interventions.

2 Que représentent les différentes dépenses consacrées à ce public dans le budget total du conseil départemental ?

....

....

....

3 Quels sont les modes d'intervention sociale mis en œuvre ? Illustrez votre réponse.

....

....

....

4 Avec quels autres acteurs le département collabore-t-il dans le domaine de l'insertion professionnelle ?

....

DOC 2 Qu'est-ce qu'un CCAS ?

CCAS
centre communal d'action sociale - ville d'Alès

Vidéo : Le CCAS d'Alès : au service de tous ! – Ville d'Alès
liennathan.fr/8b3x7w

5 Que signifie le sigle CCAS ?

6 Qu'est-ce qu'un CCAS ?

7 Repérez le public visé par les interventions du CCAS, puis pour chacun proposez deux ou trois exemples d'actions.

DOC 3 Les permanences des associations partenaires du CCAS de Tourves

- **Le Pain du Cœur**

Pour les personnes qui auront fait la demande auprès du CCAS :

✓ tous les 1ers et 3es vendredis du mois
✓ au local situé au Boulodrome
✓ de 10 heures à 12 heures

Il ne sera pas délivré de colis alimentaire sans le « bon pour un colis » remis par le CCAS aux jours et heures d'ouverture.

- **Permanence de la plateforme de répit « Les Pensées Roulantes »**

Le CCAS de Tourves a conventionné avec l'association Alzheimer Aidants Var pour venir en soutien aux aidants familiaux de personnes diagnostiquées « maladies d'Alzheimer et [...] apparentées ».

Une psychologue clinicienne tient une permanence tous les lundis matin à la Maison des Associations, salle 202, place de la Liberté. Les visites à domicile sont possibles.

- **Partenariat avec l'ARIF (Agence rurale d'insertion familiale)**

Une convention signée entre le CCAS et l'ARIF permet d'assurer aux familles originaires de la commune de Tourves un accès privilégié aux logements de l'ARIF ainsi qu'un accompagnement social et un relais dans des situations complexes.

Site Internet de la ville de Tourves, « Les partenaires du CCAS », www.tourves.fr.

8 Quels sont les domaines d'intervention des associations partenaires du CCAS ?

9 D'après vous, pourquoi le CCAS organise-t-il ces permanences ?

DOC 4 Une association caritative, les Banques Alimentaires

Premier réseau d'aide alimentaire en France, les Banques Alimentaires luttent au quotidien contre la précarité et le gaspillage alimentaire : elles distribuent les denrées récoltées gratuitement dans leur réseau à plus de 5 300 associations et CCAS partenaires. Pour les Banques Alimentaires, la mise à disposition de denrées alimentaires doit être considérée comme essentielle au lien social dans un processus d'accueil, d'écoute et d'accompagnement afin de favoriser le retour à l'autonomie des personnes, par exemple des ateliers et concours de cuisine, la mise à disposition de 55 cuisinettes mobiles, de supports pédagogiques et d'animatrices cuisine [...], des actions de sensibilisation dans les établissements scolaires, dans le cadre d'un agrément avec l'Éducation nationale.

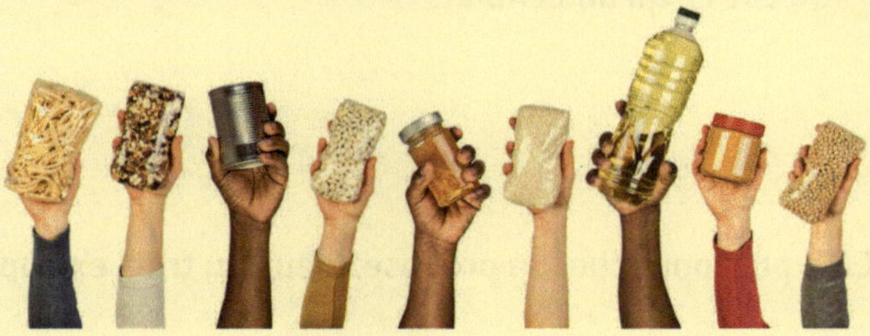

« Banques Alimentaires : le lien social par l'alimentation », interview (extraits) de Jacques Bailet, président de la Fédération Française des Banques Alimentaires, www.solaal.org.

10 Soulignez l'utilité des Banques Alimentaires.

11 Expliquez comment elles arrivent à créer du lien social.

....

....

....

DOC 5 Des actions innovantes proposées par les associations

On estime qu'il existe près de 1,3 million d'associations actives sur le territoire, qui réunissent plus de 13 millions de bénévoles. « Avec des chiffres si importants, vous pouvez être certain d'avoir une structure près de chez vous », fait remarquer le journaliste Julien Duponchel sur le plateau de France 2. Dans quels secteurs peut-on se faire aider ? « À Rennes (Ille-et-Vilaine), dans un garage associatif, c'est vous qui faites les réparations : en échange d'une cotisation annuelle de 18 euros, vous pouvez profiter des outils et du savoir-faire de Jean-Paul Serrand, garagiste proche de la retraite qui a décidé de transmettre son savoir. Résultat : des économies et des connaissances en automobile ».

Des associations peuvent aussi nous aider sur les entretiens d'embauche, en particulier pour s'habiller. Les équipes de France 2 avaient rencontré il y a quelques mois l'association La Cravate solidaire. Le postulat de départ : « l'habit ne fait pas le moine, mais il y contribue ». Le journaliste explique : « Le principe : proposer aux demandeurs d'emploi des tenues pour leurs entretiens d'embauche, et cela, gratuitement. Depuis notre visite, l'association dispose désormais d'une dizaine de sites dans toute la France. »

« Solidarité : les associations qui vous aident au quotidien », www.francetvinfo.fr, 3 juillet 2018.

12 Quelle est l'originalité du garage associatif ?

....

....

13 Quel a été l'intérêt de ce reportage télévisé pour l'association La Cravate solidaire ?

....

....

....

2 Les droits des personnes

DOC 6 Les droits des usagers

La loi n° 2002-2 du 2 janvier 2002 rénovant l'action sociale et médico-sociale a notamment pour objectif de développer les droits des usagers fréquentant les établissements et services sociaux et médico-sociaux.

- Respect de la dignité, de l'intégrité, de la vie privée, de l'intimité et de la sécurité de la personne.
- Le libre choix entre un accompagnement à domicile ou en établissement.
- Un accompagnement individualisé et de qualité dans le respect d'un consentement éclairé.
- La confidentialité des données concernant l'usager.
- Un accès à l'information.
- Une information sur ses droits fondamentaux et les voies de recours possibles.
- Une participation directe au projet d'accueil et d'accompagnement.

Direction générale de l'action sociale, « Les droits des usagers dans les établissements et services sociaux et médico-sociaux », SICOM, 2004.

14 **Pourquoi peut-on dire que la loi du 2 janvier 2002 permet de rendre l'usager acteur de sa prise en charge ?**

....

....

DOC 7 Extrait de la charte des droits et des libertés de la personne accueillie

1. Principe du libre choix, du consentement éclairé et de la participation de la personne

- Vous disposez du libre choix entre les prestations adaptées qui vous sont offertes
- Votre consentement éclairé est recherché en vous informant des conditions et conséquences de la prise en charge et de l'accompagnement, et en veillant à votre compréhesnion
- Le droit à votre participation directe, à la conception et à la mise en œuvre de votre projet individualisé vous est garanti

2. Droit à la renonciation

Vous pouvez à tout moment renoncer par écrit aux prestations dont vous bénéficiez et quitter l'établissement

3. Droit au respect des liens familiaux

La prise en charge ou l'accompagnement favorisent le maintien des liens familiaux dans le respect des souhaits de la personne

4. Droit à l'exercice des droits civiques attribués à la personne accueillie

L'exercice effectif de la totalité de vos droits civiques et de vos libertés individuelles est facilité par l'établissement

5. Droit à la pratique religieuse

Les personnels et les résidents s'obligent au respect mutuel des croyances, convictions et opinions. [...]

Charte de la personne accueillie, Ehpad St-Charles

15 **Associez les numéros des articles de la charte à chacun des droits des usagers suivants.**

– Respect de la dignité, intégrité, vie privée : ......

– Libre choix entre les prestations : ....

– Prise en charge ou accompagnement individualisé : ....

– Accès à l'information : ....

– Informations sur les droits fondamentaux et les voies de recours : ....

16 **Quels sont les intérêts de la charte (DOC 7) par rapport au texte de loi (DOC 6) ?**

....

....

3 La place de la personne, du groupe accompagné

DOC 8 Les principes d'intervention associant la personne à son projet

Le projet personnalisé est un outil de coordination visant à répondre à long terme aux besoins et attentes de la personne accueillie. Dans la majorité des situations, les personnes accueillies sont en situation de vulnérabilité lors de leur rencontre avec l'ensemble des professionnels de l'Ehpad. Ces derniers doivent donc être à leur écoute pour rechercher, susciter et accompagner cette participation afin qu'elle soit effective.
Chaque personne accompagnée a des attentes et des besoins singuliers, que le professionnel s'emploie à intégrer dans le projet personnalisé. C'est une co-construction dynamique entre la personne (et/ou son représentant légal) et les professionnels. Cette démarche est un facteur-clé pour la réussite de l'élaboration du projet d'accompagnement et constitue la meilleure réponse que peuvent apporter les professionnels face au risque d'une approche standardisée, qui s'opposerait à l'objectif de personnalisation.

« Le projet personnalisé : une dynamique de parcours d'accompagnement (volet Ehpad) », www.has-sante.fr, octobre 2018. Nous remercions la Haute Autorité de santé de nous avoir autorisés à reproduire cet extrait. Il est également consultable sur le site www.has-sante.fr, rubrique Toutes nos publications > Publications du secteur social, médico-social.

17 Qu'est-ce que le projet personnalisé ?

18 Quel est l'intérêt d'un tel projet ?

DOC 9 La contractualisation de l'accompagnement

RSA

Vidéo : Revenu de solidarité active : des droits et des devoirs – département de l'Ain
liennathan.fr/7e5w4e

19 Quel est l'objectif du RSA ?

20 En quoi consiste le parcours d'accompagnement ?

21 Quelle est l'utilité de mettre en place un contrat d'engagement réciproque ?

22 Qui verse le RSA ?

23 Qu'est-ce qu'un groupe ressource ?

DOC 10 Le conseil de la vie sociale

Le conseil de vie sociale est une instance élue par les résidents et les familles d'un établissement médico-social, comme les résidences autonomie et les EHPAD (établissements d'hébergement pour personnes âgées dépendantes). Composé de représentants des résidents, des familles et du personnel de l'établissement, le conseil de la vie sociale donne son avis et fait des propositions sur toutes les questions liées au fonctionnement de l'établissement : qualité des prestations, amélioration du cadre de vie... Son rôle est consultatif. Le conseil de la vie sociale a été créé par la loi du 2 janvier 2002 rénovant l'action sociale et médico-sociale afin de renforcer les droits des résidents hébergés dans des établissements médico-sociaux : foyers pour personnes handicapées, EHPAD...

Le conseil de la vie sociale favorise l'expression et la participation des résidents et de leurs familles à la vie de la structure.

Portail national d'information pour l'autonomie des personnes âgées et l'accompagnement de leurs proches, www.pour-les-personnes-agees.gouv.fr, mars 2018

24 Comment les usagers peuvent-ils participer à la vie de l'établissement ?

....

....

....

DOC 11 Le pouvoir d'agir des citoyens

Afin de contribuer à la prévention de la perte d'autonomie et de favoriser le maintien du lien social auprès de seniors résidant sur un territoire rural du département de l'Eure-et-Loir, une action de sensibilisation à l'utilisation d'outils informatiques (ordinateurs, tablettes...) a été initiée par un lycée agricole. Encadrés par une animatrice, des élèves animent, dans les communes volontaires, des ateliers collectifs et intergénérationnels réunissant une dizaine de seniors. Conduite en partenariat avec des acteurs du champ social et du développement économique du territoire, cette action, baptisée « Perche Digital Seniors », s'inscrit également dans une dynamique plus globale de développement du territoire, qui cherche à encourager l'implantation d'entrepreneurs de la silver économie [...]. Les aînés font le constat d'un réel sentiment de progression. Ils ont la satisfaction de s'initier à une technologie dont ils ont bien conscience de l'aide qu'elle peut leur apporter, ainsi que du changement de regard que peut générer sa meilleure maîtrise auprès de leur entourage. Ils apprécient particulièrement le caractère intergénérationnel de cette initiative, soulignant la patience et la pédagogie dont les jeunes font preuve face à leurs difficultés et blocages. De leur côté, les jeunes éprouvent un sentiment d'utilité à travers les marques de reconnaissance qui leur sont adressées. [...] Ils contribuent à atténuer l'appréhension initiale des personnes âgées.

Perche Digital Seniors

Apriles, « Perche Digital Seniors : quand le numérique encourage le dialogue entre les générations », www.apriles.net, 14 décembre 2018.

25 Quelle a été l'initiative des citoyens ?

....

....

26 Soulignez les avantages d'une telle démarche.

1 Présenter le rôle des différents acteurs dans une intervention sociale

Un centre d'hébergement d'urgence et de réinsertion mères-enfants à Paris

Elles ont entre 25 et 30 ans. Toutes ont accouché récemment à Paris ou en Seine-Saint-Denis. Orientées par les services intégrés de l'accueil et de l'orientation (SIAO) de ces deux départements, elles ont eu la chance d'être accueillies dans ce nouveau centre […]. Mise en place par le conseil régional d'Île-de-France et financée par les services de l'État, [la structure] est exclusivement dédiée aux femmes seules sortant de la maternité sans solution d'hébergement. La Région en a confié la gestion à la Croix-Rouge française avec qui elle est liée par une convention de partenariat et l'État finance. Comme tout centre d'hébergement d'urgence, il fermera ses portes le 31 mars, à la fin de la période hivernale.

[ ] Les anciens bureaux ont été convertis en chambres individuelles ou collectives, en sanitaires et en espaces de convivialité où les 22 mamans partagent les repas et des activités avec les enfants. Qui dit public spécifique dit accompagnement spécifique. […] Interviennent au centre ou en consultation […] une puéricultrice et une auxiliaire de puériculture. En outre, quatre travailleurs sociaux – deux référents par maman – encadrés par une cheffe de service et quatre agents d'accueil permettent d'assurer une présence 24 heures/24. Pour bien comprendre leurs besoins et leur parcours, chacune d'entre elles a des entretiens réguliers avec les travailleurs sociaux. « Chaque situation étant singulière, l'objectif est d'assurer un suivi personnalisé pour apporter les bonnes réponses, affirme Salima Dahmani, la cheffe de service. Ces femmes ont vécu des parcours d'immigration, des problèmes conjugaux ou familiaux, des violences. Il faut du temps et de la confiance pour aborder ces sujets. »

[…] « Le diagnostic de départ permet de comprendre la situation et les besoins de la personne, explique Alice Monchambert, directrice adjointe du pôle lutte contre les exclusions du Val-de-Marne, qui gère le projet. La première phase consiste à l'ouverture des droits, notamment en termes d'accès à la santé, et à la domiciliation. Ensuite, il s'agit de définir son projet de vie et de préparer la sortie, que ce soit par une formation, une réinsertion professionnelle, un emploi ou un logement. D'autres auront besoin d'être accompagnées dans leur processus de régularisation (titre de séjour ou demande d'asile). »

L'objectif de l'équipe est de parvenir à trouver des solutions pérennes à chacune de ces femmes avant la date fatidique du 31 mars.

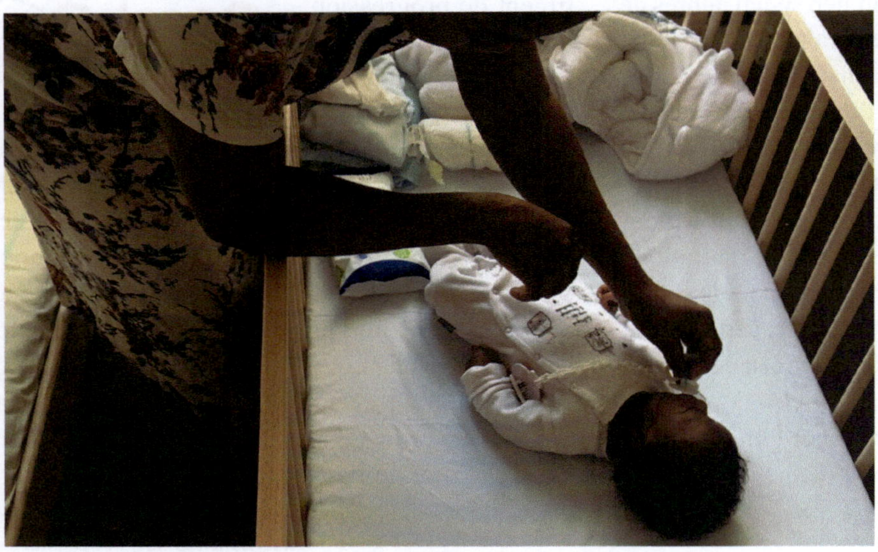

Géraldine Drot, « Un centre d'hébergement d'urgence et de réinsertion mères-enfants à Paris », www.croix-rouge.fr, 6 février 2019.

1. **Présentez succinctement l'intervention sociale.**
2. **Quels sont les différents acteurs impliqués dans cette intervention ?**
3. **Pour chaque acteur, décrivez son rôle.**

Analyser la participation de la personne, du groupe dans une intervention sociale

2

Dans la peau de l'autre

Le 3e festival de théâtre législatif se tient jusqu'à jeudi à Mulhouse. Des citoyens, personnes accompagnées, travailleurs sociaux, y mettent en scène des situations du quotidien, en présence de « décideurs », pour favoriser les prises de conscience.

La participation active d'une personne accompagnée socialement dans le processus d'amélioration de sa vie est gravée dans la loi. Mais qu'en est-il réellement ? Quelle place accorde-t-on à « l'usager » – terme qui tend à disparaître – ? Comment prend-on en compte sa parole, son expérience, voire son expertise ? Comment associe-t-on les citoyens à cette démarche qui concerne toute la société ? Depuis trois ans, l'Institut supérieur social de Mulhouse (ISSM) expérimente le théâtre législatif, avec l'association Appuis (hébergement et accompagnement social) et l'Agence de participation citoyenne, outil de démocratie participative de la ville. Sont associés à la démarche les Papillons Blancs d'Alsace, le CFEJE (centre de formation des éducateurs de jeunes enfants, qui vient de fusionner avec l'ISSM) et Le Lieu. [...] Le principe est un peu celui du théâtre forum. On demande à des personnes qui se côtoient, en l'occurrence travailleurs sociaux, bénéficiaires d'un accompagnement social, de jouer des situations du quotidien sous forme de saynètes. Il arrive que le travailleur social joue la personne accompagnée et vice-versa. Le public peut intervenir dans le jeu pour apporter une idée. Le théâtre apporte souvent de la bonne humeur, et même de l'émotion. Les séances se déroulent en présence d'« aviseurs » et de « décideurs » – élus, responsables institutionnels... Luc Godet, formateur venu du Québec, assure l'accompagnement des séances qui commencent toutes par un entraînement corporel, comme au théâtre, pour libérer les tensions, créer un climat de confiance entre les acteurs... Cette 3e édition s'articule autour de trois thématiques : « Le logement d'abord » – le nouveau dispositif gouvernemental est expérimenté à Mulhouse notamment –, « Les problèmes de garde d'enfants pour des femmes qui tentent de trouver un emploi » et « Le cyber-harcèlement ». « Ces deux derniers thèmes ont été choisis par des habitants qui ont participé aux séances préparatoires », explique Christine Edel, directrice de l'Agence de participation citoyenne de Mulhouse. Un tel festival se prépare en amont. Il faut convaincre les personnes – travailleurs sociaux, personnes accompagnées – de s'engager, venir jouer en public des situations vécues, accepter de se mettre dans la peau de l'autre... Mais à en juger par les témoignages de ceux qui ont franchi le pas, le jeu en vaut la chandelle.

Frédéric Meichler, « Dans la peau de l'autre », www.lalsace.fr, 12 juin 2018.

1 **Présentez succinctement l'intervention sociale.**

2 **Quel est le rôle du groupe dans cette intervention ?**

3 **Quels sont les avantages et les limites de cette participation ?**

SYNTHÈSE DES notions

Droits fondamentaux

Ce sont des droits accordés à chaque individu et assurés dans un état de droit et une démocratie. Ils sont constitués, au sens large, des **droits de l'homme et du citoyen et des libertés publiques**.

↓

Droits des usagers

C'est l'ensemble des règles destinées à garantir le respect des droits aux personnes accueillies ou accompagnées dans un établissement médico-social ou un service social.

↓

Une pluralité d'acteurs

ÉTAT	Sécurité sociale	Département	Mairie, CCAS	Associations	Usagers
Pilote	Gère les aides, oriente, suit, accompagne	Gère les aides, oriente, suit, accompagne	Détectent, informent, orientent, suivent, accompagnent, aident ponctuellement	Détectent, informent, orientent, suivent, accompagnent	Informent, participent aux projets

↕

Objectifs de la participation de la personne

- Favoriser l'autonomie et la responsabilité citoyenne
- Participer à l'intégration sociale et à la cohésion sociale

SYNTHÈSE DES capacités

Présenter le rôle des différents acteurs dans une intervention sociale

- Présenter succinctement l'intervention sociale
- Identifier les acteurs qui participent à cette intervention sociale
- Décrire le rôle de chaque acteur

Analyser la participation de la personne, du groupe dans une intervention sociale

- Présenter succinctement l'intervention sociale
- Identifier le rôle de la personne et/ou du groupe dans cette intervention sociale
- Présenter les avantages et les limites de cette participation

Activité **technologique**

Vers PIX D1.1 et D3.1

Politique de la ville, vers une participation citoyenne ?

Capacités mises en œuvre

- Repérer les contrastes et inégalités existant au sein des populations et entre elles
- Analyser la participation de la personne, du groupe dans une intervention sociale
- Présenter le rôle des différents acteurs dans une intervention sociale

À partir de vos connaissances, des annexes et des outils à votre disposition, réalisez l'activité technologique suivante.

1 Citez les acteurs de la politique de la ville et leurs rôles respectifs.

2 Quelles sont les caractéristiques des quartiers prioritaires, quartiers visés par la politique de la ville ?

3 Quels sont les domaines d'intervention de la politique de la ville ? Illustrez chaque domaine à l'aide d'un exemple d'intervention sociale. ► FICHE OUTIL 3

4 Présentez la place de l'usager dans ce grand dispositif.

5 Par groupe de deux, recherchez sur Internet une action citoyenne qui favorise le bien-être ou l'insertion professionnelle des habitants.

6 Réalisez un support au choix pour présenter l'action au reste de la classe.

ANNEXE 1 La politique de la ville en bref

Vidéo : Commissariat général à l'égalité des territoires
liennathan.fr/6bx3m4

ANNEXE 2 Les quartiers politiques de la ville (QPV) à Nantes

Des quartiers populaires qui accueillent les ménages les plus modestes

- Revenu médian des QPV : 993 € / mois
  → Des écarts qui se creusent : + 215 € entre 2007 et 2014.
  → Près de 2× inférieur à la Métropole nantaise.
- Taux de chômage : 22 %
  Près de 2× supérieur à la Métropole.
  → Un revenu issu à 63 % du travail.
  → 20 % issu de prestations sociales.
- Mortalité prématurée avant 65 ans
  → plus importante dans les quartiers prioritaires.
- Familles monoparentales
  → 2× plus que sur les autres quartiers.
- Des quartiers jeunes : ¼ de moins de 15 ans
  → mais vieillissants : + 7 % de 65 ans entre 2009 et 2014
- Enfants mineurs vulnérables : 41 %
  → + 30 % par rapport à la moyenne nantaise.
- Cadre de vie
  → 7 habitants sur 10 trouvent leur cadre de vie ou leur immeuble agréable.
- Image du quartier
  → 7 habitants sur 10 estiment que leur quartier a une mauvaise image.
- Population des QPV : 9 % de la population de Nantes Métropole

L'effet quartier. *L'effet quartier consiste à mesurer ce qui est généré par le simple fait de résider dans un quartier. Il met en avant qu'à situation sociale équivalente, un habitant des quartiers a moins de chance de voir sa situation s'améliorer qu'une personne qui vit dans un autre quartier.*

- À niveau de formation équivalent
  → Taux de chômage 2× plus important dans les QPV que dans les autres quartiers
  → Déqualification 2× plus importante
- À niveau social équivalent
  → + 10 points de jeunes en filières professionnelles
  → Des filles sur-représentées en lycée. Des garçons quittant le système scolaire plus tôt.

Données : Nantes Métropole 2018, étude COMPAS 2018, baromètre Habitants GUSP 2018, ORS 2014.

ANNEXE 3 L'emploi dans les quartiers de la politique de la ville

L'Observatoire national de la politique de la ville (ONPV) a rendu public mercredi 27 mars son rapport [...] consacré cette année à l'emploi et à l'économie dans ces territoires démunis de la République française. [...] L'insertion professionnelle des personnes vivant dans les quartiers prioritaires de la ville (QPV) reste toujours « détériorée » en comparaison aux autres territoires, mais quelques indicateurs semblent cependant montrer que les choses évoluent positivement.

« Quand on réside dans un quartier prioritaire, les handicaps se manifestent dès la scolarité et se poursuivent au moment de l'insertion professionnelle », explique Jean-François Cordet, président de l'Observatoire national de la politique de ville (ONPV).

Des scolarités moins longues, des études moins poussées

Premier indicateur donné par l'ONPV dans son rapport 2018 : le niveau de diplôme global des habitants des quartiers prioritaires. En effet, 75 % des résidents de QPV sont peu ou pas diplômés contre une proportion qui tombe à 50 % des résidents des quartiers environnants. Dans les quartiers politiques de la ville, les études sont en effet plus courtes, et les sorties sans diplôme beaucoup plus fréquentes qu'ailleurs. C'est le cas en région PACA, où le delta est même du simple au double. [...]

Un chômage 2,5 fois plus élevé qu'ailleurs !

De la même façon, ces inégalités se poursuivent au moment de l'insertion dans la vie professionnelle. « On a remarqué que trois ans après la fin de leur formation initiale, 37 % des jeunes bacheliers ou plus vivant dans des quartiers prioritaires ne travaillent pas, contre seulement 22 % de leurs homologues des autres quartiers urbains », détaille Jean-François Cordet. L'emploi, une fois obtenu, semble par ailleurs plus précaire pour ceux qui vivent dans les quartiers prioritaires : 24,8 % de CDD ou de contrats d'intérim contre 13,3 % dans les autres territoires urbains. Et les postes occupés sont, eux, de moins bonne qualité : 72,3 % des actifs des QPV sont ouvriers ou employés. À titre de comparaison, dans les autres quartiers, cette proportion n'est que de 42 %.

Mais une fois encore, les lignes semblent être en train de bouger, puisque les jeunes des QPV de moins de 30 ans appartiennent plus souvent à la catégorie des professions intermédiaires que leurs aînés. « On assiste à un rattrapage générationnel », poursuit le président de l'Observatoire. Quant au chômage, s'il demeure encore 2,5 fois plus élevé dans les QPV qu'ailleurs en France, le nombre des créations d'entreprises (126 000 implantations entre 2014 et 2016) semble démontrer qu'il existe néanmoins une forme de dynamisme dans les QPV avec des personnes qui cherchent à se créer leur propre emploi, notamment par le biais de l'auto-entreprise.

Émilie Denètre, « L'emploi patine toujours dans les quartiers politiques de la ville, mais les lignes bougent... », www.courrierdesmaires.fr, 27 mars 2019.

ANNEXE 4 Conseil citoyen – Devenez acteur de la ville !

conseils citoyens .fr

Vidéo : Les conseils citoyens, qu'est-ce que c'est ? – Ministère de la Ville
liennathan.fr/39qrs9

Méthodologies appliquées au secteur sanitaire et social

SOMMAIRE DU PÔLE MÉTHODOLOGIQUE

CHAPITRE 1 La recherche documentaire 170

CHAPITRE 2 La recherche et l'évaluation de l'information 176

CHAPITRE 3 L'étude au service de l'action : la démarche d'étude 182

CHAPITRE 4 La construction de l'objet d'étude 190

CHAPITRE 5 Le recueil des données : méthodes et outils 196

CHAPITRE 6 Le recueil des données : construction de l'échantillon et du protocole 200

CHAPITRE 7 Le traitement des données et les stratégies d'analyse 206

CHAPITRE 8 Le recueil et le traitement des données : aspects éthiques et règlementaires 210

CHAPITRE 9 La présentation et la diffusion de l'étude 216

CHAPITRE 1

La recherche documentaire

Principale notion

- Source d'information

Capacité exigible

- Expliquer l'apport de la recherche documentaire à une étude

Vers compétences PIX

D1.1 - Mener une recherche et une veille d'information

D3.1 - Développer des documents textuels

1 L'intérêt de la recherche documentaire

DOC 1 Une sélection de ressources documentaires de l'IREPS*

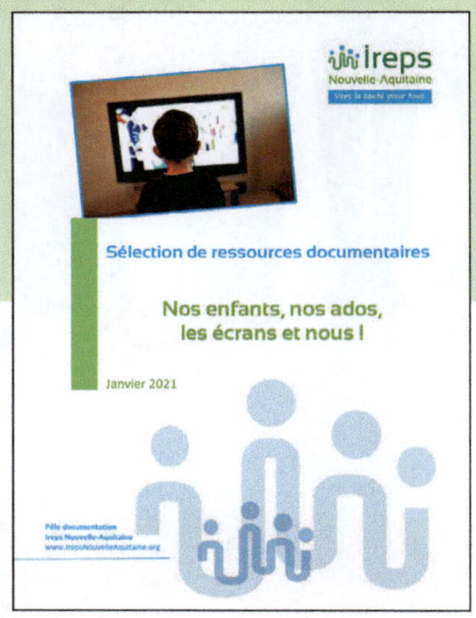

Cette sélection de ressources documentaires a été réalisée pour servir de support informatif complémentaire [...] portant sur la question des usages des écrans. Elle a pour objectif d'offrir aux intervenants et aux parents une base commune de travail et de réflexion, et de leur apporter une connaissance fiable et actualisée.

* Institut régional de l'éducation pour la santé.

Ireps Nouvelle-Aquitaine, irepsna.org, janvier 2021.

1 Sur quel sujet portent ces ressources documentaires ?

....

....

2 Soulignez dans le DOC 1 les objectifs de ces ressources documentaires.

DOC 2 L'étude Canopée (cancers chez les personnes suivies pour des troubles psychiques sévères) de l'Irdes*

La surmortalité par cancer des individus suivis pour des troubles mentaux sévères (TMS) a été récemment [observée] en France, suggérant que cette population est confrontée à des inégalités de santé. [...] L'objectif principal de la recherche est de mieux caractériser ces défauts de prise en charge en mobilisant une méthode mixte. [...] Elle mobilise ainsi les données du système national des données de santé (SNDS) [...] du cancer [...] entre les individus suivis pour TMS et la population générale. [...] [Elle] repose sur des entretiens [...] avec des patients, leurs proches et des professionnels de santé afin de documenter les freins et leviers à la prise en charge du cancer chez les patients avec TMS.

*Institut de recherche et documentation en économie de la santé.

« Les patients psy face au cancer », www.santementale.fr, 26 février 2020.

3 Quel est le sujet sur lequel porte l'étude ? ....

4 Quelles sont les méthodes utilisées pour cette étude ?

....

5 Soulignez dans votre réponse la méthode qui correspond à une recherche documentaire.

6 Quel est l'objectif de cette recherche documentaire ?

....

....

2 Les différentes étapes de la recherche documentaire

DOC 3 Les sources d'information utilisées par les élèves

Si l'entourage est l'une des premières sources d'information pour les élèves, c'est également celle dans laquelle ils ont le plus confiance (82 % en collège, 77 % en lycée). […] Les médias « traditionnels » recueillent une forte confiance auprès des élèves. Ceux-ci accordent leur confiance aux journaux papier (71 % en 3e et en Terminale) et à la radio (69 % en 3e, 67 % en Terminale), alors qu'il s'agit, paradoxalement, de médias qu'ils utilisent peu. À l'opposé, les jeunes se tiennent très nettement à distance des « nouveaux médias » : seuls environ un quart d'entre eux font confiance aux réseaux sociaux (27 % en 3e, 24 % en Terminale) et un tiers aux vidéos en ligne (36 % en 3e, 30 % en Terminale). Pour autant, les élèves ont tendance à faire confiance aux journaux en ligne, particulièrement au lycée (51 % en 3e, 62 % en Terminale), montrant **qu'ils font une distinction entre les différentes sources numériques**.

Cnesco, « Éducation aux médias et à l'actualité : comment les élèves s'informent-ils ? », www.cnesco.fr, 21 février 2019.

7 Soulignez les différentes sources d'informations.

8 Comment sont classées ces différentes sources d'informations ?

....

9 Expliquez la phrase en gras. ....

....

DOC 4 La recherche documentaire

La recherche documentaire est l'ensemble des étapes qui vont permettre de chercher, d'identifier et de trouver des informations relatives à un sujet précis à l'aide d'un moteur de recherche, d'une base de données, d'un catalogue de ressources documentaires...

10 Soulignez les outils qui peuvent être utilisés lors d'une recherche documentaire.

11 Quels sont les outils utilisés : – dans le DOC 1 ? ....

– dans le DOC 2 ? ....

DOC 5 La stratégie pour obtenir des documents de qualité

La recherche documentaire est une démarche qui consiste à choisir et questionner le sujet d'étude qui a été choisi ; à collecter les informations ; à vérifier leur qualité ; puis à les traiter pour présenter le résultat sous forme d'un corpus ou d'une bibliographie. Cette recherche d'informations est une étape indispensable à toute étude pour deux raisons : d'une part pour enrichir les connaissances relatives au sujet d'étude et d'autre part pour repérer les études déjà menées sur le sujet. Il sera ainsi plus aisé de construire l'objet d'étude. Cette recherche est une étape préalable à la démarche d'étude.

12 Listez les différentes étapes de la recherche documentaire dans l'ordre chronologique.

....

....

....

....

13 Comment se situe la recherche documentaire par rapport à la démarche d'étude ?

....

....

....

3 Le choix et le questionnement du sujet d'étude

DOC 6 TFE d'une infirmière et diaporama d'élèves de Terminale : pages de garde

INSTITUT DE FORMATION EN SOINS INFIRMIERS

Travail de fin d'études

Rôle de l'IDE dans l'éducation du diabétique

MALIN Carole
Session 2021

Le diabète, un problème de santé publique

Amélie, Julien, Rose
Terminale ST2S

14 Quel est le point commun entre le contenu des deux documents ?

....

15 Quelle est la différence entre le contenu de ces deux documents ?

....

16 Expliquez la raison de cette différence.

....

....

DOC 7 Les méthodes de questionnement

• La méthode du QQOQCP se base sur un moyen mnémotechnique : la mémorisation des initiales de cinq questions : Qui ? Quand ? Où ? Quoi ? Comment ? Pourquoi ? ▸ FICHE OUTIL 1

• Le remue-méninges permet l'émergence de nombreuses idées qui seront ensuite triées et organisées. Il se pratique en groupe : durant 5 à 10 minutes, chacun dit tout ce qui lui passe par la tête à propos du sujet d'étude, les idées sont notées pour être ensuite triées et organisées.

17 Quelles sont les deux méthodes de questionnement présentées dans le DOC 7 ?

....

18 Quel est l'objectif commun poursuivi par ces deux méthodes ?

....

DOC 8 La recherche des mots-clés

Les mots-clés ciblent les différents aspects du sujet et vont guider la recherche d'informations.

D'après bu.univ-amu.libguides.com.

19 À l'aide des DOCS 7 et 8, citez les méthodes et les outils qui permettent de rechercher des mots-clés.

....

....

....

....

....

20 Recherchez des mots-clés pour le thème suivant : la mode et la socialisation des jeunes.

....

DOC 9 La carte mentale pour organiser ce que l'on sait sur le sujet d'étude

La carte mentale ou carte heuristique permet de placer beaucoup d'idées dans un petit espace et avoir à la fois une vision détaillée et une vision d'ensemble du sujet. La réalisation d'une carte mentale débute toujours par la recherche d'idées. Les mots-clés les plus pertinents sont choisis et sont ensuite classés en idées principales et en idées secondaires, voire tertiaires.

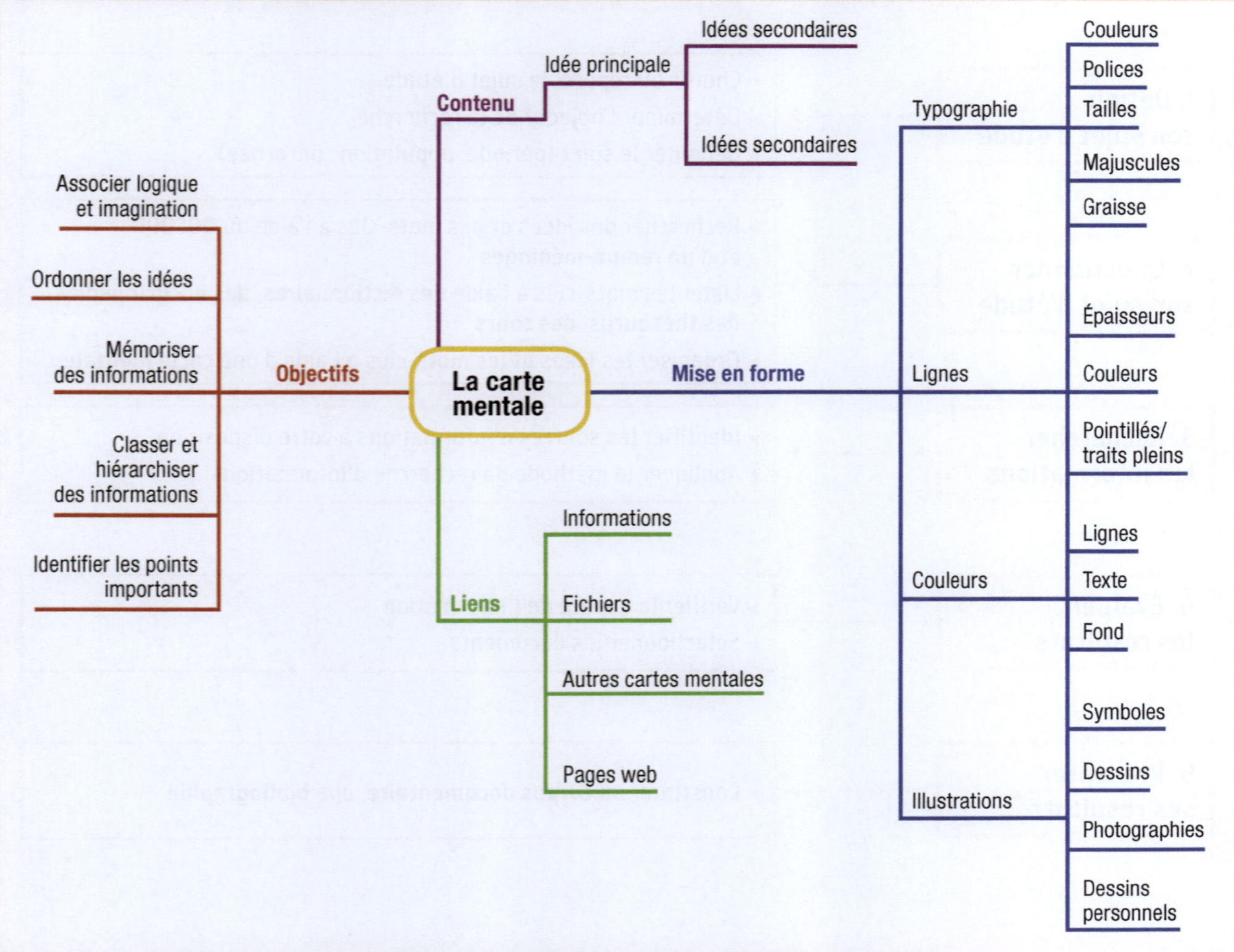

21 Qu'est-ce qui permet de mettre en évidence les points importants dans une carte mentale ?

....

....

22 Comment peut-on rendre une carte mentale attractive ?

....

....

23 Quels sont les outils à utiliser avant de réaliser une carte mentale ?

....

24 Citez deux situations scolaires (autres que la recherche documentaire) pour lesquelles la carte mentale peut être utile.

....

....

SYNTHÈSE DES **notions**

La recherche documentaire permet d'approfondir les connaissances relatives au sujet d'étude, de repérer les études déjà menées sur le sujet.
C'est une étape préalable à toute démarche d'étude.

1. Définir son sujet d'étude
- Choisir ou repérer le sujet d'étude
- Déterminer l'objectif de la recherche
- Délimiter le sujet (période, population concernée)

2. Questionner son sujet d'étude
- Rechercher des idées et des mots-clés à l'aide du **QQCOQP** et d'**un remue-méninges**
- Lister les mots-clés à l'aide **des dictionnaires, des encyclopédies, des thésaurus, des cours**
- Organiser les idées et les mots-clés à l'aide d'une **carte mentale**

3. Rechercher les informations
- Identifier les sources d'informations à votre disposition
- Appliquer la méthode de recherche d'informations

4. Évaluer les résultats
- Vérifier la qualité de l'information
- Sélectionner les documents

5. Présenter ses résultats
- Constituer un **corpus documentaire**, une **bibliographie**

SYNTHÈSE DES **capacités**

Expliquer l'apport de la recherche documentaire à une étude

- Identifier le sujet d'étude
- Préciser la recherche documentaire qui a permis d'approfondir le sujet ou de repérer les études déjà menées sur le sujet

Activité technologique

Vers PIX D1.1 et D3.1

Se questionner à propos de la légalisation des drogues

À partir de vos connaissances, des annexes et des outils à votre disposition, réalisez l'activité technologique suivante.

La légalisation des drogues est le sujet d'étude sur lequel vous allez travailler.

1 **Par groupe de huit à dix, réalisez un remue-méninges pour rechercher des idées à propos de ce sujet d'étude.**

2 **Appliquez la méthode du QQCOQP pour approfondir le sujet.** FICHE OUTIL 1

3 **Recherchez des mots-clés.**

4 **Réalisez une carte mentale à l'aide de l'outil informatique pour présenter vos réponses aux questions 1, 2 et 3.**

Placez les questions du QQCOQP en idées principales et disposez les résultats de la recherche par mots-clés et par remue-méninges en idées secondaires.

5 **Relevez toutes les questions que vous vous êtes posées et pour lesquelles vous n'avez pas de réponse suffisante, c'est-à-dire celles pour lesquelles une recherche documentaire sera nécessaire.**

ANNEXE Les effet néfastes des drogues illicites

Le cannabis

[…] La surconsommation de cannabis peut provoquer des crises d'angoisse, voire paranoïaques et, chez des sujets fragiles, déclencher un état psychotique.

La fumée de cannabis contient des produits cancérigènes en grande quantité. La dépendance est plus rare que pour d'autres drogues, mais elle existe, en particulier la dépendance psychique.

Héroïne et opiacés

[…] La dépendance à l'héroïne est marquée par une forte tolérance : tout usage régulier entraîne rapidement une augmentation des doses. Elle produit aussi une forte dépendance physique.

Une fois l'organisme habitué au produit, l'arrêt de l'intoxication provoque un syndrome de sevrage ou « manque physique » […]. Les risques sont la surdose, qui peut conduire au coma avec dépression respiratoire, la contamination par le virus du sida […], et surtout celui de l'hépatite C. La consommation de ces produits peut être également à l'origine de troubles anxieux et d'insomnies.

Cocaïne et crack

La dépendance est marquée par des impulsions irrésistibles à reprendre du produit (le « *craving* »). Les sevrages sont souvent suivis de phases dépressives. L'utilisation chronique de cocaïne peut entraîner des épisodes délirants de type paranoïde (idées de persécution), des états d'excitation avec agressivité voire des passages à l'acte. La cocaïne augmente le rythme cardiaque et la tension artérielle, avec des risques vitaux importants, notamment en cas de surdose.

Ecstasy

Elle peut entraîner une forme de dépendance et comporte des risques psychiques : crises de panique, épisodes aigus avec hallucinations et risque de passage à l'acte suicidaire.

Dr Marc Valleur, Aude Coria, Marc Oeynhausen, www.psycom.org, mai 2015.

CHAPITRE 2

La recherche et l'évaluation de l'information

Principales notions

- Typologie des principales bases documentaires du champ
- Fiabilité de la source
- Qualité de l'information
- Requête
- Références

Capacité exigible

- Constituer et structurer un corpus documentaire correspondant à un sujet en santé social

Vers compétences PIX

D1.1 - Mener une recherche et une veille d'information

D3.1 - Développer des documents textuels

1 La recherche d'informations sur Internet

DOC 1 Exemples de requêtes dans un moteur de recherche

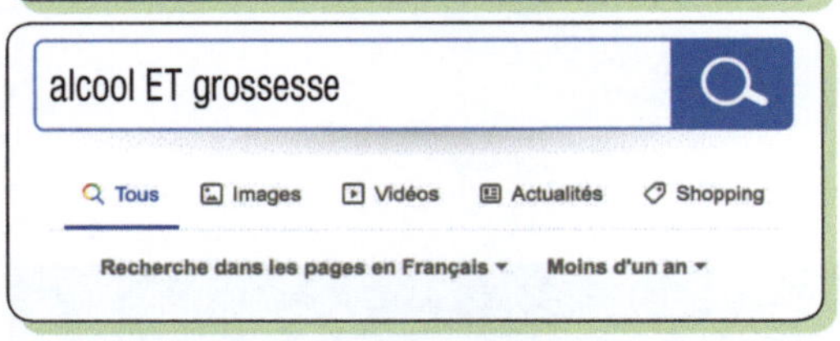

1 Quelles sont les différences entre ces deux requêtes ?

....

....

2 Quelle est celle qui est la plus précise ? Justifiez votre réponse.

....

....

....

DOC 2 Formuler une requête

Formuler une requête consiste à transcrire une question dans un langage compris par les outils de recherche.

1. Écrire une équation de recherche : mots-clés réunis par des opérateurs booléens tels que « **ET** » ou « **AND** » ou « **&** » (tous les termes présents), « **OU** » ou « **OR** » ou « **+** » (un terme au moins présent), « **SAUF** » ou « **BUT** » ou « **-** » (terme exclu).

2. Ajouter des symboles : par exemple, pour la prise en compte d'une expression, les guillemets (« ») encadrent le groupe de mots, la troncature « * » remplace des lettres manquantes à la fin d'un mot ou au milieu.

3. Choisir un ou des filtres proposés par le moteur de recherche tels que la langue, la date de la dernière mise à jour, les droits d'utilisation pour les images…

Chaque moteur de recherche a ses propres opérateurs booléens, ses symboles et ses filtres : il faut consulter les paramètres pour les connaître et les appliquer.

3 Pourquoi est-il important de mobiliser les outils proposés par les moteurs de recherche pour écrire une requête ? Justifiez votre réponse.

....

....

4 Pourquoi rédiger une requête n'est pas un exercice facile ?

....

....

5 **Quels mots-clés et outils faudrait-il mobiliser pour rédiger des requêtes sur ces sujets d'étude :**

– Données chiffrées récentes sur l'insertion professionnelle des jeunes en France.

....

....

....

– L'infection à chlamydia (ou à chlamydiae ou chlamydiose).

....

....

DOC 3 Les bases documentaires

[Une base est un] « ensemble de données relatif à un domaine défini de connaissance et organisé pour être offert aux utilisateurs » (*JO* du 17 janvier 1982). [...] Les bases bibliographiques décrivent, sous forme de références bibliographiques (ou notices), divers documents (articles, ouvrages, rapports, congrès...) [...]. Les bases textuelles : le texte intégral est disponible en banques de données dans de nombreux domaines : juridique, scientifique et technique, et pour la presse. [...] Les bases de connaissance (factuelles ou numériques) fournissent des renseignements directement et immédiatement exploitables par les utilisateurs (par exemple : les signes d'une maladie [...]).

IRDES, *Sources d'information et méthodologie de recherche documentaire en santé*, 2017.

Site web : PRISME – Réseau documentaire en sciences et action sociale
liennathan.fr/6x68pn

Site web : Ressources documentaires Santé-Social – APHP
liennathan.fr/y89q2q

6 **Soulignez dans le DOC 3 les différents types de bases documentaires. Qu'est-ce qui les différencie ?**

....

7 **Quels types de bases documentaires sont accessibles sur PRISME ? Illustrez votre réponse.**

....

....

8 **À partir du site de l'APHP, proposez deux exemples de sites qui mettent à disposition :**

– des bases textuelles : ....

– des bases de connaissances : ....

DOC 4 Comment lire une adresse URL ?

L'adresse URL est une information très importante pour vérifier la fiabilité d'un site.

- Un site commercial a généralement une adresse URL qui finit par « .com » (ex. : www.laposte.com) ;
- un site personnel présente souvent le nom de l'opérateur qui l'héberge (ex. : droits.haylie.pagesperso-sfr.fr) ;
- un forum est indiqué en toutes lettres dans l'adresse URL (ex. : forum.doctissimo.fr) ;
- les sites institutionnels ont une structure particulière suivant le pays (ex. : www.sante.gouv.fr).

9 **Que nous apprend l'adresse URL d'un site internet ?**

....

....

2 La vérification de la qualité d'une information

DOC 5 Quatre millions de mal-logés ou sans logement en France

Au total et à des degrés divers, près de 15 millions de personnes sont concernées par la crise du logement. Parmi elles, plus de 1,2 million de locataires sont en situation d'impayés de loyers ou de charges et risquent l'expulsion, selon la Fondation Abbé-Pierre.

Franceinfo et AFP, « Mal-logement : cinq chiffres à retenir du dernier rapport de la Fondation Abbé-Pierre », www.francetvinfo.fr, 30 janvier 2020.

10 Votre sujet d'étude est la pauvreté en France. Vous avez sélectionné le DOC 5. Répondez aux questions suivantes en justifiant vos réponses. Ce document est-il :

- récent ? ....
- adapté à l'objectif poursuivi ? ....
- sérieux ? ....
- d'un accès facile ? ....

DOC 6 Vérifier la qualité d'une information

Une information est fiable lorsque la source est connue et reconnue comme sérieuse ou officielle (notoriété de l'auteur, organismes officiels, par exemple avec une extension .org), lorsque les informations sont situées dans le temps et qu'elles sont neutres. Une information est pertinente lorsqu'elle est adaptée à l'objectif poursuivi, c'est-à-dire qu'elle se rapporte au sujet étudié et que seules les informations utiles sont collectées, encore d'actualité (date récente de production, sauf en cas de recherche historique). Une information est accessible lorsqu'elle est facile à obtenir, à déchiffrer et à comprendre.

11 Soulignez les trois caractéristiques d'une information de qualité.

12 Pourquoi faut-il s'assurer de la qualité de l'information lors d'une recherche documentaire ?

....

DOC 7 Résultats de la requête : loi AND « cigarette électronique » (extraits)

Législation cigarette électronique : lois et réglementations sur...
www.lepetitvapoteur.com › content › 79-legislation-et-...
LÉGISLATION ET CIGARETTE ÉLECTRONIQUE... dédié aux lois et réglementations qui s'appliquent à la cigarette électronique.

Nouvelle réglementation sur la cigarette électronique : qu'est...
www.cigaretteelec.fr › blog › nouvelle-reglementation-...
Le décret de la loi santé est entré en vigueur, les vapoteurs peuvent être sanctionnés.

Cigarette électronique I economie.gouv.fr
www.economie.gouv.fr › dgccrf › cigarette-electronique
27 sept. 2019 – La cigarette électronique s'est imposée. Il existe des modèles jetables et rechargeables.

13 Parmi les trois résultats présentés dans le DOC 7, quel est celui que vous allez privilégier en premier ? Justifiez votre réponse.

....

3 La présentation des résultats

DOC 8 Les références bibliographiques

Elles permettent d'identifier, retrouver et consulter facilement un document. L'ensemble des références, classées par ordre alphabétique ou par thème, forme la bibliographie. La présentation des références est soumise à des règles.

– Pour un livre : AUTEUR, Prénom. *Titre de l'ouvrage.* Édition. Lieu de publication, éditeur, année de publication, nombre de pages.

– Pour un article de revue : AUTEUR, Prénom. « Titre de l'article ». *Titre de la revue*, année, volume, numéro, numéro(s) de page(s).

– Pour une page de site : AUTEUR, Prénom (ou ORGANISME). « Titre de l'article » in (site hôte), *Titre de la page d'accueil* [en ligne]. Disponible sur : <url>. (date de consultation).

14 Pourquoi est-il important de respecter les règles de présentation des références ?

....

15 Quel est l'outil qui rassemble l'ensemble des références relatives à un même sujet d'étude ?

....

DOC 9 Extrait de page d'un site Internet

FUTURA SANTÉ www.futura-sciences.com

Les Français prennent-ils soin de leur bouche ?

Par Julie Kern, Rédactrice scientifique *Publié le 07/07/2020*

Le brossage des dents est un geste inculqué dès l'enfance. Pourtant, près d'un quart des Français âgés entre 15 et 75 ans déclarent se brosser les dents moins de deux fois par jour, selon [la] page statistique sur les soins dentaires.

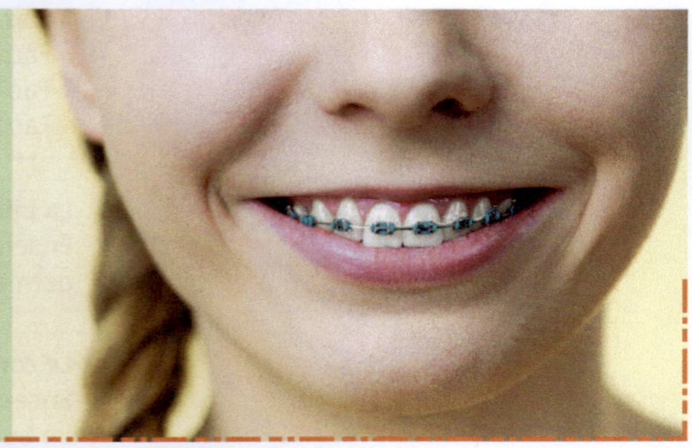

16 Rédigez la référence du DOC 9.

....

....

DOC 10 Le corpus

Un corpus est un ensemble de documents (textes, images, vidéos...), regroupés dans un but précis : apporter des éléments de réponses à une question. Les documents qui composent le corpus sont choisis en fonction de certaines caractéristiques : leur pertinence (dans certains cas, seul un extrait est sélectionné), leur complémentarité, leur exhaustivité (l'ensemble permet de répondre à la question de départ). Ainsi, le nombre de documents peut varier de 1 à 5-6 documents.

Avant la constitution du corpus, une réflexion est à mener pour fixer l'objectif précis à atteindre et les critères retenus pour le choix des documents tels que la période, le type de document, la longueur du texte, par exemple.

▸ FICHE OUTIL 2

17 Quelles différences faites-vous entre un dossier documentaire et un corpus ?

....

SYNTHÈSE DES notions

1. Définir son sujet d'étude

2. Questionner son sujet d'étude

3. Rechercher les informations

Formuler une requête = transcrire une question dans un langage compris par les outils de recherche
- Dans un **moteur de recherche** = équation de recherche (mots-clés reliés par des opérateurs booléens + filtres...)
- Dans des **bases documentaires** = ensembles de données relatifs à un domaine défini et organisés pour être offerts aux utilisateurs : **bibliographiques** pour des références bibliographiques, **textuelles** quand le texte est intégral, **de connaissances** pour des textes ou des données directement utilisables
- Dans un catalogue de sites ou de références bibliographiques

4. Évaluer les résultats = vérifier la qualité de l'information

Pertinence
- Informations adaptées à l'objectif poursuivi
- D'actualité

Fiabilité
- Source connue et reconnue comme sérieuse ou officielle
- Informations situées dans le temps
- Informations neutres

Accessibilité
- Faciles à obtenir
- Faciles à déchiffrer
- Faciles à comprendre

5. Présenter ses résultats

La bibliographie
Ensemble de références bibliographiques (informations qui permettent de retrouver un document)

Le corpus documentaire
Ensemble de documents (textes, images, vidéos...) regroupés dans un but précis

SYNTHÈSE DES capacités

Constituer et structurer un corpus documentaire correspondant à un sujet en santé-social

- Identifier le sujet de l'étude
- Sélectionner les documents pertinents qui apportent des informations sur le sujet de l'étude
- Présenter les documents dans un document Word avec les références pour chaque document sélectionné

Activité technologique

Vers PIX D1.1 et D3.1

Réaliser un corpus sur les inégalités hommes-femmes en France

À partir de vos connaissances, des annexes et des outils à votre disposition, réalisez l'activité technologique suivante.

1 **Vous allez réaliser un corpus relatif aux inégalités hommes-femmes en France.** Pour délimiter la question à laquelle vous allez chercher à répondre :
- relevez les différents domaines d'inégalités présentés en annexe ;
- par groupe, choisissez un domaine d'inégalités pour lequel vous allez constituer un corpus.

2 **Faites une recherche documentaire sur Internet pour sélectionner les documents.**

3 **Vérifiez la qualité de chacun des documents retenus.**

4 **Présentez votre corpus dans un document Word avec les références pour chaque document.** ► FICHE OUTIL 2

5 **Vous présenterez vos corpus à l'ensemble de la classe en mettant en évidence la complémentarité, l'exhaustivité et la qualité des informations présentes dans les documents choisis.**

ANNEXE Les inégalités entre les femmes et les hommes en France : principaux indicateurs

	Hommes	Femmes
Éducation		
Part des diplômés de licence et plus et ayant un emploi en 2017	82 %	80 %
Santé		
Espérance de vie en bonne santé en 2018	62,6 ans	64,9 ans
Chômage		
Taux de chômage en 2018	9 %	9,1 %
Salaires		
Tous temps de travail confondus, en 2018, les hommes gagnent X % de plus que les femmes et les femmes gagnent X % de moins que les hommes	20,5 %	16,8 %
Emploi		
Taux d'activité des 15-64 ans en 2018	75,8 %	68,2 %
Pauvreté		
Taux de pauvreté en 2018 (au seuil à 50 % du revenu médian)	8,2 %	8,5 %
Conditions de vie		
Part des personnes qui consacrent tous les jours au moins une heure à la cuisine et aux tâches domestiques en 2016	35,6 %	79,6 %
Vie politique		
Part des députés à l'Assemblée nationale française en 2017	61 %	39 %

Sources : Insee, ministères sociaux, Observatoire des inégalités.

CHAPITRE 3

L'étude au service de l'action : la démarche d'étude

Principale notion
- Démarche

Capacité exigible
- Argumenter l'intérêt d'une étude à la connaissance de l'état de santé ou d'un fait social, à l'élaboration d'un projet ou de son évaluation

Vers compétences PIX

D3.1 - Développer des documents textuels

1 L'intérêt des études en santé-social

DOC 1 Étude « Nuit de la Solidarité »

Vous participez à la troisième Nuit de la Solidarité parisienne, du 30 au 31 janvier 2020. La Nuit de la Solidarité est une opération de décompte de nuit des personnes en situation de rue. Elle est organisée chaque année avec l'aide des professionnel.le.s du social et des Parisien.ne.s bénévoles. Cette opération n'est pas une intervention sociale mais un outil qui a pour finalité de mieux connaître les personnes en situation de rue pour améliorer les réponses qui leur sont proposées. Il ne s'agit donc pas d'apporter des solutions le soir même de l'opération, même si les situations d'urgence pourront être signalées à cette occasion.

Ville de Paris, « La nuit de la Solidarité », cdn.paris.fr, 30 janvier 2020.

DOC 2 Nombre de SDF, état des lieux

Combien de personnes sans abri vivent dans les rues de la capitale ? Simple en apparence, la question reste complexe à aborder. Les premières enquêtes « Sans domicile » menées par l'Insee et l'Ined en 2001 et 2012 ont permis d'approcher le nombre de personnes en situation de rue […]. La dernière enquête décomptait 143 000 sans domicile francophones en France en 2012. […] À partir de ces appels [décompte des personnes ayant appelé le 115], le Samu social estime le nombre de personnes dormant à la rue ou dans des lieux de fortune dans une fourchette allant de 2 500 à 3 000 personnes à Paris.

Apur, Étude « Les personnes en situation de rue à Paris la nuit du 7-8 février 2019 », www.apur.org, décembre 2019.

1. Dans la « Nuit de la Solidarité » (DOC 1), qui sont les enquêteurs ? Qui sont les enquêtés ?

2. Quelles sont les raisons de la mise en place de cette étude (DOC 2) ?

3. Soulignez dans le DOC 1 les objectifs de cette étude : en bleu à court terme, en rouge à long terme.

4. Expliquez pourquoi cette étude améliore les connaissances d'un fait social et permet de construire un projet (DOCS 1 et 2).

2 L'étude pour améliorer les connaissances

DOC 3 Mortalité des personnes SDF : dénombrer et décrire

Depuis sa création en 2002, le CMDR [Collectif Les Morts de la rue] recense systématiquement les décès des personnes sans domicile en France. [...] [L]es décès de personnes « SDF » [...] survenus en 2018 [...] sont enregistrés par le CMDR tout au long de l'année. [...] Pour chacun de ces décès, des informations sur les caractéristiques démographiques, le parcours de vie et les circonstances du décès sont recueillies par téléphone auprès de tiers ayant connu les défunts, à l'aide d'un questionnaire [...].

CMDR, « Mortalité des personnes sans domicile 2018 », Enquête Dénombrer & décrire, mortsdelarue.org, octobre 2019.

5 Qui réalise l'étude du DOC 3 ?

6 Quels sont les objectifs de cette étude ?

7 Quelles informations recueillies au cours de l'étude permettent d'améliorer les connaissances sur la grande exclusion ?

8 Comment ces informations sont-elles recueillies ?

DOC 4 Résultats de l'étude « Mortalité des personnes sans domicile » (extraits)

Nous remarquons une augmentation du nombre de décès signalé au CMDR en 2018 d'environ 10 % en comparaison avec les années précédentes. Nous ne savons pas si l'augmentation [...] reflète une augmentation du nombre réel des décès des personnes « SDF » en France : amélioration du signalement ? Augmentation de la population de personnes « SDF » ? [...]

Conclusion

En 2018, 612 décès de personnes « SDF » ont été signalés au CMDR [...]. Les personnes « SDF » décédées sont majoritairement des hommes jeunes qui ont vécu de longues années à la rue et qui ont souffert de maladies, d'addictions et de troubles psychiatriques. Les causes externes de décès sont très fréquentes, accidents, agressions et suicides [...].

CMDR, « Mortalité des personnes sans domicile 2018 », Enquête Dénombrer & décrire, mortsdelarue.org, octobre 2019.

9 Expliquez les interrogations du Collectif Les Morts de la rue.

10 À partir de la conclusion, indiquez si les objectifs de l'étude ont été atteints. Justifiez.

3 L'étude pour élaborer un projet

DOC 5 Nuit de la Solidarité : décompte du 30 au 31 janvier 2020

De 22 h à 1 h du matin, 2 000 personnes, professionnels du social, bénévoles [...], associations [...] ou simples Parisiens et Parisiennes sont [...] allés à la rencontre des personnes [...] dans la rue [...]. L'objectif est [...] d'échanger avec les personnes croisées [...] grâce à un questionnaire, anonyme [...]. Ce questionnaire portait, en plus du sexe et de l'âge, sur des thèmes tels que la situation actuelle de la personne rencontrée, la durée d'errance [...].

Secours populaire français, « Nuit de la Solidarité 2020 –Les premiers résultats dévoilés », www.spf75.org, 14 février 2020.

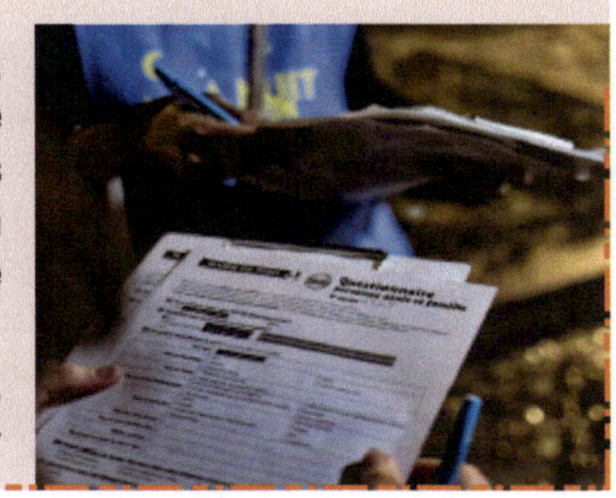

11 Soulignez en bleu le nom du support qui permet le recueil de données.

12 Citez des données recueillies pour améliorer les connaissances sur les sans-abris.

....

DOC 6 Nuit de la Solidarité 2019 : les premiers résultats

Bien que les hommes demeurent largement majoritaires (88 %), les résultats du décompte montrent une présence nombreuse de femmes. Elles représentent 12 % des personnes rencontrées, soit un résultat supérieur à celui des précédentes enquêtes [...]. 373 personnes ont été décomptées dans les stations de métro [...] 39 % sont âgées de 55 ans ou plus [...]. 63 % sont à la rue depuis plus d'un an [...]. Chez les personnes enquêtées dans le métro, le besoin de logement est exprimé plus fréquemment (91 %) [...]. Depuis 1994, [...] la RATP a organisé des circuits de plusieurs bus pour recueillir les sans-abris qui souhaitent se faire héberger et qui sont dirigés au CHAPSA, un centre d'hébergement de près de 300 places situé à Nanterre [...]. Grâce [...] au transport quotidien des personnes qui le souhaitent vers le CHAPSA, la RATP assure avoir divisé par cinq le nombre de SDF vivant dans le métro [...]. Suite à la présentation des premiers résultats [de l'étude] en mars 2018, la Ville de Paris [...] s'est engagée à [...] étudier la création d'un bain douche dédié aux femmes [...].

Apur, Étude « Les personnes en situation de rue à Paris la nuit du 7-8 février 2019 », www.apur.org, décembre 2019.

13 Soulignez en rouge les données qui permettent de dresser le profil des personnes SDF.

14 Quel projet est envisagé à partir des données recueillies par l'étude ?

....

....

DOC 7 Qu'est-ce qu'un diagnostic ?

Le **diagnostic** sert à connaître son territoire, ses forces, ses faiblesses, son public, ses besoins, à éclairer la décision, à orienter l'action des élus et des acteurs de terrain.

15 Montrez que l'étude « Nuit de la Solidarité » permet de réaliser un diagnostic (DOCS 6 et 7).

....

....

....

....

....

....

4 L'étude pour évaluer un projet

DOC 8 Évaluation du projet « Programme Avenir sans Tabac (AsT) »

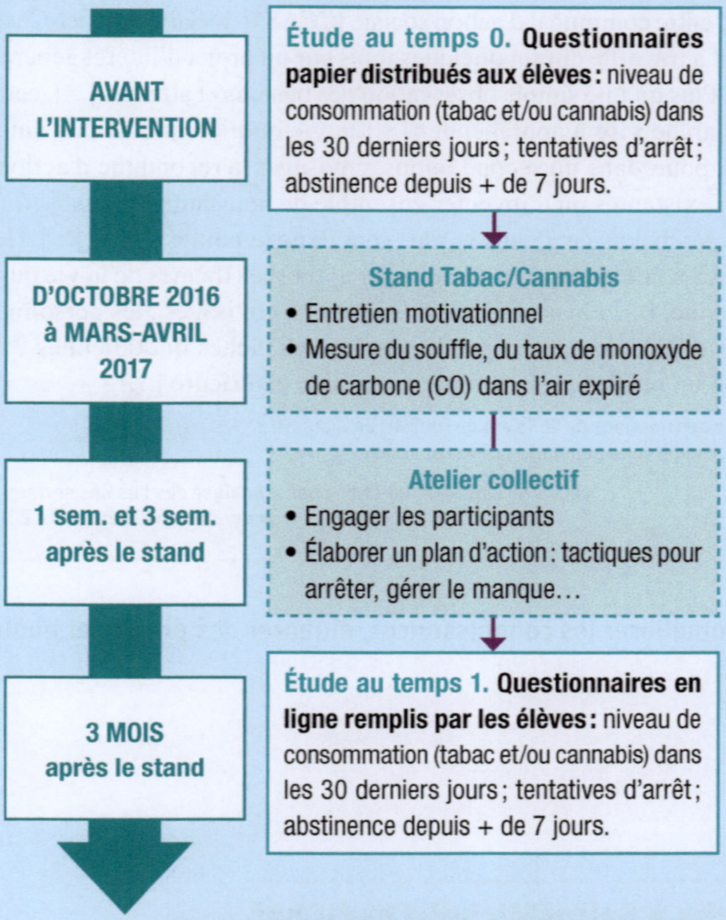

Santé publique France, Études et enquêtes « Résultats de l'évaluation du programme "Avenir sans Tabac" », www.drogues.gouv.fr, mai 2019.

[L'objectif] du programme « Avenir sans Tabac » […] est d'aider à l'arrêt ou à la diminution de la consommation des jeunes fumeurs de tabac et de cannabis. Sa stratégie […] repose sur […] l'entretien motivationnel (EM) dans le cadre de la participation 1) à un stand Tabac-Cannabis […] et 2) à un atelier collectif d'aide à la motivation […] proposés dans chaque […] lycées, CFA […]. Nous avons recueilli des indicateurs […] auprès de fumeurs récents de cigarettes et/ou de cannabis […].

Nous avons constaté que la participation à un stand Tabac-Cannabis était associée à une diminution du niveau de consommation récente des jeunes fumeurs de cigarettes et de cannabis. […] L'impact positif […] trois mois après l'intervention était d'autant plus élevé que la qualité de l'EM l'était. Pour les participants de l'atelier […], AsT a eu un effet positif […] (surtout chez les fumeurs de cigarettes) […]. [Pour] le stand Tabac-Cannabis, […] il serait utile d'étoffer l'équipe des professionnels menant les entretiens […]. Un autre moyen […] pour répondre à l'engorgement du stand […] serait d'organiser […] des journées […] dédiées à la prévention […], ce qui permettrait d'étendre la plage horaire durant laquelle les jeunes fumeurs peuvent se rendre au stand.

16 Soulignez l'objectif du projet « Avenir sans Tabac » (AsT).

17 Ce projet a-t-il été efficace ?

…………………………………………………………………………………………

…………………………………………………………………………………………

…………………………………………………………………………………………

18 Comment les organisateurs ont-ils pu arriver à cette conclusion ?

…………………………………………………………………………………………

…………………………………………………………………………………………

…………………………………………………………………………………………

…………………………………………………………………………………………

19 Expliquez pourquoi l'évaluation d'un projet permet de l'ajuster.

…………………………………………………………………………………………

…………………………………………………………………………………………

5 Les différentes étapes de la démarche d'étude

DOC 9 La vie quotidienne des Michelois de plus de 75 ans

Le Centre communal d'action sociale [CCAS*] de Saint-Michel-Chef-Chef a travaillé durant quelques mois sur un projet d'intérêt général. [...] Plus qu'une simple observation des besoins et attentes [...], cette démarche vise à appréhender [...] la vie quotidienne de nos aînés [...], pour, dans un second temps, envisager la reconduite d'actions déjà existantes ou d'inventer ensemble de nouveaux projets. [...] Les Michelois de 75 ans et plus sont donc le public étudié [...]. [Le CCAS a fait le choix de s'intéresser à] tous les thèmes de la vie quotidienne. [...] Plusieurs hypothèses sont à envisager : les personnes sont-elles autonomes dans la gestion des tâches quotidiennes ? Y a-t-il un refus d'avoir recours à une aide extérieure [...] ?

* Une des missions du CCAS est de réaliser un diagnostic des besoins de la population de la commune.

CCAS de Saint-Michel-Chef-Chef, « Analyse des besoins sociaux », www.stmichelchefchef.fr, 2019.

20 Pourquoi cette étude sert-elle à la fois à améliorer les connaissances, élaborer des projets et évaluer les projets existants ?

....

....

....

DOC 10 Les étapes de la démarche à Saint-Michel-Chef-Chef

Novembre 2018
Choix de l'objet d'étude

3 décembre 2018
Création d'un 1er questionnaire pour la population

Distribution des questionnaires

31 janvier 2019
Date butoir de retour des questionnaires de la population
48 % de retours

11 février 2019
Premiers constats issus du questionnaire
Choix des acteurs à interroger
Création d'un 2e questionnaire pour les acteurs de terrain

Analyse des résultats des questionnaires
+
Consultations avec les acteurs du terrain

11 mars 2019
Analyse chiffrée des questionnaires (population et acteurs)

1er avril 2019
Vérification des analyses

Mise en lien de toutes les données recueillies
+
Création d'un document récapitulatif

Communication des résultats au conseil municipal et aux habitants

20 mai 2019
Bilan de la démarche

D'après CCAS de Saint-Michel-Chef-Chef, « Analyse des besoins sociaux », www.stmichelchefchef.fr, 2019.

21 À l'aide du DOC 9 et du DOC 10, retrouvez en partie l'objet d'étude en identifiant :

– la question sociale de départ : ....

– les populations ciblées : ....

– les objectifs de l'étude : ....

– les dates de début et de fin de l'étude : ....

22 À quel moment de la démarche l'objet d'étude est-il construit (DOC 10) ? ....

23 Nommez le support utilisé pour recueillir les données. ....

24 Que fait-on des questionnaires complétés par la population ?

....

....

25 Comment les données de tous les questionnaires complétés sont-elles traitées ?

....

....

26 À qui les résultats de l'étude sont-ils présentés ?

....

DOC 11 La démarche d'étude

La démarche d'étude correspond à un enchaînement logique d'étapes qui s'inscrit dans le temps. En effet, au début de cette démarche, il est nécessaire de définir l'objet d'étude afin d'identifier précisément ce qui va être examiné par la suite (ex. la question santé-sociale ou le problème à explorer, la population ciblée, les objectifs de l'étude, le territoire à observer…). Il est alors possible, dans un second temps, de recueillir des données à l'aide par exemple d'un questionnaire d'enquête. Les données recueillies sont ensuite triées, classées et analysées. En effet, traiter les données doit permettre d'améliorer les connaissances sur la question santé-sociale, d'élaborer un projet ou encore de l'évaluer. Enfin, les résultats de l'étude sont communiqués à différents acteurs (professionnels de santé/social, élus, grand public…). Présenter l'étude est l'étape finale de la démarche.

27 Soulignez dans le DOC 11 les quatre grandes étapes d'une démarche d'étude.

28 À partir de votre réponse à la question précédente et du DOC 10, identifiez les dates ou périodes de réalisation de chacune des étapes de la démarche d'étude à Saint-Michel-Chef-Chef.

Étapes chronologiques de la démarche d'étude	Nom de l'étape	Date/période de réalisation
Étape 1	....	....
Étape 2	....	....
Étape 3	....	....
Étape 4	....	....

SYNTHÈSE DES **notions**

Les études en santé-social
Analyse des données recueillies sur la santé d'une population ou sur un fait social

↓

La démarche d'étude
Ensemble d'étapes qui utilise des recherches pour mieux comprendre la santé d'une population ou un fait social

Les étapes de la démarche d'étude

Construction de l'objet d'étude → Recueil des données → Traitement des données → Présentation de l'étude

↓

L'intérêt des études en santé-social

Pour améliorer les connaissances
L'étude sert à recueillir des données (ex. indicateurs) sur l'état de santé d'une population ou sur un fait social.

Pour élaborer un projet en réalisant un diagnostic
L'étude sert à identifier les attentes, les besoins d'une population ainsi que les forces et faiblesses d'un territoire afin d'aider les acteurs à prendre des décisions et à agir sur le terrain.

Pour évaluer un projet
L'étude sert à mesurer si un projet en santé-social a atteint ses objectifs et à vérifier la pertinence de la réponse apportée à un problème de santé-social.

SYNTHÈSE DES **capacités**

Argumenter l'intérêt d'une étude à la connaissance de l'état de santé ou d'un fait social, à l'élaboration d'un projet ou de son évaluation

↓

- Identifier le problème/la question santé-social à l'origine de l'étude, la population cible, le territoire, la (les) date(s)
- Repérer le ou les objectifs de l'étude : mieux connaître l'état de santé d'une population, mieux connaître un fait social, élaborer ou évaluer un projet
- Relever les résultats de l'étude
- Mettre en lien les résultats avec le ou les objectifs de l'étude et illustrer les liens

Activité technologique

Vers PIX D3.1

Jeunes de Nouvelle-Aquitaine : comment allez-vous ?

À partir de vos connaissances, de l'annexe et des outils à votre disposition, réalisez l'activité technologique suivante.

1 Argumentez l'intérêt de l'étude « La santé des jeunes accompagnés en mission locale » publiée par l'Observatoire régional de santé Nouvelle-Aquitaine.
Pour répondre à cette question, connectez-vous à l'étude, puis :
- identifiez le problème/la question de santé-social à l'origine de l'étude, la population cible, le territoire, la (les) date(s) ;
- repérez l'(es) objectif(s) de l'étude ;
- relevez quelques exemples de résultats de l'étude ;
- mettez en lien les résultats avec l'objectif de l'étude et illustrez les liens. ▸ FICHE OUTIL 4

2 Présentez vos réponses à l'aide d'un diaporama.

3 Exposez votre travail à l'oral de façon structurée et convaincante. Vous veillerez en particulier à convaincre votre auditoire de l'intérêt de cette étude.

ANNEXE Étude « La santé des jeunes accompagnés en mission locale (ML) »

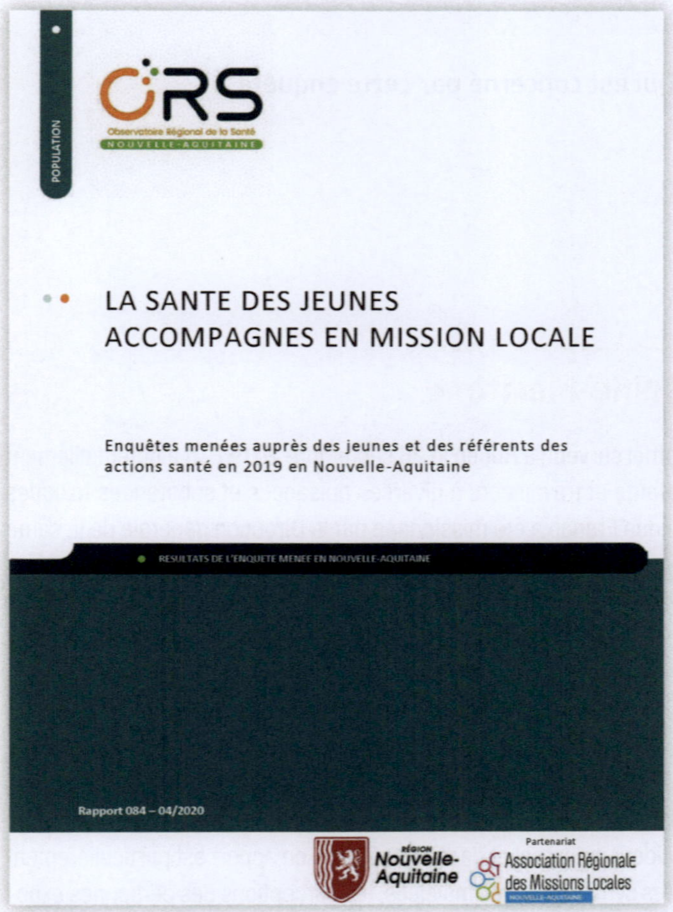
POPULATION

ORS
Observatoire Régional de la Santé
NOUVELLE-AQUITAINE

LA SANTE DES JEUNES ACCOMPAGNES EN MISSION LOCALE

Enquêtes menées auprès des jeunes et des référents des actions santé en 2019 en Nouvelle-Aquitaine

RESULTATS DE L'ENQUETE MENEE EN NOUVELLE-AQUITAINE

Rapport 084 – 04/2020

Région Nouvelle-Aquitaine

Partenariat Association Régionale des Missions Locales Nouvelle-Aquitaine

Fichier PDF : Rapport 2020
liennathan.fr/e62m3k

Présentes sur l'ensemble du territoire, les ML exercent une mission de service public de proximité pour permettre à tous les jeunes de 16 à 25 ans de surmonter les difficultés qui font obstacle à leur insertion socio-professionnelle. […] Les jeunes se rendent volontairement en ML et sont accueillis pour une première réponse à leurs besoins, voire un premier entretien avec un conseiller d'insertion professionnelle (CIP). […] La région Nouvelle-Aquitaine a missionné l'Observatoire régional de santé (ORS) Nouvelle-Aquitaine pour disposer, d'une part, de données objectives sur l'état de santé et les conditions de vie des jeunes suivis en ML en Nouvelle-Aquitaine et, d'autre part, d'une approche évaluative des actions santé mises en place dans les ML. […]
Dans ce cadre, une enquête […] auprès des jeunes a été mise en place du 30 septembre au 30 novembre 2019 dans 40 missions locales de la région […], recueillant au total 2 538 questionnaires. Ces données ont pu être comparées aux données d'enquêtes de référence, mettant en exergue des spécificités dans l'état et le comportement des jeunes des missions locales. De plus, 12 entretiens semi-directifs ont été réalisés auprès de conseillers de mission locale ayant mis en place des actions en 2018-2019. […] Cet état des lieux […] contribue à l'amélioration des connaissances sur la santé des jeunes accompagnés en mission locale de Nouvelle-Aquitaine. Ces éléments pourront être utilisés au niveau régional comme au sein de chaque mission locale pour mettre en place des actions de santé ciblées.

J. Debarre, P. Annery, « Santé des jeunes accompagnés en mission locale. Enquête menée auprès des jeunes et des conseillers en Nouvelle-Aquitaine en 2019 », ORS Nouvelle-Aquitaine, Rapport n° 084, avril 2020.

4 CHAPITRE La construction de l'objet d'étude

Principales notions

- Objet d'étude
- Hypothèses

Capacité exigible

- Mettre en relation un objet d'étude avec la demande ou le besoin, la commande initiale et le contexte institutionnel

Vers compétences PIX

D1.1 - Mener une recherche et une veille d'information

1 L'origine des études

DOC 1 Enquête « Vie quotidienne et santé »

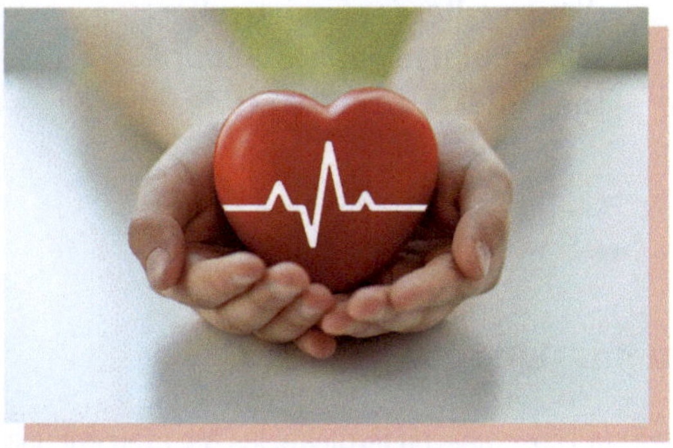

Vidéo : Enquête « Vie quotidienne et santé » – Insee
liennathan.fr/9i8vv6

1 Qui réalise cette enquête ?

2 Quand se déroule cette enquête ?

3 Sur quoi porte l'étude ?

4 Qui est concerné par cette enquête ?

5 Qui a besoin de ces informations et pourquoi ?

DOC 2 Enquête épidémiologique en Seine-Maritime

L'incendie industriel survenu à Rouen le 26 septembre 2019 [...] a potentiellement exposé les habitants et travailleurs à diverses nuisances et substances toxiques [...]. Santé publique France a été missionnée par la Direction générale de la santé pour évaluer l'impact sur la santé physique et mentale, à moyen et long termes, des personnes qui ont pu être exposées à un ou plusieurs de ces facteurs de risque sanitaire. La description et l'analyse [...] de l'état de santé de la population vont permettre aux autorités publiques de prendre des mesures sanitaires si elles sont nécessaires et d'adapter au mieux la gestion d'autres accidents industriels. [...] Ce type d'enquête épidémiologique*, réalisée en interrogeant directement les personnes concernées par le sujet étudié, permet de recueillir et analyser des informations sur les problèmes de santé ressentis par les habitants eux-mêmes au moment de l'accident industriel et dans ses suites. Son apport est particulièrement intéressant car les symptômes, les malaises, les perceptions des personnes exposées ne sont consignés dans aucune source disponible d'informations sanitaires.

* La collecte auprès des personnes est réalisée par l'institut de sondage Ipsos.

Santé publique France, Étude de santé et de qualité de vie après l'accident industriel de Rouen du 26 septembre 2019 : « une étude à l'écoute de votre santé », www.santepubliquefrance.fr, 15 janvier 2021.

6 **Dans cette étude épidémiologique :**

– qui est chargé de la réalisation ? ....

– qui est à l'origine de la demande ? ....

– qui est chargé de la demande et a commandé la réalisation ? ....

7 **Soulignez la demande à l'origine de l'étude.**

8 **Qu'est-ce qui explique le besoin d'informations ?**

....

....

2 Les composantes de l'objet d'étude

DOC 3 Décomposer un objet d'étude

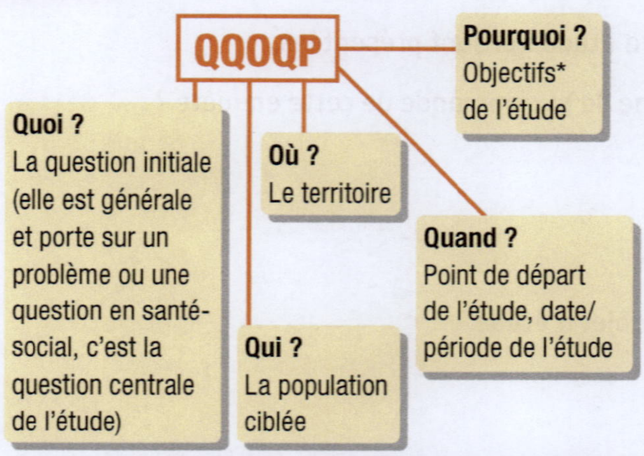

* Les objectifs de l'objet d'étude sont formulés à l'aide de verbes d'action : améliorer les connaissances, élaborer un projet, etc.

9 **Quel outil permet d'identifier les composantes de l'objet d'étude ?**

....

10 **Mettez en évidence l'objet d'étude de l'enquête « Vie quotidienne et santé » (DOC 1) en reliant chaque composante à la réponse correspondante en page précédente.**

Question initiale •	• Q2
Population ciblée •	• Q3
Territoire •	• Q4
Période de l'étude •	• Q5
Objectif •	

11 **Quel est le lien entre le besoin d'informations du département et l'objet d'étude de l'enquête « Vie quotidienne et santé » (DOC 1) ?**

....

....

12 **Présentez les composantes de l'objet d'étude de l'enquête épidémiologique (DOC 2).**

– Question initiale : ....

– Population ciblée : ....

– Territoire : ....

– Période : ....

– Objectifs : ....

....

13 **Quel est le lien entre la demande d'informations et l'objet d'étude ?**

....

....

3 Le contexte institutionnel des études

DOC 4 Enquête « Quelle image et quelle place des seniors dans la société ? »

Le groupe MGEN* [...] s'est penché sur [...] l'évaluation de la place des nouvelles populations seniors dans la société, le monde du travail et la famille. Le groupe MGEN révèle [...] les résultats de son enquête réalisée avec OpinionWay**. « Au 1er janvier 2019, une personne sur cinq a [...] 65 ans ou plus en France. [...] Nous protégeons près de 4 millions de personnes dont la moitié a plus de 60 ans. En tant qu'acteur de santé, l'enjeu est de mieux connaître les attentes et les besoins de nos adhérents, en particulier la perception de la santé chez les plus de 65 ans », indique Éric Chenut, [...] du groupe MGEN.

* Mutuelle générale de l'Éducation nationale, régime obligatoire d'assurance maladie des professionnels de l'Éducation nationale.
** Organisation spécialisée dans la réalisation d'enquêtes.

MGEN, Communiqué de presse « Enquête MGEN : quelle image et quelle place des plus de 65 ans dans la société, le travail et la famille ? », presse.mgen.fr, 20 mars 2019.

14 Soulignez dans le DOC 4 les composantes de l'objet d'étude qui sont présentées.

15 Quelle institution de protection sociale est à l'origine de la commande de cette enquête ?

....

16 Pourquoi parle-t-on de commande ?

....

17 Quel est le lien entre le contexte institutionnel et l'objet d'étude ?

....

DOC 5 Agi-Son présente le Baromètre 2020 « Jeunes, musique & risques auditifs »

agi son
agir pour une bonne gestion sonore

Ce baromètre annuel s'appuie sur le dispositif de concerts pédagogiques Peace&Lobe® à l'issue duquel 5 389 jeunes collégien.nes et lycéen.nes ont répondu à un questionnaire dans le cadre de leur année scolaire 2019/2020. Les résultats permettent de suivre chez les 12-18 ans, leurs rapports à la musique et aux risques auditifs. Les jeunes aiment la musique ! [...] Ils se retrouvent dans des lieux avec des niveaux sonores élevés. [...] Les résultats du Baromètre permettent de pointer les comportements à risques chez les adolescent.es et ouvre des pistes de réflexion sur l'évolution des messages de prévention.

Agi-Son, Baromètre 2020 « Jeunes, musique et risques auditifs », agi-son.org, 2020.

Agi-Son est une association créée en 2000 par les professionnels de la musique. Ensemble, ils œuvrent à une gestion sonore maîtrisée conciliant plaisir d'écoute, maintien de bonnes conditions d'exercice de la musique et préservation de la santé publique. À cet égard, Agi-Son coordonne le dispositif national de prévention des risques auditifs nommé « Peace&Lobe® ».

18 Soulignez les composantes de l'objet d'étude.

19 Quel est le contexte institutionnel de cette enquête ? ....

20 Quel est le lien entre le contexte institutionnel et l'objet d'étude du Baromètre 2020 ?

....

4 De l'objet d'étude vers le recueil de données : la construction des hypothèses

DOC 6 Exemple de résultats

Agi-Son, Baromètre 2020 « Jeunes, musique et risques auditifs », agi-son.org, 2020.

21 Quel est le thème abordé ?

....

22 Ce thème est-il en lien avec l'objet d'étude (DOC 5) ? Justifiez la réponse.

....

....

23 À quelle étape de la démarche d'étude le DOC 6 a-t-il été produit ?

....

....

DOC 7 La démarche d'étude, l'objet d'étude, les hypothèses

La démarche d'étude débute par la construction d'un objet d'étude. Cette étape définit de façon exacte ce qui va être examiné (quoi ? qui ? où ?) dans un temps donné (quand ?) et ce que l'on veut atteindre (pourquoi ?). Cet objet d'étude est affiné par la formulation d'hypothèses. Ces dernières correspondent à des suppositions qui seront vérifiées (ou non) par les données recueillies sur le terrain. Les hypothèses vont guider la rédaction des questions à poser. Une recherche documentaire en lien avec l'objet d'étude peut faciliter la recherche des hypothèses.

24 Repérez le mot-clé de la définition d'hypothèse. Expliquez-le.

....

....

25 Cochez les hypothèses qui ont été vérifiées par les résultats présentés au DOC 6.

- ❑ Les jeunes utilisant un casque ont plus de risques de ressentir des troubles.
- ❑ La plupart des jeunes qui s'endorment avec la musique utilisent un casque.
- ❑ La plupart des jeunes qui s'endorment avec la musique l'écoutent à une intensité trop élevée.
- ❑ La plupart des jeunes qui s'endorment avec la musique ne limitent pas la durée.

DOC 8 Un cumul de mauvaises habitudes

[…] Alors que les écouteurs demeurent l'un des matériels d'écoute les plus utilisés, surtout via le smartphone (64 %), 25 % avouent s'en servir dans le cadre d'une écoute à un volume sonore élevé, surtout les jeunes […].

Par ailleurs, […] 38 % des personnes interrogées avouent une durée d'écoute quotidienne comprise entre une et deux heures, voire, pour 13 %, entre deux et trois heures […].

« Pourquoi il ne faut pas s'endormir avec ses écouteurs », www.ledauphine.com, 12 mars 2020.

26 Proposez deux hypothèses qui auraient pu être testées dans le cadre de cette étude pour mettre en évidence un autre comportement à risque : l'utilisation des écouteurs.

....

....

SYNTHÈSE DES **notions**

Construction de l'objet d'étude → Recueil des données → Traitement des données → Présentation de l'étude

Contexte institutionnel : la ou les institutions sanitaires ou sociales impliquées dans l'origine de l'étude, sa réalisation, son financement… Une institution a un rôle et des missions qui orientent ses interventions dans la société.

Origine de l'étude
- → Besoin de connaissances
- → Demande d'informations
- → Commande : lorsque le besoin ou la demande est confié à une organisation spécialisée dans la réalisation d'études

↓

Construction de l'objet d'étude : définition des éléments qui vont cadrer la suite de la démarche d'étude

→ **Composantes de l'objet d'étude :**
- Quoi : question initiale
- Qui : population ciblée
- Où : lieu(x)
- Quand : durée/période
- Pourquoi : objectif(s)

↓

Rédaction des hypothèses : affirmations testées lors de l'étude

→ Validées (ou non) par le traitement ou l'analyse des données recueillies

SYNTHÈSE DES **capacités**

Mettre en relation un objet d'étude avec la demande ou le besoin, la commande initiale et le contexte institutionnel

↓

- Déterminer l'origine de l'étude : quelle demande ou quel besoin ; quelle commande (entre qui et qui) ?
- Identifier le contexte institutionnel : quelles institutions sanitaires ou sociales sont impliquées dans l'étude ?
- Relever les composantes de l'objet d'étude : question en santé-social, public ciblé, territoire, date, objectifs de l'étude
- Repérer les liens entre l'origine de l'étude et l'objet d'étude, entre le contexte institutionnel et l'objet d'étude

Vers PIX D1.1

Le dépistage du cancer du sein en Vendée

À partir de vos connaissances, des annexes et des outils à votre disposition, réalisez l'activité technologique suivante.

1 Présentez le problème relatif au dépistage du cancer du sein en Vendée. ▸ FICHE OUTIL 3

2 La Ligue contre le cancer de Vendée et le Centre de coordination des dépistages des Pays de la Loire souhaitent trouver une solution pour permettre à toutes les femmes concernées d'accéder au dépistage. Quelles informations ces deux structures doivent-elles rechercher pour proposer une solution adaptée au problème ?

3 Les deux structures ont lancé l'enquête « Dépistage organisé cancer du sein ». Présentez quelques éléments de cette étude. Pour cela, aidez-vous des annexes et réalisez une recherche documentaire pour répondre aux questions suivantes :
- Quel est l'objet d'étude de l'enquête « Dépistage organisé du cancer du sein en Vendée » ?
- Cette étude peut-elle satisfaire le besoin d'informations identifié (question 2) ?
- Quel est le lien entre le contexte institutionnel de l'étude et l'objet d'étude ?
- Formulez des hypothèses pour cette étude.

ANNEXE 1 Cancer : le dépistage patine en Vendée

« En Vendée, la participation aux dépistages stagne pour le cancer du sein […] », déplore Jean-Charles Guilbaud, président de la Ligue contre le cancer 85 […], « même si son taux de dépistage, de 58 % en Vendée, [est] supérieur à la moyenne nationale (52 %) ». […]
La Ligue rappelle qu'une femme sur huit est confrontée au cancer du sein dans sa vie. Chaque année, 49 000 nouveaux cas sont recensés en France et 11 900 décès sont à déplorer. Environ 230 Ligériennes [habitantes du bassin de la Loire] de moins de 65 ans décèdent chaque année d'un cancer du sein, selon le Centre régional de coordination des dépistages des cancers. « Pour observer une diminution significative de la mortalité par cancer du sein, il faudrait que 70 à 80 % des femmes se fassent dépister tous les deux ans », insiste Jean-Charles Guilbaud.
Le dépistage s'opère sur des femmes âgées de 50 à 74 ans. Il est recommandé de réaliser une mammographie tous les deux ans. « Détectés assez tôt, 90 % des cancers du sein guérissent ! »
Mais pourquoi diable rechigne-t-on trop souvent à se faire dépister ? « Par négligence, par peur ou parce que les progrès de la médecine peuvent laisser penser que l'on meurt moins du cancer… C'est très dommage. »

Patrick Guyomard, « Cancer : le dépistage patine en Vendée », www.ouest-france.fr, 3 février 2019.

ANNEXE 2 Enquête « Dépistage organisé cancer du sein en Vendée »

Quels sont les objectifs de cette enquête ?
Identifier s'il existe des freins à la participation au dépistage organisé du cancer du sein sur le département de la Vendée […]

À qui s'adresse cette enquête ?
Aux femmes, résidant en Vendée, âgées de 50 à 74 ans

Site Web : Questionnaire en ligne liennathan.fr/k68rj3

La Ligue contre le cancer Vendée, Enquête dépistage organisé cancer du sein en Vendée, www.liguecancer85.fr, février 2021.

CHAPITRE 5

Le recueil des données : méthodes et outils

Principale notion

- Recueil des données : méthodes et outils d'enquête

Capacité exigible

- Argumenter le choix de la méthode et des outils de recueil de données utilisés dans une étude

Vers compétences PIX

D3.1 - Développer des documents textuels

1 Les différentes méthodes d'enquête

DOC 1 L'enquête CoviPrev

Depuis le 23 mars 2020, Santé publique France a lancé l'enquête CoviPrev en population générale [...]. Le questionnaire mesure, d'une part, la connaissance et la mise en œuvre des mesures de protection et, d'autre part, la santé mentale des personnes pendant l'épidémie de Covid-19. [...] À court terme, cette surveillance permettra [...] [d']ajuster les stratégies de communication et de prévention des pouvoirs publics [...].

« CoviPrev : une enquête pour suivre l'évolution des comportements et de la santé mentale pendant l'épidémie de Covid-19 », www.santepubliquefrance.fr, 2 février 2021.

DOC 2 L'enquête « Accidents de la vie courante chez les mineurs »

Aborder la prévention des accidents de la vie courant [AcVC] n'est pas si aisé [...]. Pour ces différentes raisons, l'Unaf a souhaité recueillir la parole des parents [entretiens] et analyser leur perception de ce sujet. [...] [L'objectif] est de réduire le nombre d'accidents de la vie courante [...] en déployant des campagnes de prévention et en améliorant la réglementation sur les produits dangereux.
Extrait du guide d'entretien : niveau de connaissance concernant les AcVC, expériences vécues...

Étude qualitative « Écouter les familles pour mieux les comprendre », www.unaf.fr, juin 2020.

DOC 3 L'enquête « Ergodistrib »

[Ergodistrib est une enquête sur les troubles musculo-squelettiques (TMS) dans la grande distribution, menée par le groupe ASMT* Ergonomie.] L'objectif de ces observations est de mettre en évidence sur le terrain des facteurs explicatifs des troubles musculo-squelettiques [...].
[Extrait de la grille d'observation] : descripitif global de la situation de travail [...], observation des postures, gestes successifs, efforts réalisés par le (la) salarié(e) [...].

*Association de santé et de médecine au travail

Enquête Ergodistrib dans le secteur de la distribution alimentaire, www.presanse.fr.

1 Dans les DOCS 1 à 3, soulignez en bleu les réalisateurs, en vert l'objet d'étude, en noir l'objectif de l'étude et en rouge la population enquêtée.

2 Comment ont été recueillies les données ? Avec quels outils ?

DOC 1 : ....

DOC 2 : ....

DOC 3 : ....

3 À partir des exemples précédents, cochez les caractéristiques de chaque méthode d'enquête.

	Questionnaire	Entretien	Observation
Possibilité d'enquêter de nombreuses personnes rapidement			
Étendue géographique illimitée			
Peu de moyens humains et/ou financiers nécessaires(1)			
Administration et exploitation rapides(1)			
Enquêté non influencé par l'enquêteur			
Reformulation, approfondissement des questions possibles			
État des lieux (qui ?, où ?, quand ?)			
Apport d'explications (pourquoi ?)			
Apport d'explications (comment ?)			
Recueil de données quantifiables			
Recueil de descriptions de comportements			
Recueil d'opinions, de ressentis détaillés			

(1) Si nombre d'enquêtés important

4 Quels sont les éléments qui influencent le choix d'une méthode d'enquête ?

....

....

....

2 La complémentarité des méthodes d'enquête

DOC 4 Les différences entre une étude quantitative et une étude qualitative

Une étude quantitative recueille des données concrètes et objectives concernant des faits, des situations. Elle permet d'avoir une vision globale. Les résultats, facilement quantifiables, sont présentés dans des tableaux, des graphiques.

Une étude qualitative recueille des données subjectives (influencées par la personnalité de l'enquêteur ou de l'enquêté) sur les opinions, les comportements, les motivations, les ressentis. Elle permet d'approfondir un sujet, d'interpréter des résultats. Les résultats sont le plus souvent présentés par des mots.

5 Faites correspondre chaque méthode d'enquête au(x) type(s) d'étude.

Enquête par questionnaire •
Enquête par entretien •
Enquête par observation •

• Étude quantitative
• Étude qualitative

DOC 5 La recherche qualitative

La « recherche qualitative » regroupe une série de méthodes exploratrices, explicatives et compréhensives des phénomènes observés. Elle [...] génère des hypothèses, contrairement à la recherche quantitative qui teste les hypothèses et cherche à les vérifier [...]. La recherche qualitative peut donc être utilisée comme préliminaire, ou pour expliquer et comprendre les résultats d'un travail de recherche quantitative.

Groupe universitaire de recherche qualitative médicale francophone, www.groumf.fr.

6 Soulignez la phrase qui illustre la notion de complémentarité des enquêtes.

7 Quel est l'intérêt de réaliser un entretien avant une enquête par questionnaire ?

....

....

....

....

....

SYNTHÈSE DES notions

Construction de l'objet d'étude → **Recueil de données** → Traitement des données → Présentation de l'étude

L'enquête est un des moyens possibles de recueil de données.
Plusieurs méthodes d'enquête existent et sont complémentaires.

Les données à recueillir par enquête sont

Des faits, des situations quantifiables

Enquête par questionnaire
Méthode quantitative
Outil : **le questionnaire**
= document écrit comportant un ensemble de questions, avec souvent des propositions de réponses

Avantages

Possibilité de recueillir des données auprès d'une population importante sur une étendue géographique illimitée

Inconvénients

Impossibilité d'approfondir le sujet, d'adapter ou de reformuler les questions

Des ressentis, des opinions, des comportements

Enquête par entretien
Méthode qualitative
Outil : **le guide d'entretien**
= document écrit listant les thèmes à aborder (aussi appelé fiche, grille…)

Des comportements observables

Enquête par observation
Méthode qualitative
Outil : **la grille d'observation**
= document écrit très structuré pour faciliter la prise de notes (tableaux, cases à cocher…)

Avantages (enquête par entretien et enquête par observation)

- Adaptées pour rechercher des hypothèses lors de la conception d'une étude (entretien ou observation exploratoire)
- Adaptées pour approfondir et apporter des explications à une démarche quantitative
- Possibilité d'adapter les questions ou l'observation

Inconvénients

- Proximité nécessaire entre enquêteur et enquêté(s) : influence de la relation sur le recueil des données
- Coût élevé si l'étude concerne une population importante
- Exploitation des données longue

SYNTHÈSE DES capacités

Argumenter le choix de la méthode et des outils de recueil de données utilisés dans une étude

- Identifier les éléments suivants : l'objet et l'objectif de l'étude, les données à recueillir, les moyens humains et les moyens financiers.
- Repérer les caractéristiques suivantes de l'étude : la ou les méthodes (enquêtes…) et les outils (questionnaire, grille d'observation…) retenus.
- Expliquer les raisons qui mènent au choix en montrant les avantages, les inconvénients, les intérêts et les limites de la méthode et des outils choisis.

Activité technologique

Vers PIX D3.1

La consommation de cannabinoïdes de synthèse à Mayotte

À partir de vos connaissances, des annexes et des outils à votre disposition, réalisez l'activité technologique suivante.

1 Présentez l'étude : « l'offre, l'usage et l'impact des consommations de "chimique" à Mayotte ».

2 Chaque groupe d'élèves va argumenter le choix d'une méthode de recueil de données de cette étude (entretiens, groupes focaux, rencontres avec les intervenants, enquête par questionnaire). ▸ FICHE OUTIL 4

Fichier PDF : Mayotte, présentation des outils de recueil de données – OFDT
liennathan.fr/d7b5s4

(Pages 9 à 12 pour les entretiens ; pages 13 à 27 pour les entretiens de groupes ; pages 5 à 8 pour les rencontres avec les intervenants de terrains associatifs ; pages 29 à 30 pour l'enquête par questionnaire réalisée lors de la collecte de substances chimiques.)

– Décrivez la méthode (objet, objectif, thèmes abordés, public enquêté, outil utilisé). ▸ FICHES OUTILS 7, 8, 9
– Présentez les raisons du choix de cette méthode pour l'étude en illustrant votre réponse.
– Réalisez deux diapositives pour présenter vos réponses.
– Désignez un élève pour présenter les deux diapositives à la classe.

3 Réalisez une synthèse de la présentation de tous les groupes.

4 Précisez l'intérêt pour l'OFDT d'avoir réalisé plusieurs enquêtes pour cette étude.

ANNEXE L'enquête de terrain menée à Mayotte en avril 2017

Depuis le début des années 2010, la consommation d'une substance appartenant à la famille des cannabinoïdes de synthèse, connue sous le nom de « chimique », s'est développée dans l'île de Mayotte, département français [...]. Initié à partir de cercles extrêmement restreints, l'usage de « chimique » s'est étendu pour toucher des populations de plus en plus larges composées majoritairement d'adolescents et de jeunes hommes en situation précaire. Afin de mieux cerner ce phénomène [...], l'Agence régionale de santé-océan Indien a confié une mission d'évaluation à l'OFDT [Office français des drogues et des toxicomanies]. À partir d'une analyse documentaire et d'une enquête sur le terrain menée au mois d'avril 2017, utilisant les outils [...] groupes focaux, entretiens, questionnaires [...], observations ethnographiques, l'étude dresse un état des lieux de la situation. Elle propose également un certain nombre de pistes de travail afin de construire une réponse publique à la hauteur des enjeux.

Agnès Cadet-Taïrou, Michel Gandilhon, Office français des drogues et des toxicomanies, mai 2018. Consultable à l'adresse : www.ofdt.fr/BDD/publications/docs/epfxacy5.pdf

CHAPITRE 6

Le recueil des données : construction de l'échantillon et du protocole d'étude

Principales notions
- Échantillon
- Protocole d'étude

Capacité exigible
- Présenter le choix de construction de l'échantillon d'une étude

Vers compétences PIX

D3.1 - Développer des documents textuels

1 Le choix de la population à enquêter

DOC 1 Enquête Noyades

L'enquête Noyades a pour objectif de recenser toutes les noyades suivies d'une prise en charge hospitalière (passage aux services d'urgence ou hospitalisation) ou d'un décès et concerne toutes les noyades survenues entre le 1er juin et le 30 septembre 2021 en France […].

Santé publique France, « L'enquête Noyades en France », www.santepubliquefrance.fr.

DOC 2 Étude « Impact du confinement sur les Français »

[…] Les questions posées à l'échantillon représentatif national de la population française de 2 000 personnes du 4 au 5 avril 2020 étaient : Comment vivez-vous le confinement ? Quelle serait la première chose que vous ferez en sortant de confinement ? […] Étude France-Soir […] menée […] sur un échantillon représentatif de la population française, méthode des quotas sur les critères de sexe, âge, catégorie socioprofessionnelle et répartition géographique.

« À la sortie du confinement, quelle est la première chose que vous ferez ? », www.francesoir.fr, 6 avril 2020.

DOC 3 Étude Constances

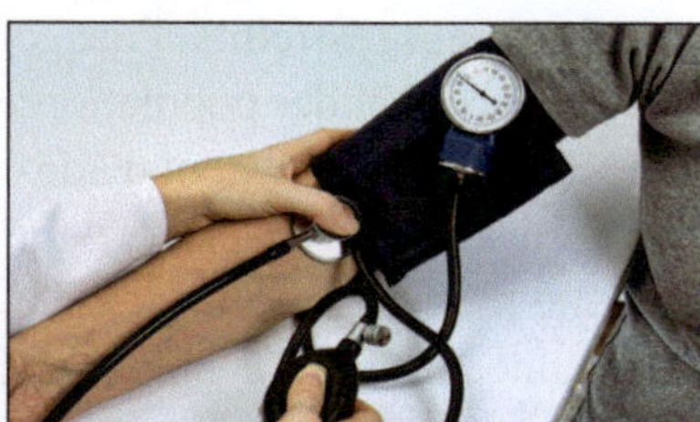

Vidéo : Comment met-on en place une étude comme Constances ? liennathan.fr/auj856

DOC 4 La différence entre population ciblée et population enquêtée

La population ciblée est définie dans l'objet d'étude ; c'est celle que l'on veut observer. La population ciblée peut être différente de la population enquêtée, dans ce cas on parle d'échantillon.

1 **Indiquez le nombre de personnes enquêtées dans chacune des études.**

DOC 1 : ....

DOC 2 : ....

DOC 3 : ....

2 **Indiquez la population ciblée dans chacune des études.**

DOC 1 : ....

DOC 2 : ....

DOC 3 : ....

3 **Dans quelle(s) étude(s) la population enquêtée est-elle la population ciblée ?**

....

DOC 5 Les différents types d'échantillons

- **Échantillon aléatoire (tiré au sort)**

- **Échantillon représentatif par quota**

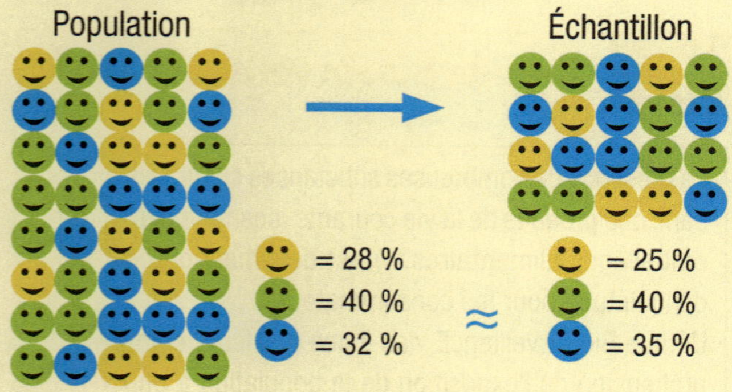

4 Parmi les études (DOCS 1 à 3), indiquez celle(s) qui interroge(nt) un échantillon de personnes.

....

5 Comment les enquêtés ont-ils été sélectionnés pour l'étude Constances (DOC 3) ? Quel est le type d'échantillon ?

....

....

6 Dans l'étude « Impact du confinement sur les Français » (DOC 2), comment les enquêtés ont-ils été sélectionnés pour que l'échantillon soit représentatif ?

....

....

....

7 À partir des exemples précédents, cochez les cases selon les caractéristiques de la population enquêtée.

	Échantillon aléatoire	Échantillon représentatif par quotas	Toute la population ciblée
Recueil de données plutôt qualitatives			
Recueil de données plutôt quantitatives			
Recueil de données fiables			
Recueil de données qui mobilise de nombreux moyens (humains, matériels et financiers)			
Recueil de données rapide			
Recueil de données qui nécessite de connaître la structure de la population			

8 Listez les critères qui influencent le choix de l'échantillon.

....

....

....

2 L'organisation du déroulement de l'étude : la construction du protocole

DOC 6 L'étude BioSurveillancE (BSE)

La présence de nombreuses substances chimiques dans des produits de la vie courante (cosmétiques, emballages alimentaires…) est devenue source d'inquiétude pour les consommateurs. **1**

L'étude BioSurveillancE vise à une meilleure compréhension de l'exposition de la population à une centaine de substances chimiques. Elle permettra de relancer le débat sur leur utilisation dans la fabrication des produits. **2**

Population cible : population habitant en France métropolitaine (6-74 ans).
L'étude portera sur un échantillon aléatoire d'adultes et d'enfants. **3**

La collecte des données comprend deux questionnaires administrés en face à face à domicile ainsi qu'un examen de santé. **4**

La réalisation des enquêtes à domicile sera confiée à des prestataires. **5**

Les prestataires auront accès à l'application qui centralise les noms, prénoms, adresses, e-mails… Cette application, accessible par Internet, sera soumise à des mesures de sécurité via un login et un mot de passe sécurisé. **6**

Les principaux indicateurs utilisés seront : les résultats biologiques (fer, folate, vitamine D...), la prévalence d'asthme, de rhinite allergique, d'eczéma… **7**

L'étude BSE débutera en janvier 2021. **8**

DOC 7 Le plan d'un protocole d'étude

Plan d'un protocole

I. CONTEXTE ET JUSTIFICATION
- Présentation du contexte institutionnel de l'étude (institutions sanitaires ou sociales impliquées)
- Situation sanitaire, sociale, économique, démographique ; importance de l'étude en termes de santé publique ou de cohésion sociale

II. OBJECTIFS
- Le ou les objectifs de l'étude et éventuellement la ou les hypothèses à tester

III. MÉTHODOLOGIE
- Lieu de l'enquête
- Population ciblée, population enquêtée
- Outil(s) d'investigation utilisé(s) (ex. : questionnaire, guide d'entretien…)

IV. ORGANISATION
- Enquêteurs : nombre, rôles
- Aspects éthiques et réglementaires : confidentialité des données (ex. : garantie de l'anonymat…)
- Financement

V. RÉSULTATS ATTENDUS
- Liste des indicateurs à obtenir lors de l'enquête (ex. : nbre de personnes sans domicile fixe, opinion sur la campagne de vaccination…)

VI. CALENDRIER

9 Donnez un titre à chaque partie du protocole de l'étude du DOC 6 en utilisant le DOC 7.

1 : ……………………………… 5 : ………………………………
2 : ……………………………… 6 : ………………………………
3 : ……………………………… 7 : ………………………………
4 : ……………………………… 8 : ………………………………

10 À quel moment de la démarche d'étude le protocole est-il construit ?

………………………………………………………………

11 À qui est destiné le protocole de l'étude BSE ?

………………………………………………………………

12 Pourquoi ce protocole est-il communiqué ?

………………………………………………………………

………………………………………………………………

DOC 8 Étude « Avoir trois enfants ou plus ! »

En France, un enfant sur trois vit en famille nombreuse, c'est-à-dire dans une famille d'au moins trois enfants. [...] L'idée était d'explorer la réalité des familles nombreuses d'aujourd'hui [...]. Étudier de plus près la réalité des familles nombreuses se justifie d'autant plus, pour l'UNAF [Union nationale des associations familiales] et les UDAF [Union départementale des associations familiales], qu'une partie importante de notre politique familiale, nationale et locale, a été construite pour aider particulièrement ces familles. [...] L'UNAF et les UDAF ont voulu [...] recueillir l'opinion de ces familles sur leur vécu, les raisons de leur choix si c'en est un, ce qui crée des difficultés au quotidien et ce qui fait leur bonheur. Mieux les connaître c'est aussi mieux approcher leurs besoins et répercuter auprès des pouvoirs publics locaux et nationaux ce qui faciliterait leur vie quotidienne. [...]

[Méthode] Nous nous sommes principalement intéressés dans notre enquête aux comportements et aux besoins des familles ayant trois enfants ou plus. Toutefois, nous avons également interrogé des familles ayant deux enfants, pour mettre en évidence les spécificités des familles nombreuses.

Mode de sélection : aléatoire [...] par département [51 départements concernés]. Le questionnaire [anonyme] a été diffusé en ligne le jeudi 20 avril 2017. L'enquête porte sur 31 912 répondants.

UNAF, Étude « Avoir 3 enfants ou plus aujourd'hui », www.unaf.fr, avril 2019.

13 À partir du DOC 7, construisez les éléments du protocole de l'étude « Avoir trois enfants ou plus ».

Contexte : ....

Objectifs : ....

Méthodologie : ....

Organisation : ....

Résultats attendus : ....

Calendrier : ....

14 Quelle est la population ciblée par l'étude ? ....

15 Quelle est la population enquêtée ? ....

16 Quel est le type d'échantillon construit pour cette étude ? ....

SYNTHÈSE DES notions

Construction de l'objet d'étude → **Recueil des données** → Traitement des données → Présentation de l'étude

Le choix de la population enquêtée

Échantillon
Fraction de la population ciblée par l'étude
-> à construire

- **Taille**
  Nombre d'individus interrogés
  → Plus l'échantillon est important, plus les résultats obtenus sont précis
- **Méthode d'échantillonnage**
  Processus par lequel l'échantillon est déterminé
  - Échantillon aléatoire → Individus sélectionnés au hasard dans la population ciblée → Rapide, simple, peu de garantie sur la représentativité
  - Échantillon représentatif par quota → Individus choisis pour reproduire statistiquement la même structure que la population ciblée en termes d'âge, de sexe, de profession… → Représentativité garantie et résultats fiables mais compliqué à réaliser

Totalité de la population ciblée par l'étude
Moins fréquent, long et coûteux

La construction du protocole
Organisation du déroulement de l'étude

Composantes du protocole :
- Contexte et justification
- Objectifs
- Méthodologie
- Organisation
- Résultats attendus
- Calendrier

SYNTHÈSE DES capacités

Présenter le choix de construction de l'échantillon d'une étude

- Repérer la taille de l'échantillon
- Identifier la méthode d'échantillonnage pour réaliser le recueil de données
- Expliquer les raisons de ces choix (taille, méthode)

Activité technologique

Vers PIX D3.1

Activité physique : filles versus garçons

À partir de vos connaissances, des annexes et des outils à votre disposition, réalisez l'activité technologique suivante.

Selon l'Agence nationale de sécurité sanitaire de l'alimentation, de l'environnement et du travail (ANSES), entre 3 et 10 ans, 34 % des enfants pratiquent une activité physique quotidienne. Une étude de l'OMS révèle qu'à 13 ans, ces taux chutent à 9 % pour les filles et 16 % pour les garçons. Face à ces inégalités importantes, vous décidez de mesurer l'activité physique de vos camarades. Vous utiliserez pour cela le test de Ricci & Gagnon (téléchargeable sur le site Ameli.fr).

1 **À partir de la présentation de l'enquête « Activité physique » en grande section de maternelle (annexe), réalisez un schéma explicatif de la méthode d'échantillonnage mise en œuvre.**

2 **Définissez l'échantillon de votre enquête.**
2.1 **Déterminez la population à enquêter : le nombre d'élèves que vous souhaitez interroger.**
2.2 **Appliquez la méthode des quotas pour que l'échantillon soit représentatif de la population ciblée :**
– recherchez la part des filles et des garçons (%) au sein de votre lycée ;
– à partir des réponses précédentes, calculez le nombre de filles et de garçons à interroger.

3 **Construisez le protocole de votre étude.**

4 **Réalisez un support numérique (au choix) avec vos réponses aux questions 2 et 3.**

5 **En vous appuyant sur votre support, présentez oralement votre travail et justifiez vos réponses.**

ANNEXE Enquête « Activité physique » en grande section de maternelle

Cette enquête sur la santé menée auprès de 30 000 élèves scolarisés en grande section de maternelle (GSM) s'insère dans le cadre d'un dispositif d'enquêtes en milieu scolaire qui existe depuis plusieurs années. Un niveau scolaire différent est enquêté tous les deux ans, alternativement : la GSM, le CM2 et la classe de 3ᵉ. Cette enquête a pour principal objectif d'éclairer l'action publique sur la santé des élèves de GSM, de mettre en évidence d'éventuelles inégalités, en particulier sociales. Elle permet d'alimenter divers indicateurs de santé à l'échelle nationale ou régionale. L'un des principaux thèmes est l'activité physique quotidienne. L'enquête est réalisée à partir du fichier exhaustif du ministère de l'Éducation nationale. Dans un premier temps, la DEPP (Direction de l'évaluation, de la prospective et de la performance) sélectionne les écoles maternelles (environ 4 500), de façon que l'échantillon corresponde au mieux à la répartition des élèves de GSM selon l'académie, la taille d'unité urbaine, le secteur (public ou privé) et l'appartenance ou non à une zone d'éducation prioritaire. Les établissements retenus sont ensuite chargés de sélectionner 20 élèves en grande section.

Focus sur l'école Pierre Perret : cette école compte 60 % de filles dans ses effectifs de GSM. L'école a sélectionné son échantillon afin qu'il soit représentatif des élèves de GSM sur le critère du sexe : le quota à interroger est de 12 filles [12 = (60 × 20)/100] et donc de 8 garçons.

CHAPITRE 7 Le traitement des données et les stratégies d'analyse

Principale notion

- Traitement des données

Capacité exigible

- Traiter les données quantitatives pour produire une information dans le cadre d'une étude

Vers compétences PIX

D1.3 - Traiter des données

D3.1 - Développer des documents textuels

1 Produire de l'information dans le cadre d'une étude

DOC 1 Le stress professionnel

A Évolution de la part des salariés en situation de stress professionnel selon le sexe de 2009 à 2018 (effectif = 54 760)

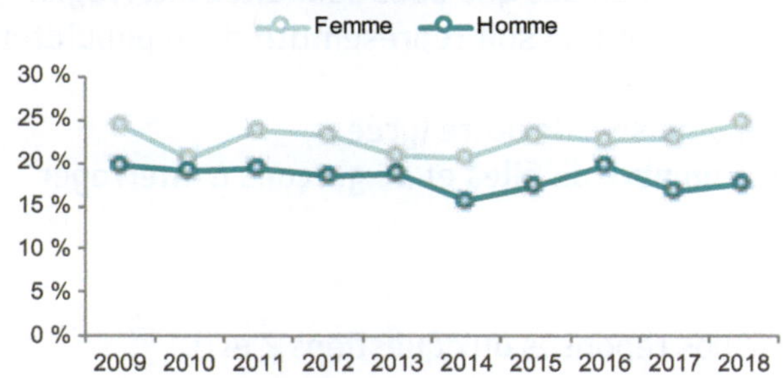

B Part des salariés stressés par classe d'âge en 2018 (effectif = 6 583)

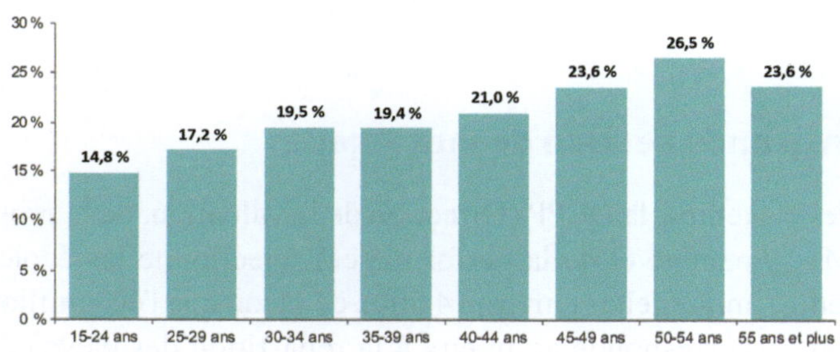

DOC 2 Analyse des données

En 2018, la part des salariés stressés est plus importante chez les femmes (24,4 %) que chez les hommes (17,6 %). [...] Entre 2009 et 2018, la proportion des salariés stressés chez les hommes a significativement diminué. Chez les femmes, bien que le taux soit à son maximum en 2018, aucune tendance statistiquement significative n'est mise en évidence. [...]
De manière plus globale, les salariés les plus âgés sont plus souvent en situation de stress professionnel [...], et les plus jeunes sont les moins touchés. [...] En 2018, la classe d'âge des 50-54 ans présente la plus grande proportion de salariés stressés au travail (26,5 %) à l'inverse des 15-24 ans où ils sont les moins nombreux (14,8 %).

Observatoire régional de la santé Bretagne, « Le stress des salariés suivis par le service de santé au travail "Ast 35" : état des lieux 2018 », orsbretagne.typepad.fr, février 2020.

1 Quelles étapes de la démarche d'étude précèdent la production des informations du DOC 1 ?

....

2 Parmi les graphiques du DOC 1, indiquez la lettre (A ou B) du support correspondant à :

– un traitement des données enregistrées à un instant *t* : ....

– un traitement des données enregistrées sur une période : ....

3 Dans le DOC 2, soulignez les phrases développant les idées générales des graphiques.

4 Identifiez les stratégies d'analyse utilisées dans le DOC 1 en reliant les éléments suivants.

Traitement des données enregistrées à un instant *t* •	• Idée générale – Allure générale (baisse/hausse/stagnation) – Caractéristique de l'allure générale (régulier/irrégulier ; rapide/lent) – Comparaison (ex. : stabilisation entre périodes)
Traitement des données enregistrées sur une période •	• Idée générale – Faits dominants (données les plus hautes) – Faits les moins importants (données les plus basses) – Éventuellement comparaison (ex. : trois fois plus...)

2 Traiter des données pour produire de l'information

DOC 3 La solitude des plus de 75 ans

OBSERVATOIRE DES TERRITOIRES

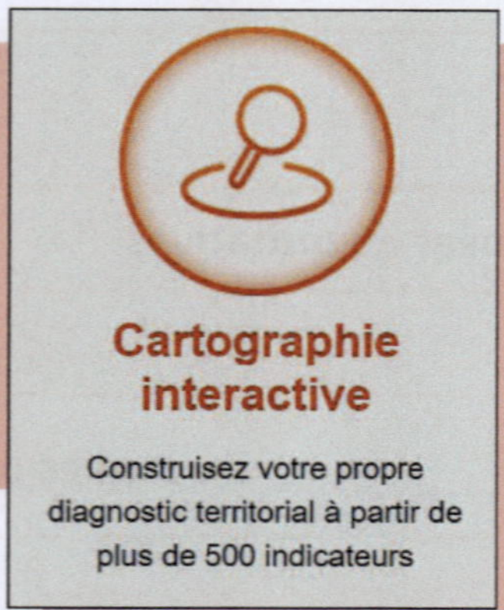

Site Internet
liennathan.fr/3k8eb5

5 Connectez-vous à l'Observatoire des territoires pour obtenir des données chiffrées sur les personnes de plus de 75 ans vivant seules. Pour cela, cliquez sur l'icône « Cartographie interactive » (DOC 3), puis sélectionnez les indicateurs (DOC 4, cadre rouge).

6 Cliquez sur « i » (DOC 4, cadre vert) et identifiez l'organisme à l'origine de ces données.

....

7 Recherchez sur Internet le sens du sigle « RP » et indiquez le recueil de données ayant permis de construire cette base de données.

....

DOC 4 Base de données de l'Observatoire des territoires

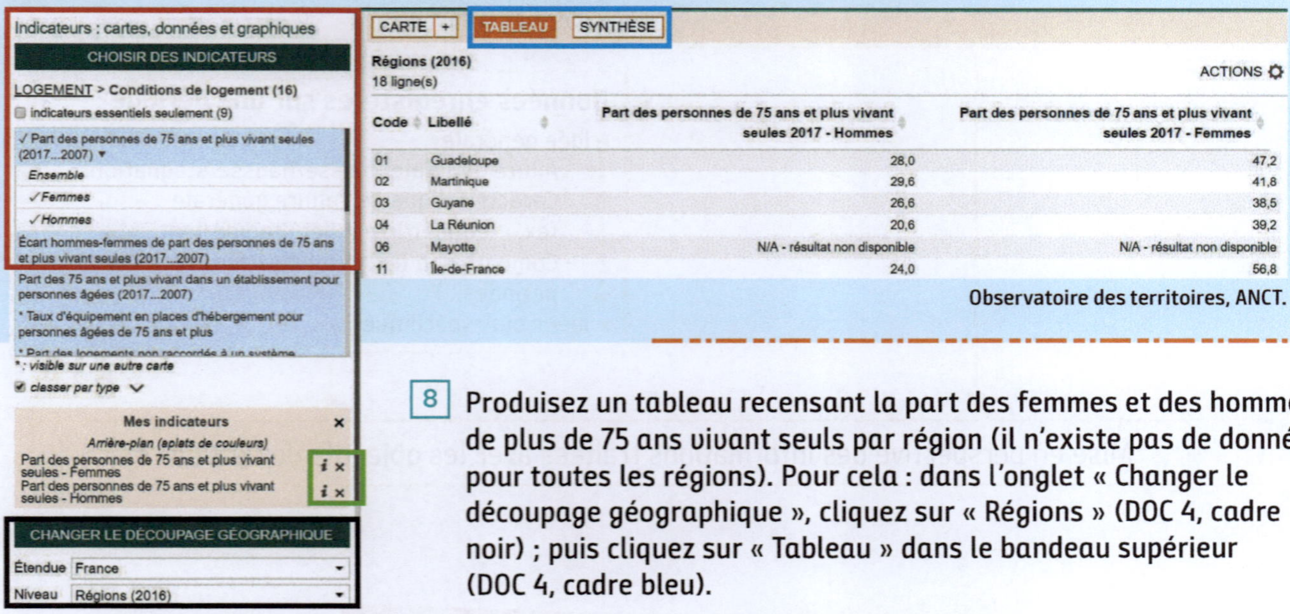

Code	Libellé	Part des personnes de 75 ans et plus vivant seules 2017 - Hommes	Part des personnes de 75 ans et plus vivant seules 2017 - Femmes
01	Guadeloupe	28,0	47,2
02	Martinique	29,6	41,8
03	Guyane	26,6	38,5
04	La Réunion	20,6	39,2
06	Mayotte	N/A - résultat non disponible	N/A - résultat non disponible
11	Île-de-France	24,0	56,8

Observatoire des territoires, ANCT.

8 Produisez un tableau recensant la part des femmes et des hommes de plus de 75 ans vivant seuls par région (il n'existe pas de données pour toutes les régions). Pour cela : dans l'onglet « Changer le découpage géographique », cliquez sur « Régions » (DOC 4, cadre noir) ; puis cliquez sur « Tableau » dans le bandeau supérieur (DOC 4, cadre bleu).

9 Analysez les données du tableau produit en utilisant la stratégie pertinente (voir question 4).

....

....

....

10 Cliquez sur « Synthèse » (DOC 4, cadre bleu). Produisez un graphique permettant de visualiser l'évolution de la part des femmes de plus de 75 ans vivant seules, puis celle des hommes. Analysez l'évolution de ces données.

....

....

....

SYNTHÈSE DES **notions**

Construction de l'objet d'étude → Recueil des données → **Traitement des données** → Présentation de l'étude

Le traitement des données quantitatives

Organisation des données en produisant des tableaux et des graphiques

- Titre, source
- Date/période des données
- Intitulés des colonnes et des lignes/titres des axes
- Légende explicative (éventuellement)

Stratégies d'analyse

Données enregistrées à un instant *t* :

- Idée générale
  - Faits dominants (données les + hautes)
  - Faits les moins importants (données les + basses)
  - Comparaison (ex. : trois fois plus…)
- Idées plus spécifiques

Données enregistrées sur une période :

- Idée générale
  - Allure générale (baisse/hausse/stagnation)
  - Caractéristique de l'allure générale (ex. : régulier/irrégulier ; rapide/lent…)
  - Comparaison (ex. : stabilisation entre deux périodes…)
- Idées plus spécifiques

→ Mise en perspective des informations traitées avec les objectifs de l'étude

SYNTHÈSE DES **capacités**

Traiter les données quantitatives pour produire une information dans le cadre d'une étude

- Identifier le type de données (enregistrées à un instant *t* ou sur une période).
- Construire des tableaux, des graphiques pour visualiser les données.
- Mettre en œuvre une stratégie d'analyse en fonction du type de données recueillies.

Activité technologique

Vers PIX D1.3 et D3.1

En... quête de bien-être au lycée ?!

À partir de vos connaissances, des annexes et des outils à votre disposition, réalisez l'activité technologique suivante.

Le CVL (Conseil pour la vie lycéenne) souhaite construire une action « Santé et bien-être pour tous ! » au sein de votre lycée. Afin d'obtenir le financement nécessaire à cette action, le CVL vous demande de réaliser un état des lieux (= diagnostic) du bien-être au lycée.

1 Connectez-vous à la plateforme du CEPREMAP (annexe 1).

2 Sélectionnez dix indicateurs parmi ceux proposés par le CEPREMAP qui vous semblent pertinents (onglet « Enquête » de la plateforme) pour mesurer le bien-être de vos camarades.

3 Paramétrez le questionnaire avec un logiciel de votre choix. Pour une analyse pertinente des données recueillies, n'oubliez pas d'introduire des questions afin de dresser le « profil » des enquêtés (ex. : sexe, âge...).

4 Administrez le questionnaire à vos camarades.

5 Traitez les données obtenues en veillant à présenter (en introduction) les éléments du protocole de ce recueil de données.
Concluez votre travail en faisant des liens entre votre analyse et l'objectif de votre étude.
Vous présenterez vos réponses dans un document de synthèse.

ANNEXE 1 L'Observatoire du bien-être du CEPREMAP

Observatoire du Bien-être
CEPREMAP
CENTRE POUR LA RECHERCHE ECONOMIQUE ET SES APPLICATIONS

Site Internet
liennathan.fr/fu9d34

Depuis juin 2016, l'Observatoire du bien-être du CEPREMAP (Centre pour la recherche économique et ses applications) finance une plateforme de 20 questions sur le bien-être. L'objectif de cet Observatoire est de développer la compréhension du bien-être des Français : son évolution au fil du temps, les écarts de bien-être entre différents groupes de population ou régions...

ANNEXE 2 Le bien-être en France, tableau de bord, septembre 2020 (extraits)

Au cours de la journée d'hier, vous-êtes vous senti heureux ?

Dans quelle mesure êtes-vous satisfait de votre santé ?

Dans quelle mesure êtes-vous satisfait de vos relations professionnelles, des relations que vous avez sur votre lieu de travail ou d'étude ?

Dans quelle mesure êtes-vous satisfait de votre temps libre, du temps que vous pouvez utiliser comme bon vous semble ?

Y a-t-il des gens autour de vous sur qui vous pouvez compter en cas de besoin ?

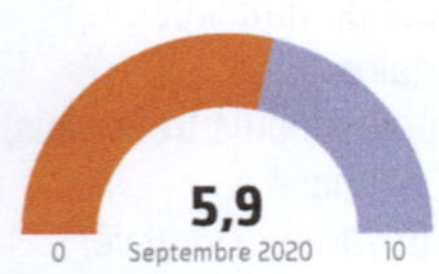

Quand vous pensez à ce que vous allez vivre dans les années à venir, êtes-vous satisfait de cette perspective ?

Insee/CEPREMAP, plateforme « Bien-être » de l'enquête de conjoncture auprès des ménages.

CHAPITRE 8 Le recueil et le traitement des données : aspects éthiques et réglementaires

Principales notions

- Protection de l'information
- Éthique
- Spécificités des données et des informations à caractère sanitaire et social

Capacité exigible

- Repérer les différentes questions éthiques et réglementaires posées par une étude

Vers compétences PIX

D2.4 - S'insérer dans le monde numérique

1 Spécificités des données et informations en santé social

DOC 1 Page d'accueil du site « Cohorte CONFINS » (extrait)

L'étude CONFINS est une étude épidémiologique en ligne qui a pour but de mieux comprendre l'impact [...] [de] l'épidémie du coronavirus [...]. Rejoindre la e-cohorte CONFINS, c'est aider à la lutte contre les conséquences du coronavirus en permettant aux chercheurs d'avoir une meilleure visibilité sur son impact en vie réelle. [...] Pour participer à CONFINS, il vous suffit de remplir le formulaire [...] en cliquant sur « Je participe » [...], puis de compléter un premier questionnaire.

Cohorte CONFINS, « Partagez votre ressenti », www.confins.org.

1 À partir du DOC 1, nommez : – les enquêtés : ....

– les enquêteurs : ....

– l'outil de recueil de données : ....

– la méthode de recueil de données : ....

2 Quel(s) est (sont) l'(es) objectif(s) à court terme de l'étude CONFINS ? Cochez la(es) case(s).

❑ Améliorer les connaissances sanitaires/sociales ❑ Élaborer un projet ❑ Évaluer un projet

3 Dans le DOC 1, soulignez en rouge l'objectif à long terme de cette étude.

DOC 2 Questionnaire – Étude CONFINS (extraits)

Mois/année de naissance : MM/AA
Sexe : ❑ Féminin ❑ Masculin ❑ Autre
Poids : ...... kg Taille : .... cm
Commune : ......

Votre situation familiale :
❑ Célibataire
❑ En couple (depuis trois mois)
❑ Marié.e, pacsé.e
❑ Autre (divorcé.e, veuf.ve)

Pensez-vous avoir contracté la COVID-19 ?
❑ Oui, j'ai été testé(e) positif(ve).
❑ Oui, un médecin l'a évoqué, mais je n'ai pas été testé(e).
❑ C'est possible, je présente des symptômes. [...]
❑ Je ne sais pas.

Au cours de votre vie, un médecin a-t-il diagnostiqué :
- Maladie cardio-vasculaire : ❑ Oui ❑ Non ❑ Je ne sais pas
- Diabète : ❑ Oui ❑ Non ❑ Je ne sais pas

4 À quelle étape de la démarche d'étude le DOC 2 est-il complété ? ....

5 À quelle étape les données du DOC 2 sont-elles triées ? ....

DOC 3 Données personnelles et données sensibles

L'article 4 du RGPD [règlement général sur la protection des données] définit une donnée personnelle comme « toute information relative à une personne physique susceptible d'être identifiée, directement ou indirectement ». Une personne est réputée identifiable lorsque est mentionné un de ses identifiants : son nom, sa localisation ou son adresse IP par exemple. Elle est également identifiable lorsqu'un ou plusieurs éléments spécifiques, propres à son identité physique, psychique, économique, culturelle ou sociale sont inclus dans les données traitées. Certaines données dites « sensibles » doivent faire l'objet d'une vigilance particulière, notamment : les origines ethniques ou raciales, les informations relatives à la santé, l'orientation sexuelle, les opinions politiques, religieuses ou philosophiques L'identification d'une personne physique est possible : à partir d'une seule donnée (par exemple grâce à son numéro de Sécurité sociale) ; à partir du croisement de plusieurs données (par exemple : un homme né tel jour, résidant à telle adresse et inscrit dans tel club sportif).

6 **Quelles raisons pourraient freiner la participation à l'étude CONFINS (DOCS 2 et 3) ?**

....

....

....

7 **Dans le DOC 3, soulignez des exemples de données personnelles en bleu et de données sensibles en rouge.**

8 **Comment peut-on garantir un bon taux de participation de la population à l'étude CONFINS ?**

❑ En réfléchissant lors de la conception de l'enquête sur les données à recueillir.

❑ En s'interrogeant sur comment garantir aux enquêtés la protection de leur vie privée.

❑ En se questionnant sur les précautions à prendre contre une utilisation non prévue des données.

9 **Dans le DOC 3, soulignez en noir la réglementation sur les données personnelles.**

DOC 4 Lettre d'information – Étude CONFINS – mai 2020

Madame, Monsieur,

Nous vous proposons de participer à l'étude CONFINS [...] menée par [...] Kappa Santé [...] en partenariat avec [...] [l']Inserm [...]. [...] Toutes les données recueillies dans le cadre de cette étude seront recueillies par nos équipes dans le respect du secret professionnel. [...] Vos données ne sont utilisées qu'à des fins d'études scientifiques et jamais à des fins commerciales. [...] Vos données seront conservées jusqu'à la publication des résultats de la recherche [...], sauf opposition de votre part. Elles seront ensuite archivées selon la réglementation en vigueur. Conformément à la réglementation [...], vous disposez d'un droit d'accès à vos données personnelles et à vous les faire communiquer, ainsi que du droit à demander qu'elles soient rectifiées, complétées ou mises à jour [...]. Nous vous remercions pour votre collaboration.

L'équipe scientifique responsable du travail de recherche

10 **À quel moment de la démarche d'étude cette lettre d'information a-t-elle été communiquée ?**

....

11 **Dans le DOC 4, soulignez en bleu les droits des enquêtés et en rouge les obligations des enquêteurs définis par la réglementation.**

2 Les cadres réglementaires de l'utilisation des données

DOC 5 Le droit à la protection des données personnelles

Extrait de la loi Informatique et Libertés (1978) : « L'informatique doit être au service de chaque citoyen [...] Elle ne doit porter atteinte ni à l'identité humaine, ni aux droits de l'homme [...]. »

Jusqu'à maintenant, les données personnelles sont protégées en France par la « loi Informatique et Libertés » de 1978 [...]. Ce cadre juridique évolue aujourd'hui avec l'entrée en vigueur le 25 mai 2018 du règlement européen sur la protection des données personnelles (RGPD).

RGPD dans le domaine de la santé : la consécration des bonnes pratiques existantes, www.sanofi.fr, avril 2018.

En France, la loi [...] du 20 juin 2018 relative à la protection des données personnelles a modifié la loi « informatique et libertés » pour tenir compte du RGPD. Ces nouvelles dispositions ont pour but de donner le droit à toute personne de récupérer des données personnelles, de connaître leur utilisation [...] et d'exiger leur suppression.

Gautier Kertudo, « RGPD et sport », www.village-justice.com, 7 septembre 2018.

DOC 6 Le RGPD

Données personnelles → **Flou** → Organisations sanitaires ou sociales

↓

Inquiétude des personnes

RGPD → Contrôle et sécurisation de l'utilisation des données

- La personne doit obligatoirement donner son consentement avant la collecte de données.
- La collecte et le traitement des données personnelles doivent être confidentiels et sécurisés.
- Les droits à l'accès, l'objection, la rectification et la suppression des données personnelles sont renforcés.

↓

Confiance, sérénité

12 Dans le DOC 5, soulignez les textes réglementaires donnant un cadre à l'utilisation des données personnelles : en rouge le texte européen et en bleu les textes français.

13 Indiquez la principale raison de la mise en place du RGPD (DOC 6).

....

14 Relevez trois objectifs de ce cadre réglementaire en lien avec les études.

....

....

DOC 7 Enquêtes et secret statistique (loi du 7 juin 1951)

Le secret statistique est une forme particulière du secret professionnel. [...] Le secret statistique garantit aux personnes qui fournissent des informations utilisées pour l'établissement de statistiques l'assurance que ces informations ne seront pas utilisées d'une façon susceptible de leur porter tort. [...] Le secret statistique garantit ainsi le respect : de la confidentialité due à la vie privée, personnelle et familiale, pour les personnes physiques.

Insee, « Guide du secret statistique », www.insee.fr, mars 2020.

15 Dans le DOC 7, soulignez en rouge ce que garantit le secret professionnel dans le cadre d'une démarche d'étude, lors des étapes du recueil et du traitement des données.

3 Le cadre éthique du recueil et du traitement des données

DOC 8 Éthique et recueil de données

L'intérêt à l'égard de la façon de collecter les données auprès de populations dites vulnérables prend de l'ampleur ces dernières années. [...] Dans ces projets [de recherche], le témoignage des personnes [...] expose une vulnérabilité parce qu'il met en scène une dimension personnelle, délicate et potentiellement souffrante. [...] Comment réagir si la personne éprouve un malaise avec un thème abordé ? Est-ce que le fait de relancer un questionnement en dépit de la douleur ressentie ou exprimée par le participant semble justifié ? Ces questions délicates n'offrent pas de réponses toutes faites, c'est pourquoi une réflexion éthique s'impose [...].

Mélanie Gagnon, Catherine Beaudry et Frédéric Deschenaux, « "Prendre soin" des participants lors d'entretiens réalisés en contexte de recherches sensibles », *Recherches qualitatives*, volume 38, n° 2, automne 2019.

16 Soulignez les spécificités des témoignages qui poussent l'enquêteur à s'interroger.

17 Pourquoi n'existe-t-il pas de réponse « toute faite » sur l'attitude à adopter par l'enquêteur ?

....

DOC 9 Qu'est-ce que l'« éthique » ?

Il s'agit d'une réflexion argumentée en vue du bien-agir. Elle propose de s'interroger sur les valeurs morales et les principes moraux qui devraient orienter nos actions, dans différentes situations, dans le but d'agir conformément à ceux-ci.

Commission de l'éthique en science et en technologie, « Qu'est-ce que l'éthique ? », www.ethique.gouv.qc.ca.

18 Soulignez dans le DOC 9 le(s) mot(s) ou concept(s) clé(s) qui caractérise(nt) le mieux l'éthique.

DOC 10 Étude sur les parcours de logement

Dans l'étude ciblant les personnes sans logement, nous avons focalisé notre attention sur les conditions d'un passage de l'hébergement vers le logement. En élaborant le guide d'entretien, nous avons été attentives à alterner les questions fermées et ouvertes. Ces précautions ont garanti des espaces de paroles plus libres dont les personnes pouvaient se saisir.

Nous avons également été attentives au lieu de l'entretien ainsi qu'à notre façon d'intervenir et d'écouter (posture de neutralité). Notre crainte d'encadrer la parole des enquêtés s'accompagnait aussi de questionnements plus éthiques : comment respecter la dignité de ces personnes en évoquant leurs parcours ? Comment ne pas porter atteinte à leur vie privée ? C'est aussi la nature d'une telle enquête qui était questionnée dans la mesure où les statistiques produites n'allaient sûrement pas traduire fidèlement la diversité des situations des enquêtés. Tous ces risques nous ont amenées à être encore plus attentives à la construction du protocole et à la formulation des résultats. La crainte est que les résultats soient manipulés et utilisés à des fins politiques.

19 Relevez les préoccupations éthiques des enquêtrices (DOC 10) :

– lors du recueil des données : ....

....

– lors du traitement des données : ....

....

SYNTHÈSE DES notions

Construction de l'objet d'étude → **Recueil des données** → **Traitement des données** → Présentation de l'étude

Recueil de données et traitement des données

Aspect réglementaire

Loi du 6 janvier 1978 dite « Loi Informatique et Libertés »

RGPD (règlement général sur la protection des données), adopté par l'Union européenne en 2016, applicable dans les États membres depuis le 25 mai 2018

Loi du 20 juin 2018 relative à la protection des données personnelles

Aspect éthique

Réflexion sur la bonne conduite à tenir au cours de l'étude.

Démarche de l'enquêteur qui s'appuie sur les valeurs morales de la société qui oriente son attitude, sa posture lors du questionnement de la population et lors du traitement des données.

Le cadre réglementaire reconnaît :
- des **droits aux enquêtés** (droit d'accès à leurs données, droit de rectification, droit à l'effacement…) ;
- et des **obligations aux enquêteurs** (obtenir le consentement lors du recueil, respecter la confidentialité…).

L'éthique est basée sur le respect de :
- la dignité, la liberté d'expression des enquêtés, la confidentialité de leurs données ;
- la neutralité des enquêteurs, l'honnêteté dans le traitement des données par les responsables de l'étude.

Protection des enquêtés contre les dérives possibles lors du recueil ou du traitement des données

SYNTHÈSE DES capacités

Repérer les différentes questions éthiques et réglementaires posées par une étude

- Présenter succinctement l'objet d'étude (QQOCQP)
- Caractériser le type de données recueillies (données personnelles et données sensibles)
- Préciser s'il existe un risque lié à la protection de la vie privée, au respect de la personne
- Relever les garanties données et les précautions prises contre ce risque

Vers PIX D2.4

Quel recueil de données personnelles pour connaître la mortalité en France ?

À partir de vos connaissances, des annexes et des outils à votre disposition, réalisez l'activité technologique suivante.

1 **Repérez la principale question réglementaire posée par l'étude des causes médicales de décès réalisée par l'Inserm-CépiDC.** Pour cela, faites une recherche documentaire dans la base des causes médicales de décès (annexe 3) et :
- présentez l'objet d'étude ;
- identifiez le type de données recueillies ;
- précisez s'il existe un risque lié à la protection de la vie privée ;
- listez les dispositifs mis en place pour garantir la confidentialité des données.

► FICHE OUTIL 3

2 **Réalisez une carte mentale pour présenter vos réponses.**

ANNEXE 1 Intérêt des données de mortalité

Entre le 1er mars et le 13 avril 2020 [...], la France a enregistré 17,9 % de décès supplémentaires par rapport aux années précédentes.[...] Il faut d'ordinaire patienter au moins un an pour obtenir ces statistiques détaillées (sexe, date de naissance, lieu de décès [...]) sur les décès d'une année. À situation exceptionnelle, démarche exceptionnelle : l'Insee a décidé de mettre à disposition du public une partie de ces informations [...].

Marie Coussin, Nicolas Mondon, « Votre département a-t-il enregistré une surmortalité importante ? », www.lefigaro.fr, 24 avril 2020.

ANNEXE 2 Code général des collectivités territoriales

Article R2213-1-2 : Le médecin ayant constaté le décès établit, dans les meilleurs délais, sur support électronique, un certificat [...]. [...] Les données du volet médical du certificat de décès sont transmises par le médecin à l'Institut national de la santé et de la recherche médicale [Inserm] [...] dans les conditions définies par cet institut et visant à garantir la sécurité, la confidentialité et l'intégrité de ces données.

Article R2213-1-3 : L'Inserm est chargé de gérer la base constituée de l'ensemble des informations figurant sur les volets médicaux [...] des certificats de décès qui lui sont transmis. Il met en œuvre des mesures de protection physique et logique afin de préserver la sécurité du traitement et des informations, d'empêcher qu'elles ne soient déformées, endommagées ou communiquées à des tiers non autorisés et d'en préserver l'intégrité.

Code général des collectivités territoriales, www.legifrance.gouv.fr.

ANNEXE 3 La base des causes médicales de décès

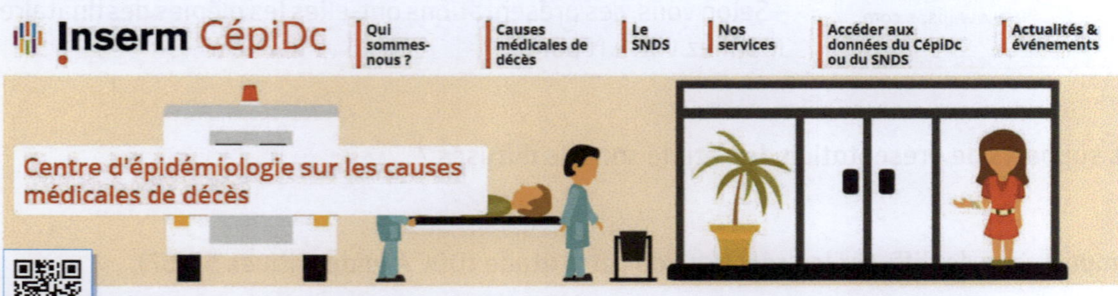

Site Web : La base des causes médicales de décès, www.cepidc.inserm.fr – liennathan.fr/2zsg74

CHAPITRE 9

La présentation et la diffusion de l'étude

Principale notion
- Présentation de l'étude, rapport d'études, perspectives

Capacité exigible
- Expliquer l'importance de la présentation d'une étude et de sa diffusion

Vers compétences PIX

D3.1 - Développer des documents textuels

1 La présentation d'une étude et sa diffusion

DOC 1 QUALITEL et le baromètre sur la qualité du logement

QUALITEL est une association créée en 1974 par l'État pour promouvoir la qualité de l'habitat. Depuis sa création, elle poursuit sa mission par ses actions d'information à destination du grand public, de certification des logements, de recherche, d'évaluation et d'expertise [...].

www.qualite-logement.org

DOC 2 Baromètre QUALITEL

Vidéo : Les Français notent leur logement
liennathan.fr/23qc9a

DOC 3 Communication du baromètre

DOC 4 Diaporama du baromètre

Fichier PDF : Les résultats
liennathan.fr/973ymu

DOC 5 Téléchargement des résultats

Téléchargement

RAPPORT COMPLET

INFOGRAPHIE - LES MIEUX ET MOINS BIEN LOGÉS

Baromètre QUALITEL-Ipsos 2017 : les Français loin d'être égaux face à la qualité du logement,
www.ipsos.com.

1 Listez les différents supports de présentation des résultats de l'étude sur le logement.

....

....

– Utilisez deux adjectifs pour qualifier la présentation du DOC 2, puis celle du DOC 4.

DOC 2 : .... DOC 4 : ....

– Selon vous, ces présentations ont-elles les mêmes destinataires ? Justifiez votre réponse.

....

2 Comment les supports de présentation de l'étude sont-ils diffusés ?

....

3 Expliquez l'importance de diffuser les résultats de cette étude (DOC 4, diapositives 56-57).

....

....

2 Les rapports d'étude

DOC 6 Exemple 1

Fichier PDF : Rapport 1 – Association Solinum, 2019
liennathan.fr/96ae2p

DOC 7 Exemple 2

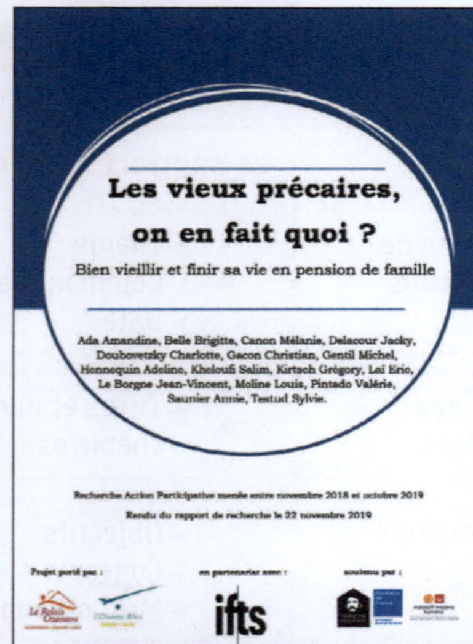

Fichier PDF : Rapport 2 – Relais Ozanam & Oiseau Bleu, 2019
liennathan.fr/b89v9b

4 Comparez la première de couverture de ces deux rapports d'étude (DOC 6 et DOC 7).

....

....

5 Téléchargez le contenu des deux rapports, puis complétez le tableau.

Organisation du rapport d'étude		Rapport d'étude 1 (DOC 6)	Rapport d'étude 2 (DOC 7)
....		Liste organisée des titres de chapitres/parties	Liste organisée des titres de chapitres/parties
Intro-duction	Numéros de pages :	....	....
	Présentation des investigations de terrain :	....	....
Développement : Présentation des résultats	Pages consacrées aux résultats (n°) :	....	....
	....	Exemples : Pages 107, 110, 124, etc.	Exemples : Pages 86, 93, 113, etc.
	Supports de traitement des résultats (ex.) :	....	....
....		6 parties reprenant celles du développement	Pages 132-134
Bibliographie		....	....
Annexes : supports communs		....	....

6 Expliquez l'intérêt d'organiser votre rapport d'étude (voir tableau ci-dessus).

....

SYNTHÈSE DES notions

Construction de l'objet d'étude → Recueil des données → Traitement des données → **Présentation de l'étude**

La présentation de l'étude

Le rapport d'étude

Première de couverture	▸ Thème ▸ Commanditaire - Commandité ▸ Date
Table des matières	▸ Titres et numéros de page des chapitres
Introduction	▸ Objectifs ▸ Concepts ▸ Méthodologie
Développement	▸ Présentation des résultats
Conclusion	▸ Synthèse du développement ▸ Recommandations
Bibliographie	▸ Liste normalisée des ouvrages ou publications utilisées pour construire l'étude
Annexe(s)	▸ Support(s) nécessaire(s) à la compréhension du développement

Autres présentations

- Supports de communication écrite (ex. : synthèse...)
- Supports de communication (audio)-visuelle (ex. : vidéo, diaporama, infographie, page Internet...)
- Supports de communication orale (ex. : exposé, interview...)

La diffusion de l'étude

Transmission à des fins de communication aux commanditaire, commandité, experts, grand public... (diffusion supports « papier »/numérique...)

Perspectives

- Améliorer la connaissance d'une population
- Mobiliser des actions/des acteurs dans le cadre des recommandations

SYNTHÈSE DES capacités

Expliquer l'importance de la présentation d'une étude et de sa diffusion

- Caractériser la présentation d'une étude (supports, mise en forme de l'information selon le public ciblé) et sa diffusion.
- Repérer l'intérêt de présenter une étude santé et social pour améliorer la connaissance d'une population.
- Justifier la communication des résultats de l'étude dans la prise en compte des besoins et des problèmes d'une population.

Activité technologique

Vers PIX D3.1

L'étude « Hygiène et précarité »

À partir de vos connaissances, des annexes et des outils à votre disposition, réalisez l'activité technologique suivante.

1 À l'aide des annexes et de vos recherches sur Internet, présentez l'étude de l'IFOP sur l'hygiène et la précarité : objet d'étude, recueil de données (méthodes, outils, type de données recueillies…), principaux résultats du focus « hygiène féminine ». ► FICHE OUTIL 3
– Réalisez un support visuel pour présenter vos réponses (utilisez le logiciel de votre choix).
– Exposez oralement votre travail en vous appuyant sur le support réalisé.

2 Repérez qui s'est intéressé aux résultats de cette étude. Pour quoi faire ?

3 Pourquoi était-il important de diffuser ces résultats ? Présentez vos explications à l'oral.

ANNEXE 1 Étude « Hygiène et précarité en France »

À la demande de [l'association] Dons Solidaires, l'institut IFOP a mené un double sondage national composé de deux échantillons : l'un représentatif de la population française, et l'autre exclusivement composé de personnes en situation de précarité, sondées à travers son réseau d'associations partenaires de Dons Solidaires.
L'apparence et notamment l'hygiène sont des critères déterminants du jugement, en effet 73 % des Français estiment qu'une mauvaise odeur corporelle peut suffire à donner une mauvaise opinion de cette personne […]. Plus de 10 millions de personnes, notamment dans les milieux les plus modestes, renoncent souvent ou de temps en temps à sortir en raison de leur apparence personnelle.

IFOP, « Hygiène et précarité en France », www.ifop.com, 19 mars 2019.

ANNEXE 2 La précarité menstruelle, un problème de santé publique

Certaines femmes n'ont pas les moyens financiers de changer de protection aussi souvent qu'elles le devraient, tandis que d'autres se rabattent sur des solutions […] inadaptées en termes d'hygiène (mouchoirs […], papier toilette, papier journal ou morceaux de tissus). Dans les deux cas, ces femmes se retrouvent exposées au risque de développer des vaginoses, des salpingites, des infections des trompes de Phallope, mais aussi le SCT (syndrome du choc toxique), qui peut entraîner de graves infections. […] En plus des problèmes de santé, la précarité menstruelle a également des conséquences psychologiques : un « sentiment de gêne ou de dégoût peut miner la confiance en soi et constituer un blocage pour certaines démarches, notamment […] de réinsertion. C'est difficile de passer un entretien d'embauche lorsque vous saignez et que vous n'avez pas de quoi vous protéger », explique Tara Heuzé-Sarmini, la présidente de [l'association] Règles élémentaires. 17 % des femmes en situation de précarité renonceraient d'ailleurs à sortir de chez elles lorsqu'elles ont leurs règles (sondage IFOP).

« Expérimentation des protections hygiéniques gratuites à l'étude », demarchesadministratives.fr, 29 mai 2019.

ANNEXE 3 **Assemblée nationale, « Rapport d'information sur les menstruations »**

L'accès aux protections menstruelles n'est pas une question de confort [...]. [il s'agit] d'un produit de première nécessité absolument indispensable [...]. Or, il n'est pas toujours facile d'accéder à ces protections, comme le montre le sondage IFOP sur la précarité menstruelle réalisé à la demande de Dons Solidaires [...]. [...]

Non seulement grave, cette situation est aussi massive puisqu'en 2017, les femmes sont 4,7 millions à avoir un niveau de vie inférieur au seuil de pauvreté (soit 60 % de la médiane des niveaux de vie). Avec un pouvoir d'achat limité, ces femmes sont régulièrement confrontées à des difficultés dans l'achat des produits de première nécessité, des produits d'hygiène et donc des produits de protection menstruelle. Le soutien à l'accès à ces produits constitue donc une question essentielle pour la santé et la dignité des femmes précaires et vos Rapporteures [auteures du rapport] appellent à une action rapide et efficace dans ce domaine. Elles considèrent qu'aucune femme ne devrait aujourd'hui être privée de protection menstruelle pour des raisons financières.

Assemblée nationale, Rapport d'information sur les menstruations fait au nom de la Délégation aux droits des femmes et à l'égalité des chances entre les hommes et les femmes, assemblee-nationale.fr, 13 février 2020.

ANNEXE 4 **Briser le tabou des règles**

Marlène Schiappa et Christelle Dubos annoncent l'expérimentation en 2020 de la gratuité des protections hygiéniques dans plusieurs lieux collectifs, pour un budget d'un million d'euros.

Cette décision des deux secrétaires d'État fait suite à un rapport parlementaire [...] qui fait de la lutte contre la précarité menstruelle et de l'accès de toutes les femmes aux protections hygiéniques une priorité.

Cécile Aubinet, « Un rapport parlementaire veut briser le tabou des règles », www.vivamagazine.fr, 14 février 2020.

ANNEXE 5 **En septembre, des protections hygiéniques gratuites**

Pour en finir avec la précarité menstruelle, plusieurs membres du gouvernement, dont Marlène Schiappa et Brune Poirson, ont annoncé la mise à disposition de protections hygiéniques gratuites à la rentrée [...] : « Sous l'impulsion du gouvernement, dès le mois de septembre 2020, la mise à disposition de protections hygiéniques gratuites sera expérimentée auprès d'élèves du second degré et d'étudiantes, de femmes détenues, de femmes précaires et sans abri [...] ».

Toujours en septembre, des maraudes permettront également de distribuer des protections aux femmes en difficulté. « Elles seront également mises à disposition dans les épiceries sociales, [les] accueils de jour, les foyers et les centres d'hébergement, les établissements d'incarcération, mais aussi les établissements du second degré et les universités. » « Les règles, c'est naturel. Ne pas pouvoir se procurer des protections, non », résument les [...] secrétaires d'État.

« Le gouvernement va mettre à disposition des protections hygiéniques gratuites à la rentrée », www.lavoixdunord.fr, 28 mai 2020.

Méthodes et outils pour les sciences et techniques sanitaires et sociales

SOMMAIRE DES FICHES

1 ▸ Le QQCOQP 222

2 ▸ Le corpus documentaire 223

3 ▸ La sélection des informations pertinentes (1/2) 224

4 ▸ La sélection des informations pertinentes (2/2) 226

5 ▸ La mobilisation des connaissances 227

6 ▸ La construction et la rédaction des réponses 228

7 ▸ L'enquête par questionnaire 230

8 ▸ L'enquête par entretien 231

9 ▸ L'enquête par observation 232

FICHE OUTIL 1

Le QQCOQP

La démarche

Le QQCOQP est un **moyen mnémotechnique** pour se souvenir des 6 à 8 questions à se poser lorsque l'on veut présenter :

- un fait (un problème de santé, un phénomène de société…) ;
- un objet (une profession, une structure, un dispositif, une mesure…) ;
- une procédure (un projet, une démarche administrative…).

Utiliser le QQCOQP permet de faire **« le tour de la question »**.

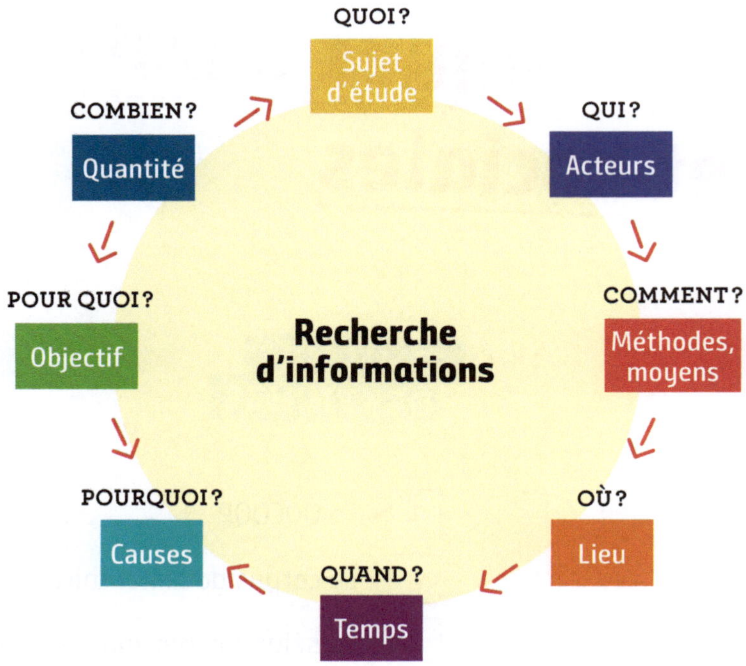

Les questions à se poser

QUOI ?
De quoi parle-t-on ?
Quelles sont les caractéristiques ?

QUI ?
Qui est concerné ?
Qui sont les bénéficiaires ?
Qui réalise ?
Qui finance ?

COMMENT ?
Comment le fait-on ?
Avec quels matériels ?
Que fait-on ?

OÙ ?
Dans quel lieu ?

QUAND ?
À quel moment ?
À quelle époque ?
Depuis quand ?
Pendant quelle période ?

POURQUOI ?
Comment expliquer le phénomène ?
Quelles sont les causes à l'origine de la création ?

POUR QUOI ?
Quel est l'objectif poursuivi ?
Quelles sont les conséquences ?

COMBIEN ?
Combien de sujets concernés ?

EXEMPLE **La journée mondiale du diabète**

QUOI ? Campagne mondiale de mobilisation et de sensibilisation au diabète.
QUI ? Fédération Internationale du diabète, pour les professionnels de santé et le grand public.
COMMENT ? Rencontres, conférences, stands pour diffuser des informations, tests de risque.
OÙ ? Dans le monde.
QUAND ? Depuis 1991. Tous les 14 novembre.
POURQUOI ? 400 millions de personnes diabétiques dans le monde.
POUR QUOI ? Mieux connaître le diabète, sa prévention, sa prise en charge.
COMBIEN ? Participation de 160 pays.

FICHE OUTIL 2 Le corpus documentaire

Étape 1 : précisez l'objectif de votre recherche documentaire

– Définissez le sujet d'étude.
– Précisez la question à laquelle vous voulez répondre.
– Repérez les critères retenus pour le choix des documents : période, type de document…

Étape 2 : sélectionnez les informations

– Faites une recherche documentaire pour recueillir des éléments de réponse à la question : textes, images, vidéos, pages web…
– Cessez votre recherche documentaire à partir du moment où vous avez suffisamment de documents pour répondre à la question (en général, on ne dépasse pas six documents).
– Repérez les extraits des documents qui permettent de répondre à la question.
– Copiez les liens pour les pages web et pour les vidéos (relevez le minutage si vous n'exploitez qu'une partie des vidéos).

Étape 3 : mettez en forme le corpus documentaire

– Constituez un fichier texte avec les documents (ou les extraits), les images sélectionnées et le(s) lien(s) vers les vidéos et les pages web.
– Titrez le corpus avec la question de départ.
– Indiquez pour chaque document la source et un titre ; pour chaque vidéo le passage à visionner à l'aide d'un minutage si nécessaire.
– Numérotez les pages.

EXEMPLE

Titre du corpus = question → **La Loi Évin a-t-elle permis de modifier le comportement des fumeurs ?**

– Que dit la loi Évin ?
www.anpaa.asso.fr/sinformer/que-dit-la-loi

– Une affiche de rappel de la loi Evin

1

– Vidéo : Il y a tout juste dix ans, la cigarette était interdite dans les lieux publics ← Titre du document

Regardez les deux premières minutes. ← Extrait à visionner
https://dai.ly/x5aaoub

– L'interdiction de fumer dans les lieux à usage collectif

Le **décret du 15 novembre 2006 modifie la loi du 10 janvier 1991**p lusc ommunémenta ppeléel al oiÉ vin.
Cettel oia p ourb utd el utterc ontrel esm éfaitsd u abac eti nterdit def umer :
• danst ouse spacesp ublicsf erméso u ouvertsa ccueillant dup ublice t/oú tantu h ied et ravail ;
• dansl est ransportse n ommun ;
• dansl esé tablissementsh ospitalierso d es anté ;
• dansl 'ensembled esé tablissementss colairesq u'ilss oient publicso p rivés.
[…]L esd irigeantsd 'établissementso ntl ap ossibilité dec réer, dansl eursé tablissementsd ese spacésd édiésa uf umeurs, dansl er espectd esn ormesd el al égislatioa t avecv alidatiop réalabled C HSCT[…] ← Extrait du texte

www.drogues-dependance.fr

2

FICHE OUTIL 3

La sélection des informations pertinentes (1/2)

Pour caractériser, distinguer, expliquer, identifier, illustrer, présenter, repérer...

Étape 1 : analysez la question

Pour comprendre l'énoncé de la question :

- repérez le sujet et son contexte (de lieu, de temps, politique, institutionnel...) ;
- repérez le verbe d'action.

Pour savoir où rechercher les éléments de réponse :

- repérez les notions abordées dans les cours du pôle thématique de STSS ;
- déduisez-en que les notions non étudiées en cours sont abordées dans le document.

Étape 2 : mobilisez vos connaissances

Notez sur votre brouillon à l'aide de mots-clés les connaissances en lien avec la question (définition, classification, repères historiques, indicateurs, acteurs, composantes des politiques publiques...).

Étape 3 : prenez connaissance des documents

Pour comprendre le sens global du texte :

- repérez le thème et l'objet d'étude abordés à partir du ou des mot(s) clé(s) du titre ou du chapeau ;
- repérez la date pour situer le document dans le temps ;
- repérez la source, l'auteur pour vous faire une idée du type texte (texte juridique, texte explicatif, texte argumentatif, témoignage...).

Pour comprendre en détail le texte :

- repérez les idées principales en vous demandant : « de quoi parle-t-on ? » ;
- repérez les idées secondaires en vous demandant : « qu'est-ce qu'on en dit ? » ;
- marquez leur emplacement par des accolades en marge du texte.

Étape 4 : faites le point sur le travail qui vous est demandé

Appropriez-vous la question en la reformulant avec vos propres mots.

Étape 5 : sélectionnez les informations pertinentes

Surlignez les informations pertinentes dans le document ainsi que dans les idées principales et secondaires repérées à l'étape 3, en utilisant un code de couleur (par exemple : une couleur par question s'il y a plusieurs questions).

EXEMPLE

Étape 1 : analyser la question

Citer et expliquer → **Présenter**

Notion du Pôle santé, bien-être et cohésion sociale : comment mesurer l'état de santé ? → **la situation épidémiologique**

Notion abordée dans le document → **la rougeole**

Contexte → **dans le monde**

Présenter la situation épidémiologique de la rougeole dans le monde

Étape 2 : mobiliser ses connaissances

✓ Épidémiologie descriptive
✓ Morbidité = incidence, prévalence
✓ Mortalité
✓ Santé selon l'OMS

Étape 3 : prendre connaissance des documents et Étape 5 : sélectionner les informations pertinentes

Thème : question de santé

Le retour en force de la rougeole, plus meurtrière que jamais

La pandémie de coronavirus a tendance à éclipser toute autre épidémie. La rougeole, maladie la plus contagieuse au monde, est pourtant en pleine recrudescence : elle a fait plus de 200 000 morts en 2019, une hausse de 50 % en trois ans […].

Objet d'étude : augmentation de l'incidence de la rougeole dans le monde de 2016 à 2019

[…] La rougeole, une maladie qui semble bénigne aux premiers abords mais qui a pourtant causé 207 500 décès en 2019, soit 50 % de plus qu'en 2016. Environ 869 770 personnes ont attrapé la rougeole l'an dernier, un chiffre en hausse de 556 % en trois ans, selon un rapport de l'OMS et du Centre de contrôle et de Prévention américain (CDC). Et encore, il ne s'agit que d'une estimation basse, la majeure partie des cas n'étant pas reportés. Le nombre de cas serait en réalité de 9,83 millions. Alors que 125 pays étaient déclarés exempts de rougeole en 2016 (moins d cinq cas pour un million d'habitants), ils n'étaient plus que 85 en 2019, indique le rapport. Le taux d'incidence, qui était tombé à 18 cas pour un million d'habitants (un chiffre historiquement bas), a été multiplié par 10 en l'espa ced et roisa ns. […]

Situation épidémiologique : de 2016 à 2019, ↗ incidence et mortalité

La rougeole est la maladie la plus contagieuse au monde […]. Elle [ ] affecte pa rticulièrement les enfants de moins de cinq ans, mais aussi les adultes non vaccinés, chez qui elle peut prendre des formes graves. Chez les plus de 15 ans, dans un cas sur deux de rougeole, uneh o pitalisatio stn écessaire.

Risques pour la santé : peut être grave

Céline Deluzarche, « Le retour en force de la rougeole, plus meurtrière que jamais », *Futura Sciences*, publié le 16 novembre 2020, consulté le 11 février 2021.

Source et auteur : texte informatif

Date : texte récent

Étape 4 : faire le point suar le travail demandé

Je vais présenter d'une part les risques de la rougeole pour la santé et d'autre part la situation épidémiologique de la rougeole : je vais citer les tendances de la mortalité et de la morbidité puis j'expliquerai en illustrant chaque tendance à l'aide de données chiffrées.

FICHE OUTIL 4

La sélection des informations pertinentes (2/2)

Pour montrer, argumenter, justifier

Montrer, c'est faire des liens entre les connaissances *(les arguments)* et des informations issues du ou des documents mis à votre disposition *(les illustrations)*. La sélection des informations pertinentes suit la même méthode que précédemment (**voir fiche 3**), mais pour montrer, il faut aussi :

- **rechercher les arguments** en lien avec la ou les notions abordées en cours *(repérées à l'étape 1)* parmi les connaissances mobilisées *(étape 2)* ;
- **illustrer chaque argument** en surlignant ses illustrations dans le document *(étape 5)* ;
- **expliquer le lien entre chaque argument et son ou ses illustrations**, en vous appuyant sur vos connaissances (*étape 4*) et en surlignant les explications dans les documents *(étape 5)*.

EXEMPLE

Étape 1 : analyser la question

Apporter des preuves → **Montrer**
Notion du document → illustrations → **l'environnement physique**
Notions de cours → arguments → **déterminant de la santé.**

Montrer que **l'environnement physique** est un **déterminant de la santé.**

Étape 2 : mobiliser ses connaissances

✓ Déterminant
✓ Facteur de risque, facteur protecteur
✓ Notion de santé selon l'OMS
✓ Déterminants biologiques, sociaux, environnementaux, comportementaux

Étape 3 et Étape 5 : sélectionner les informations pertinentes

Nature en ville et santé […]

Différentes revues de littérature ont été publiées sur les liens entre les e sp cesv ertse m ilieu rbain e tl as anté.

Thème → les e sp cesv ertse m ilieu rbain ; Objet d'étude → e tl as anté.

Pathologies liées à la pollution : […] Les pathologies associées à la pollution atmosphérique sont essentiellement des pathologies respiratoires (y compris allergiques) e tc ardiovasculaires. […]

Diminution de la pollution par les espaces verts : En ville, les espaces verts, et notamment les parcs, constituent des zones exemptes des princip les sources d'émission de polluants primaires […]. De plus […], les arbres ou haies végétales plantés le long des routes sont susceptibles de constituer des « barrières » qui réduisent la dispersion des polluants issus du trafic routier. […] Enfin, la végétation possède la capacité de diminuer les concentrations de certains polluants atmo phériques en lesa b orbant(NO_x, SO_2, HAP…).

Régulation de la température par les espaces verts : […] Des niveaux de température plus élevés sont […] enregistrés en milieu urbain p r rapport aux esp ces naturels alentour. Ce phénomène désigné sous le terme d'îlots de chaleur urbains […] imp cte la qualité de vie et la santé perçue des habitants des centres urbains et représente un risque pour la santé des plus fragiles. […] Les espaces verts (rues plantées, p rcs, toitures végétalisées, etc.) sont susceptibles de rafraîchir l'air […].

Source et auteur : texte explicatif → ORS Pays de Loire, « Évaluation des impacts sur la santé du projet d'aménagement urbain du quartier de l'Île de Nantes », www.santepaysdelaloire.com, avril 2019, consulté le 26 février 2020. ← Date : texte récent

Étape 4 : faire le point sur le travail demandé

Je vais repérer les éléments de l'environnement qui ont une influence sur la santé physique, mentale ou sociale. Puis je vais expliquer chaque lien entre le facteur et la santé en précisant la ou les conséquences sur la santé.

FICHE OUTIL 5

La mobilisation des connaissances

Mobiliser ses connaissances est nécessaire d'une part pour répondre à une question de cours non accompagnée de document et d'autre part pour sélectionner des informations pertinentes dans des documents *(étape 2 des fiches 3 et 4).*

Préparez votre réponse sur un brouillon à l'aide de mots-clés. Sélectionnez parmi les connaissances mobilisées :
- les définitions des mots-clés de la question ;
- les connaissances qui permettent de répondre à la question : définitions, caractéristiques, déroulement, historique, textes juridiques...

Il ne faut pas réciter une leçon mais utiliser les connaissances qui sont utiles pour répondre à la question.

EXEMPLE

Étape 1 : analyser la question

Verbe d'action → **Présenter**

Notions / mots-clés → **l'intérêt de la complémentarité** entre **les techniques d'assurance et d'assistance** pour **la protection sociale.**

Étape 2 : mobiliser ses connaissances

Question en lien avec la partie du programme de 1re : « Qu'est-ce que la protection sociale ? »
✓ Définition protection sociale
✓ Historique : Bismarck, Beveridge, 1789 Déclaration des droits de l'homme et du citoyen
✓ Risque social
✓ Couverture de base complémentaire et couverture subsidiaire
✓ Assurances sociales
✓ Assistance

Étape 3 : Faire le point sur le travail qui est demandé

Je vais démontrer que les deux techniques sont complémentaires : caractéristiques différentes et poursuite d'un objectif commun. Puis j'expliquerai ce qu'apporte cette complémentarité à la protection sociale.

Étape 4 : sélectionner les informations pertinentes parmi les connaissances mobilisées

– Caractéristiques différentes des deux techniques :

Assurance (contributif)	Assistance (non contributif)
Versement de prestations ou accès à des services / pour salariés / cotisations sociales	Pour les plus démunis / sans contribution préalable / obligatoire pour l'État / impôts

– Objectif commun : prise en charge des risques sociaux, accès aux droits, solidarité
– Intérêt de la complémentarité : assurer à tout le monde une couverture face aux risques sociaux : couverture de base/ couverture subsidiaire ; exemple : allocations chômage / RSA ; pension vieillesse / minimum vieillesse

FICHE OUTIL 6 La construction et la rédaction des réponses

Que la question implique seulement de mobiliser des connaissances ou qu'elle implique aussi de s'appuyer sur des documents, votre réponse doit être structurée : une introduction, un développement avec plusieurs paragraphes et une conclusion.
La rédaction de votre réponse se fera à partir d'un plan détaillé.

Étape 1 : préparez le plan

Pour classer et hiérarchiser vos informations :

- choisissez le type de plan :
  - plan thématique pour présenter les différents aspects d'un thème (différents déterminants, acteurs, dispositifs, conséquences...) ;
  - plan analytique pour présenter une analyse (problèmes, causes, solutions) ;
  - plan comparatif (points communs, différences) ;
- repérez avec des **accolades** les différentes idées dans la marge de votre brouillon ou des documents ou surlignez les textes avec un code de couleur ;
- définissez l'ordre chronologique de vos idées à l'aide **de numéros**.

Étape 2 : rédigez le plan détaillé au brouillon

Pour faciliter la rédaction de votre réponse :

- commencez par rédiger le développement de votre réponse :
  - donnez un titre à vos différents paragraphes : une idée principale par paragraphe ;
  - notez les mots-clés pour chaque idée secondaire ;
  - prévoyez une phrase de liaison entre les paragraphes ;
- rédigez l'introduction une fois que vous connaissez votre plan :
  - commencez (si possible) par une phrase d'accroche sous la forme d'une donnée chiffrée ou d'un fait alarmant ;
  - indiquez le sujet de la question (souvent déjà précisé dans la phrase d'accroche) ;
  - rappelez la question ;
  - annoncez le plan du développement qui va suivre.
- rédigez la conclusion :
  - répondez à la question ;
  - reprenez l'idée principale de votre développement ;
  - proposez une ouverture (nouvelle question, conséquence pour la société...).

Étape 3 : rédigez la réponse au propre

- Rédigez l'introduction, le développement et la conclusion ; sautez une ligne entre chacune de ces trois parties.
- Présentez une idée principale par paragraphe.
- Séparez chaque paragraphe par une phrase de liaison et un saut de ligne.
- Utilisez et définissez les **notions apprises en cours**.
- Veillez à faire des phrases courtes avec un verbe conjugué dans chacune d'elles.
- Relisez votre travail pour vérifier l'orthographe, la grammaire et la syntaxe de phrases.

▶ EXEMPLE

Étapes préalables : analyser la question, mobiliser ses connaissances (fiches 3, 4 et 5)

Étape 1 : préparer le plan

Plan thématique : montrer que l'environnement physique est un déterminant de la santé

Nature en ville et santé […]

Différentes revues de littérature ont été publiées sur les liens entre les esp cesv ertse m ilieu rbain tl as anté.

❶ Influence négative

[…] Les pathologies associées à la pollution atmosphérique sont essentiellement des pathologies respiratoires (y compris allergiques) et cardiovasculaires. […]

❷ Influence positive

En ville, les espaces verts, et notamment les parcs, constituent des zones exemptes des princip les sources d'émission de polluants primaires […]. De plus […], les arbres ou haies végétales plantés le long des routes sont susceptibles de constituer des « barrières » qui réduisent la dispersion des polluants issus du trafic routier. […] Enfin, la végétation possède la capacité de diminuer les concentrations de certains polluants atmo phériques en lesa b orbant(NO_x, SO_2, HAP…).

❶ Influence négative

[…] Des niveaux de température plus élevés sont […] enregistrés en milieu urbain p r rapport aux esp ces naturels alentour. Ce phénomène désigné sous le terme d'îlots de chaleur urbains […] imp cte la qualité de vie et la santé perçue des habitants des centres urbains et représente un risque pour la santé des plus fragiles. […]

❷ Influence positive

Les espaces verts (rues plantées, p rcs, toitures végétalisées, etc.) sont susceptibles de rafraîchir l'air […].

ORS Pays de Loire, « Évaluation des impacts sur la santé du projet d'aménagement urbain du quartier de l'Île de Nantes », www.santepaysdelaloire.com, avril 2019, consulté le 26 février 2020.

Étape 2 : rédiger le plan détaillé au brouillon

Développement : mots-clés pour chaque idée secondaire, suivis par la ou les illustrations correspondantes, puis explication du lien entre mots-clés et illustration(s).

- **1er paragraphe :** les **facteurs de risques** de l'environnement physique sur la santé
  - Influence négative sur la santé physique / pollution atmosphérique / pathologies respiratoires, cardiovasculaires, allergies
  - Influence négative sur la santé physique et mentale / îlots de chaleur urbains (températures élevées) / risque pour la santé des plus fragiles, néfaste pour la qualité de vie
  - Liaison : « Mais les espaces verts agissent sur ces facteurs de risque et diminuent ainsi leur influence. »
- **2e paragraphe :** les **facteurs protecteurs** de l'environnement physique sur la santé
  - Influence positive sur la santé physique (= facteur protecteur) / espaces verts / aucune émission de polluants, réduction de la pollution environnante : « barrières » contre les polluants émis par le trafic routier, capable d'absorber les polluants
  - Influence positive sur la santé physique / espaces verts / diminution de la température ambiante
- **Introduction**
  - Phrase d'accroche + sujet : « Différentes revues de littérature ont été publiées sur les liens entre les espaces verts en milieu urbain et la santé selon l'ORS Pays de Loire. »
  - Rappel de la question : l'environnement physique est-il un déterminant de la santé ?
  - Définition de la santé (OMS) + présentation des autres types de déterminants de la santé
  - Annonce du plan : facteurs de risque / facteurs protecteurs de l'environnement sur la santé
- **Conclusion**
  - Réponse à la question : l'environnement physique est un déterminant de la santé
  - Idée principale : la présence d'espaces verts est un facteur protecteur important
  - Ouverture : « Ce constat est-il suffisamment pris en compte actuellement dans les projets concernant l'aménagement urbain ? »

FICHE OUTIL 7 L'enquête par questionnaire

L'enquête par questionnaire est une méthode plutôt quantitative de recueil de données (production de données statistiques).

Le questionnaire est un outil de recueil de données composé majoritairement de questions fermées qui s'enchaînent de manière logique. L'inclusion de quelques questions ouvertes (en général en fin de questionnaire) permet aux enquêtés d'exprimer leurs points de vue.

▶ EXEMPLE

En-tête : nom de l'organisation réalisant l'enquête

Introduction :
- **présentation de l'enquête** (contexte, thème) ;
- **garantie de l'anonymat ;**
- éventuellement, consigne pour remplir le questionnaire ;
- **modalité de retour du questionnaire** (lieu + date éventuellement) ;
- **remerciements.**

Corps du questionnaire :
- **titres** de sous-parties ;
- **numérotation** des questions ;
- **zones de saisie :** cases à cocher, peignes, pointillés pour écrire du texte... ;
- types de question :
  - **questions fermées** (cases à cocher),
  - **questions ouvertes** (pointillés pour écrire),
  - **questions fermées avec échelle,**
  - **questions filtres** (dirigent l'enquêté vers certaines questions en évitant celles qui ne lui correspondent pas).

Conclusion : remerciements

Santé publique France

Bonjour,

Dans le cadre de cette enquête, nous allons te demander de répondre à **2 questionnaires** (1 aujourd'hui et 1 plus tard dans l'année). Ces questionnaires portent sur ta consommation de tabac, d'alcool et d'autres substances.

Ces questionnaires sont **ANONYMES et CONFIDENTIELS.**

[...]

Merci de répondre aux questions le plus sincèrement possible et dans l'ordre où elles se présentent en cochant les cases correspondant à tes réponses à l'aide d'une croix.

À la fin du questionnaire, n'oublie pas de le **mettre directement dans l'urne** pour qu'il soit pris en compte !
Ton accompagnant peut t'aider si tu as des questions.

Merci à toi.

À propos de toi

1. Tu es... ☐ Un garçon ☐ Une fille

2. Quelle est ton année de naissance ? |__|__|__|__| **3. Quel est ton mois de naissance ?** |__|__|
(01 pour janvier, 02 pour février,..., 12 pour décembre)

3. Dans quelle classe es-tu (précise ta spécialité professionnelle) :
____

4. Es-tu en internat ?
☐ Non
☐ Oui

5. Où vis-tu le plus souvent ? ***(une seule réponse possible)***
☐ Chez mes parents ou l'un de mes parents
☐ Dans une famille de placement ou un foyer
☐ Autre situation, préciser : ____________________

[...]

À propos de ta consommation de tabac, d'alcool ou d'autres substances

9. AU COURS DE TA VIE, as-tu déjà fumé du tabac *(au moins une cigarette)* **?**
☐ Non → **Si non, passe directement à la question 12**
☐ Oui

10. Quel âge avais-tu la première fois que tu as fumé une cigarette ? |__|__| ans

11. AU COURS DES 30 DERNIERS JOURS, as-tu fumé des cigarettes ?

Aucune	Moins d'une par semaine	Moins d'une par jour	Entre 1 et 5 par jour	Entre 6 et 10 par jour	Entre 11 et 20 par jour	Plus de 20 par jour
☐	☐	☐	☐	☐	☐	☐

12. AU COURS DE TA VIE, as-tu déjà bu une boisson alcoolisée ? *(bière, cidre, vin, apéritif, alcool fort...)*
☐ Non → **Si non, passe directement à la question 21**
☐ Oui

13. Quel âge avais-tu la première fois où tu as bu de l'alcool ? |__|__| ans

[...]

Merci pour ta participation !

Santé publique France, Évaluation d'un programme de prévention par les pairs des consommations de substances psychoactives, mai 2019.

FICHE OUTIL 8 L'enquête par entretien

L'enquête par entretien est une méthode plutôt qualitative de recueil de données (ressentis, opinions, comportements… et aussi hésitations, gestes d'agacement de l'enquêté lors de l'entretien).

Les outils utilisés sont différents selon l'entretien :

– l'**entretien libre** : une **question** « large » est préparée avant le rendez-vous. Au cours de l'entretien, l'enquêteur relance l'enquêté (« et alors ? », « ah bon ? », « pourquoi ? »…) ;
– l'**entretien semi-directif** : le **guide d'entretien** propose une trame de l'entretien, l'enquêteur se laisse la liberté de rebondir sur les propos de l'enquêté et d'ajouter au cours de l'entretien des questions non prévues ;
– l'**entretien directif** : un **questionnaire d'enquête** est élaboré. L'enquêteur pose strictement et uniquement les questions prévues.

EXEMPLE

Titre : nom de l'outil, identification de l'enquête

Guide d'entretien de Mme H. S., usagère de l'épicerie sociale

Introduction :
- **présentation** de l'enquête ;
- **thème** et **objectif** du recueil de données ;
- **durée** de l'entretien ;
- **garantie** de l'anonymat ;
- demande d'**enregistrement ;**
- **remerciements.**

Bonjour, je me présente, Laurine R. Je suis infirmière municipale aC CASd TJ ev ouss ollicitep oura voirp lusd 'informationss ur vo h abitd esa limentairesE n ffet, am unicip litéd eT e nvisage des actions pour mieux équilibrer l'alimentation des bénéficiaires de l'épicerieC ete ntretied ureraa pproximativementq uinze minutes et je vous assure de l'anonymat de vos réponses. Afin de mieux retranscrirev o p rop j es ouhaiteraise nregistrerl 'entretienV ous pourrezb ien ûra ccédere nsuiteà l ar etranscriptio ompléted e l'entretie iv ousl es ouhaitezI ln 'y p asd r éponsesj usteso u faussesa uq uestionsJ ev ousr emercied em ec onsacrerd ut emps pourr épondreà m esq uestions.

OU

Le recueil de données est réalisé avec un **entretien libre** : une seule **question** à préparer.

Pouvez-vousm ep rlerd ev o h abitd esa limentaires?

OU

Le recueil de données est réalisé avec un **entretien semi-directif**. Un **guide d'entretien** est construit :
- les questions sont classées par **thèmes** ;
- elles ne sont pas toutes formulées (selon l'aisance de l'enquêteur à mener l'entretien).

Thèmes	Questions
Identité	ÂgeL ied er ésidence Compo itiofi amilialeD iplôme(s)E mploi
Fréquentation del 'épicerie	Commenta vez-vousc onnl 'épicerie? D epuis combied et empsf réquentez-vousl 'épicerie? À quelle fréquence venez-vous ? Quellep laceo ccp entl esa limentsd l 'épicerie socialed ansv o r ep s? Êtes-vouss atisfaited el av ariétéd esp roduits?
Prised er ep s	Pouvez-vousm ed écrirec eq uev ousm angez, buvezs uru nej ournéec lassique? À q uels horaires? M angez-vousà l 'extérieuro à la maiso? S euleo à p lusieurs(famillesa mis)?

FICHE OUTIL 9

L'enquête par observation

L'enquête par observation est une méthode à la fois quantitative et qualitative de recueil de données. L'observation peut être directe (l'outil est complété lors du déroulement de la situation) ou indirecte (l'outil est complété à l'aide d'une vidéo/photo de la situation). L'observation peut être non dissimulée/dissimulée (l'enquêteur dévoile son intention d'observer/ou pas) ; participante/non participante (l'enquêteur est intégré dans une activité à observer/ou pas).

Le **guide d'observation** est l'outil de recueil de données. Les zones de saisie de type « cases à cocher » permettent essentiellement à l'enquêteur de noter la présence ou l'absence du critère ; d'autres zones de saisie de type « constats » permettent de rédiger de l'information.

EXEMPLE

Entête : nom de l'organisation réalisant l'enquête

Titre : nom de l'outil, éventuellement le thème

Contexte de l'observation : prévoir éventuellement des zones de saisie pour le lieu, la date et l'heure de l'enquête, sa durée, le nom de l'enquêteur, etc.

Corps du guide d'observation :
- questions fermées ;
- questions ouvertes.

ECO

GRILLE D'OBSERVATION

Nom : ....

Adresse du logement : ....

....

■ CONSTATS VISUELS dans le logement :

- Mode(s) de chauffage fixe et mobile (appoint) :

	Système installé (cocher)	Réellement utilisé (cocher)
Chauffage central (chaudière + radiateurs ou plancher chauffant) : préciser l'énergie et le mode de réglage		
Chauffage divisé (convecteur ou accumulateur électrique, poêle au gaz, au bois…) : préciser l'énergie et le mode de réglage		
Autre système de chauffage (appareil mobile…) : préciser l'énergie et le mode de réglage		
Chauffage collectif : préciser le système quand il est connu		

- Constats sur l'isolation apparente (type d'isolant, épaisseur, état…)

	Constats
Murs	
Fenêtres et vitrages	
Portes extérieures	

Observations :

Nb d'occupants : ....
Nb de pièces : ....
Cuisine ☐ Salle d'eau ☐ WC ☐
Maison individuelle ☐
Appartement ☐
Autre ☐ préciser (habitat précaire) ....

Humidité
Très forte humidité ☐
Développement de moisissures très important ☐
Infiltrations importantes ☐

D'après « Grille d'observation des logements », www.precarite-energie.org.

Cahier d'ETLV (anglais) pour les sciences et techniques sanitaires et sociales

SOMMAIRE

Axe 1 ▸ Identité et échanges 234

Axe 2 ▸ Espace privé et espace public 234

Axe 3 ▸ Art et pouvoir 234

Axe 4 ▸ Citoyenneté et mondes virtuels 235

Axe 5 ▸ Fictions et réalités 235

Axe 6 ▸ Innovations scientifiques et responsabilité 236

Axe 7 ▸ Diversité et inclusion 236

Axe 8 ▸ Territoire et mémoire 236

Cahier d' ETLV

Identité et échanges

STSS ▸ Niveaux de santé, de bien-être et de cohésion sociale des populations

Podcast: Brain-drain alert: UK accused of poaching health workers from poorer countries – Daily Maverick, 21 January 2021
liennathan.fr/i4mx59

1. **Present the population of immigrated health workers in the UK: size, occupation, origins…**
2. **Describe the situation of people in sub-Saharan Africa.**
3. **Explain what some doctors criticize the UK government for and why.**
4. **FINAL TASK: using the document and your research, create a mind map to resume the causes and consequences of this mobility in the health field.**

Espace privé et espace public

STSS ▸ État de santé : une articulation de déterminants

Video: The first lady introduces Let's Move – The Obama White House, 2010
liennathan.fr/78pe2i

1. **Describe what « Let's Move » is.**
2. **Explain how Michelle Obama's private life influenced this national project.**
3. **FINAL TASK: from the video and your research, create a poster presenting the different determinants of obesity and the means of preventing this health problem.**

Art et pouvoir

STSS ▸ L'action en santé

Philadelphia : creation and installation of a series of eye-catching and informative hand washing stations by four streets artists around the city.

Streets Dept, streetsdept.com, march 2020

1. **Describe the photography.**
2. **Based on this example, explain how the art can contribute to preventive health measures.**
3. **FINAL TASK: based on your research, present in a video an example of art which helps the public healthcare or the social politics (3 minutes).**

4 Citoyenneté et mondes virtuels

STSS ▸ Bien-être : une construction dynamique

"It's my hope that by helping each other as an online community, Be My Eyes will make a big difference in the everyday lives of blind people all over the world." – Hans Jørgen Wiberg, Founder of Be My Eyes

Be My Eyes is a free mobile app with one main goal: to make the world more accessible for blind and low-vision people. The app connects blind and low-vision individuals with sighted volunteers and omp niesf roma llo vert hew orld hrough l ivev ideo all.

How does it work? Everyday, sighted volunteers lend their eyes to solve tasks, big and small ones, to help blind and low-vision people lead more independent lives.

Join the community!
4,535,735 VOLUNTEERS
2853 2B LIND& L OW-VISIONP EOPLE
150+C OUNTRIES1 80+L ANGUAGES

bemyeyes.com, 2021.

1. **What is the purpose of the application « Be My Eyes » ?**
2. **Explain how this new applications participate at the well-being and the social cohesion of the population.**
3. **FINAL TASK: create a flyer to promote the application and recruit volunteers.**

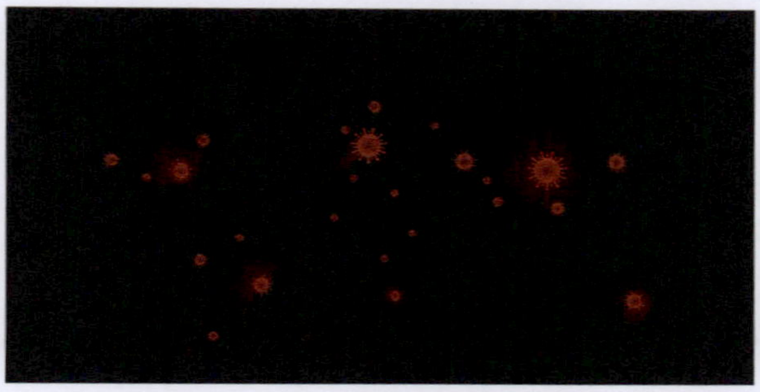

5 Fictions et réalités

STSS ▸ Des préoccupations de santé publique à la reconnaissance des problèmes sanitaires par la société

Video: Contagion, Trailer – Warner Bros. Entertainment, 2011
liennathan.fr/9p7b8c

1. **Explain why, before 2020, this film was a fiction movie.**
2. **Explain why, since 2020, this film can be considered as realistic.**
3. **FINAL TASK: in a collaborative document (ex.: Framapad), present how the movie describes the elements of a health crisis.**

6 Innovations scientifiques et responsabilité

STSS ▸ De la santé des individus à la santé de la population

Video: Debunking anti-vaxxers – AsapSCIENCE, 2018
liennathan.fr/6s3kw3

1. **Reformulate in your own words three examples of what the anti-vaxxers arguments are (7 arguments available).**
2. **Debunk each one of the previous arguments based on the video content.**
3. **FINAL TASK: in groups of 4, prepare a ping-pong debate with two students for vaccines and two students against vaccines.**

7 Diversité et inclusion

STSS ▸ L'intervention sociale

Video: I Wanna Be a Social Worker, A Day In The Life Of A Social Worker – Student Edge, 2014
liennathan.fr/ipi273

1. **Define what a social worker is and what his/her missions are.**
2. **Identify the steps to becoming a social worker and three qualities required to be a social worker.**
3. **FINAL TASK: in pairs, simulate a job interview (for a health or social profession) with a candidate and a recruiter.**

8 Territoire et mémoire

STSS ▸ Du risque social à la protection sociale : un projet de société

Video: Sir William Beveridge Talks To Pathe Gazette (1942) – British Pathé
liennathan.fr/vea626

1. **Identify in the video the three parts of Sir William Beveridge's plan.**
2. **Based on the end of the video (minute 2:12), present what Sir William Beveridge hopes about his report.**
3. **FINAL TASK: in pairs and after research, present in a video who William Beveridge is and what his influence has been on the English and French social protection systems**

Entraînement à l'épreuve

Partie 1 Mobilisation des connaissances — 6 points

Expliquer comment les déterminants sociaux agissent sur la santé de la population.

Partie 2 Développement s'appuyant sur un dossier documentaire — 14 points

1. Présenter le risque sanitaire auquel la population de Rouen a été potentiellement exposée.
2. Montrer que l'épidémiologie permet le suivi des effets sanitaires de l'incendie de l'usine Lubrizol.

ANNEXE 1 Usine Lubrizol de Rouen : la toxicité des produits

La liste, finalement rendue publique par la préfecture ce mardi 1er octobre [2019], des produits entreposés dans l'entrepôt A5 de l'usine Lb rizol à Rouen, p rtis en fumée jeudi dernier, a de quoi faire froid dans le dos. Sur les 5 253 tonnes de substances […] dans l'entrepôt, 856 tonnes appartenaient […] à la catégorie de risque « H304 » : « Peut être mortel en cas d'ingestion et de pénétration dans les voies respiratoires ». […] On pourrait, à la vue de cette liste, être pris de p nique. Il ne faut pourtant pas oublier que ce cocktail de produits chimiques a été soumis à une combustion. Autrement dit, ces produits se sont en grande p rtie décomposés. […] Toutefois, […] l'incendie a « très probablement » provoqué la création de nouveaux compo és […]. « Personne ne sait exactement ce que donnent ces produits mélangés lorsqu'ils brûlent », a d'ailleurs reconnu la ministre de la Santé […] mercredi matin […]. Un rapport de l'inspection des installations classées de 2016 […] laissait toutefois peu de doute quant à la dangero ité d'un mélange […] : « En cas d'incendie, certains produits donneraient lieu à la formation de sb tances toxiques », indique-t-il. […] Produit possiblement dispersé dans la nature par l'incendie : les fameuses dioxines, auxquelles une expo ition prolongée s'associe, selon l'OMS, « à une dégradation du système immunitaire, du développement du système nerveux ». Simon Choumer reste toutefois très prudent […] : « La formation de dioxine nécessite des atomes de chlore, or il n'y en avait qu'en faible quantité dans ce qui a brûlé », analyse l'expert. Le directeur général de l'Institut national de l'environnement industriel et des risques (Ineris) […] a […] assuré que les niveaux de dioxines mesurés […] sont « relativement faibles ». « Je ne pense p s qu'il faille avoir d'inquiétude particulière », a-t-il affirmé devantl ap resse[…].

Louis Nadau, « Usine Lubrizol de Rouen : la toxicité des produits analysée par un expert », www.marianne.net, 3 octobre 2019.

ANNEXE 2 Incendie Lubrizol : le suivi sanitaire et environnemental se précise

Plus d'un mois après l'incendie de l'usine chimique de Lubrizol à Rouen (Seine-Maritime), la surveillance sanitaire, mise en place par l'agence nationale Santé publique France, va se poursuivre dans l'agglomération rouennaise et dans la région Hauts-de-France touchées par le panache de fumées. Ce jeudi 7 novembre, devant la commission d'enquête du Sénat, Martial Mettendorff, directeur général adjoint de Santé publique France, a précisé les actions des agences publiques pour mesurer l'impact « éventuel, à moyen et long termes » de l'incident, sur l'environnement et la santé de la population exposée. [...]

Le point sur la situation

Les agences officielles ont, depuis l'incendie, réalisé des prélèvements (dans l'eau, dans l'air, dans les sols et dans les produits agricoles) et ont conclu, à ce stade, à une absence de risques « aigus » pour les riverains. Ces analyses sont rassurantes. [...] « Compte tenu des informations (analyses dans l'environnement, effets sanitaires de court terme) connues à ce jour, il n'y a pas de suivi médical spécifique à mettre en place au sein de la population concernée et aucun examen biologique n'est recommandé [...] », estime l'agence de santé. [...] « Dès le 26 septembre, Santé publique France a activé son système de surveillance des syndromes [post-accident, ndlr] », a rappelé Martial Mettendorff [...]. Ce dispositif vise à connaître l'impact aigu sur la population. « Chaque jour, un point de surveillance de la situation est réalisé », a-t-il ajouté. [...]

L'impact à moyen terme et à long terme

Pour mesurer l'impact sur la santé à moyen et long termes, Santé publique France va mettre en place un suivi de la population en plusieurs volets [...].

• En premier lieu, l'agence va lancer, à compter de mars 2020, une enquête de santé [...] qui sera menée par questionnaire, sur un échantillon de la population (adultes et enfants) ayant été exposée à des fumées ou des suies. [...] Elle aura pour objectif de mesurer l'impact de l'incendie, en termes de nuisances (visuelles, olfactives) et de symptômes ressentis, d'impact sur la qualité de vie, et de conséquences psychologiques et sociales. « On est dans le post-traumatique, il faut aussi prendre en compte les troubles anxieux et les troubles du sommeil et pouvoir [les] mesurer », a souligné M. Mettendorff. [...]

• En deuxième lieu, à partir du système national des données de santé, des indicateurs de santé, en lien avec les effets généraux et spécifiques à l'incendie, seront analysés [...]. « Dès à présent, on est capable de bâtir des indicateurs de santé pour monitorer sur le suivi cardiovasculaire, mais aussi sur la santé mentale de la population [...] », a expliqué M. Mettendorff.

• En troisième lieu, un suivi spécifique des travailleurs, « particulièrement exposés, notamment ceux qui sont intervenus sur le foyer et en proximité immédiate », permettra aussi d'évaluer, sur le long terme, les conséquences de l'incendie [...]

• Enfin, des prélèvements sanguins et d'urines de la population exposée pourront être menés par Santé publique France [...] « Si les résultats des prélèvements environnementaux montrent des zones contaminées à certaines substances toxiques suite au passage du panache de l'incendie, ces résultats serviront à définir dans quelles zones et pour quelles substances les études de biosurveillance (recherche des substances ou de leurs dérivés dans l'organisme) doivent être réalisées », explique l'agence.

Rachida Boughriet, « Incendie de l'usine Lubrizol : le suivi sanitaire et environnemental se précise », www.actu-environnement.com, 8 novembre 2019.

Partie 1 Mobilisation des connaissances — 6 points

- Expliquer pourquoi la précarité a des effets sur la santé.

Partie 2 Développement s'appuyant sur un dossier documentaire — 14 points

1. Justifier que les difficultés de mobilité peuvent contribuer à l'exclusion sociale.
2. Présenter comment les acteurs de l'opération « à l'écoute des territoires » interviennent pour améliorer la mobilité des chômeurs.

ANNEXE 1 Enquête : mobilité et qualité de vie au quotidien

65 % des Français considèrent que pouvoir se déplacer est indispensable pour la qualité de vie au quotidien

30 % des Français ont envisagé un déménagement, un changement de travail ou de mode de vie faute de mobilité

Faute de mobilité, les Français ont déjà renoncé...

- **41 %** à un loisir ou une sortie culturelle
- **36 %** à faire des démarches administratives
- **30 %** à se rendre à un rendez-vous médical
- **29 %** à pratiquer une activité physique
- **26 %** à faire des courses alimentaires

54 % des habitants de l'agglomération parisienne déclarent avoir déjà renoncé à accéder à des loisirs ou à faire une sortie culturelle parce qu'ils n'avaient pas accès à un moyen de transport

37 % des Français ont déjà renoncé à voir leur famille car ils n'avaient aucun moyen de transport pour s'y rendre

34 % des Français ont déjà renoncé à passer du temps avec des amis faute de moyen de transport pour les rejoindre

Données : étude ELABE pour le Laboratoire de la Mobilité Inclusive, « La mobilité et l'accès aux services de la vie quotidienne », www.mobiliteinclusive.com, mai 2018.

ANNEXE 2 Une mobilité inclusive ?

Se rendre le matin au travail ou chez son médecin, faire les courses, rejoindre son école ou son université, retrouver sa famille [...]... Tous ces déplacements simples [...] ne sont pas accessibles à tous. [...] Un Français sur trois est en difficulté de mobilité [...]. Chez les populations les plus jeunes et socialement les plus fragiles – faible niveau de diplôme et faibles revenus –, ce constat est encore plus marquant : une personne en insertion sur deux a déjà refusé un emploi ou une formation pour des problèmes de mobilité et 28 % ont même abandonné un emploi ou une formation en cours. Pour ce qui est des personnes reconnues handicapées, 21 % d'entre elles étaient au chômage en 2015, souvent parce que le permis de conduire leur est inaccessible (deux fois plus que la moyenne nationale). Quant aux seniors, ce n'est pas moins de 5 millions d'individus qui affirment ne pas sortir de chez eux parfois pendant 24 heures d'affilée, soit une personnes urq uatre[...]
Pourtant, l'exigence sociale de mobilité a suscité l'émergence d'un droit au transport, défini comme l'accès aux transports en commun, puis d'un droit à la mobilité comme l'accès de l'individu à des activités quotidiennes. Ces droits ont gagné en légitimité car ils conditionnent la plupart des autres droits socio-économiques (se nourrir, travailler, se soigner, s'éduquer, se cultiver, avoir une vie sociale et politique). [...] Parce que les personnes en difficultés sociale et professionnelle ont moins de solutions de mobilité à leur disposition, la moitié d'entre elles n'ont pas le permis de conduire, deux tiers n'ont pas de véhicule, elles recourent à la marche et quand elles le peuvent, aux transports en commun. Reste que 8 % ne disposent aujourd'hui d'aucun moyen pour se déplacer. Cette moindre mobilité est bien sûr liée à des vulnérabilités matérielles et économiques : disposer d'un véhicule, pouvoir acheter un abonnement de transports en commun, mais aussi à des vulnérabilités géographiques (déficit d'offre de mobilité, distance aux emplois moins qualifiés) ou encore sociales [...] (monoparentalité, emplois atypiques à horaires morcelés et/ou décalés).

Laboratoire de la mobilité inclusive, « Mobilité inclusive, de quoi parle-t-on ? », www.mobiliteinclusive.com, 17 septembre 2018.

ANNEXE 3 Une opération pilote « à l'écoute des territoires »

Pendant un an, une opération pilote « À l'écoute des territoires » sera expérimentée ap rès de trois directions régionales de Pôle emploi (Nouvelle Aquitaine, Île-de-France et Hauts-de-France), sous l'égide de la start-up wever [...]. La spécificité de cette start-up française : elle collecte les besoins réels des premiers concernés, à savoir les utilisateurs, pour co-construire avec eux des solutions de mobilités adaptées à chacun, et assure le suivi de leur déploiement. [...] À compter de novembre, wever étudiera avec les demandeurs d'emploi de plusieurs agences des trois régions concernées leurs problématiques et besoins en termes de mobilité. Une analyse des données et un diagnostic seront transmis aux équipes de Pôle emploi avec leurs recommandations sur les solutions dem obilitél esp lus adaptéesà m ettree np lace[...]
« Nous sommes très intéressés par le projet "À l'écoute des territoires" mené avec wever, compte tenu des spécificités de notre territoire, sur lequel l'offre de transports en commun (train et bus) est insuffisante, et ce, d'autant plus qu'il n'existe pas de zone de covoiturage. En effet, la démarche de wever a pour avantage de prendre notamment comme base d'analyse les besoins et pénibilités des usagers en termes de déplacements, ce qui permet de réaliser un diagno tic local et ainsi de mieux adapter les offres de transport, et qu'elles répondent effectivement aux besoins du territoire. Par ailleurs, tous les acteurs de l'emploi du territoire s'interrogent sur la façon de lever les freins des demandeurs d'emploi liés à la mobilité. Nous allons réaliser ensemble un diagnostic afin d'identifier les causes et les freins et permettre de trouver des solutions [...]. La démarche de wever s'inscrit précisément dans celle des acteurs de l'emploi du territoire des Landes », explique Marina Gérard, directriced 'agenceP ôlee mploi[...].

Pôle emploi, Transdev et wever, Communiqué de presse « Pour la première fois, un projet d'expérimentation sur la mobilité est lancé entre wever, Pôle emploi et Transdev » cdn.transdev.com, 9 décembre 2019.